感情心理学 パースペクティブズ

感情の豊かな世界

編集代表　畑山俊輝
編集委員　仁平義明・大渕憲一・行場次朗・畑山みさ子

北大路書房

刊行の趣旨

　本書は，編者代表である畑山俊輝先生が，平成17年3月をもって東北大学をご定年退官されることを祝し，その記念事業の一環として刊行されるものです。畑山先生は，昭和55年に東北大学に赴任されて以来，大学院文学研究科心理学講座の教授として，長年にわたって心理学の教育研究指導に携わってこられ，多くの教え子たちを世に送り出されました。また，先生ご自身が取り組んでこられた感情と覚醒に関する独自の生理心理学的研究は，内外から高い評価を受けています。

　このたび，ご退官の時をお迎えするにあたり，畑山先生のご功績を讃えるとともに，長年のご研究の成果の一端をご紹介することを目的に，本書の刊行を企画いたしました。

　本書の執筆者は，直接間接に畑山先生の薫陶を受け，その影響を受けて研究の道に進んだ方々であり，また，それぞれに心理学研究室の運営に関わりながら，ある時期，畑山先生と苦楽をともにした経験をもつ方々です。厳しいスケジュールにもかかわらず，依頼を受けたすべての執筆者が快く筆を執られ，創意工夫に溢れた原稿を寄せてくださいました。さらに，畑山先生のご伴侶，畑山みさ子氏を編集委員に迎えたことで，本書はその書名通り，広いパースペクティブを実現することができました。こうした皆様のお力によって，他に例のない，独自の内容をもつ書物ができあがったと思っております。

　また，北大路書房には，編集部の関一明氏と薄木敏之氏をはじめ，私どもの趣旨をご理解いただき，最大限のご協力をいただきました。同社の格別のご厚意がなければ本書の刊行はなかったものであり，編集委員一同，心より感謝申し上げます。

　畑山先生のご退官記念として本書を刊行できることは，私どもにとって心からの喜びとするものであります。最後に，先生の今後ますますのご活躍をお祈り申し上げる次第です。

　　　　　　平成17年2月25日　　　編集委員　仁平義明
　　　　　　　　　　　　　　　　　　　　　　大渕憲一
　　　　　　　　　　　　　　　　　　　　　　行場次朗
　　　　　　　　　　　　　　　　　　　　　　畑山みさ子
　　　　　　　　　　　　　　　　　　　　　　畑山俊輝先生退官記念事業会一同

はしがき

　ウィリアム・ジェームズの感情体験成立の学説が提唱されてから120年を過ぎた現在，感情研究は新たな段階を迎えているように思われる。特に最近20年の研究の進展は著しく，多くの研究者が「感情」研究に関心をもつようになっている。しかしながら，感情の研究は比較的最近までさほど重視されてきたとはいいがたい。その理由に行動主義の影響をあげる研究者は多い。それだけでなく，感情現象やその機構がきわめて複雑でとらえがたく，したがって，研究しがたいこともその大きい理由であると思われる。ところが，過去一世紀の間に心理学的研究において，さまざまな接近法や計測技法が格段に進歩発展し，感情研究にも多くの研究者が関心をもつことのできる状況が生まれてきている。そして最近では，感情の理論的展開が説得力を増してきたように思われる。このことは今日の認知研究隆盛の陰に隠れて見逃されがちであるが，感情研究はようやく成熟の段階に入ったということができよう。国内外で多くの概説書やハンドブックの出版が相次いでいることはそのことを物語る一つである。
　ところが，この領域の研究法はその他の領域に比べてかなり多様であることが特徴とさえいえるところがあって，そうであれば「成熟の段階」という表現は適切ではないと思われるかもしれない。実際，研究の初期段階ではしばしば多様な接近法が試みられるからである。しかし，実のところ感情研究が多様であるのは，それが初期段階にあるためというよりは，感情があらゆる心理現象に関わりをもっているためであることにほかならない。この意味では感情は特定の領域を形作っているとはいえないのかもしれない。感情は人格や発達や認知，さらには生理などと密接な関わりをもち，人間存在の中核的な部分を構成している。そのため，感情への接近は実験心理学者が目標とする刺激制御や反応解析の科学的精密さの追求だけでは十分ではなく，今日ではきわめて多面的である。
　こうした感情研究の広がりのために，その全体を把握することはきわめてむずかしい。かねてより感情研究の鳥瞰図となるようなテキストがあれば便利ではないかと考えていたところ，同僚の先生方が私の退職に合わせて，その実現のために本書の出版を企画してくださった。そして，企画の趣旨と出版のこのような事

情から執筆者は同窓の方々にお願いすることになった。多くは中堅や新進気鋭の研究者である。そして，それぞれのテーマで今後どのような取り組みが必要であるかをこれらの方々に大胆に述べていただくことができたと思っている。ただ，本書で取り上げたテーマは限定されており，当然ながら感情研究全体を示すことができたわけではない。たとえば，感性工学的研究や脳の画像化技法を主とする研究などは入れることができなかった。しかし，認知心理学，社会心理学，発達心理学，臨床心理学など心理学の広範な領域で感情に関連する問題がどのように取り上げられ，その解明や理解のためにどのような接近法が試みられているのかを簡潔に紹介できたと思う。そのうえ，この分野を学ぼうとする方々に従来の感情心理学のテキストでは，あまりふれられていない情報をも提供できるような内容もある程度まで盛り込むことができた。本書は4部構成で24の章から成っている。いずれの章も読みやすさを優先して7～8ページ程度で書かれているので，どなたにも抵抗なく読んでいただけるものと思う。

　1部と2部はそれぞれ社会レベルと個人レベルでの感情問題の基礎的理解にあてられている。1部の初めの2つの章は，感情体験の喚起に及ぼす社会的影響と気分が社会的認知に及ぼす効果を概説している。第3章は社会的な感情体験の例として心理的負債感を取り上げた。第4章は道徳的感情体験と関連の深い公正認知を論じている。第5章では感情体験が文化的背景によりいかに影響を受けるかを考察した。

　2部では感情調節が生体内でどのように行われるかが述べられている。第6章と第7章では生理系の機能が感情調節にどのような役割を果たすかを示すとともに，後者ではバイオフィードバック訓練が生理系機能や感情的側面へどのように影響を及ぼすかについても言及している。第8章は，ポジティブ感情体験が認知を介してネガティブ感情をいかに調節するかを論じている。第9章は表情表出とその認知に関する知見を要約している。感情表出の社会的調節に力点を置いた第1章と関連づけてみていただきたい。第10章で取り上げたテーマは「笑い」である。ここでは，感情表出へ笑いのもつ多面的な調節機能が論じられている。第11章は，イメージと感情体験とがどう関連しているかを感情の喚起と調節とを中心に論じた。

　3部も感情調節を扱っているが，ここで特に述べているのは，感情や行動を

促進すると考えられる外的作因がもつ効果である。第12章は，スポーツがもつ感情や健康に及ぼす影響を概説している。ところで過剰な緊張は，感情や健康を阻害しかねない問題をも含んでいる。このことを最近の知見に照らして整理したのが第13章である。第14章は，さまざまな作業現場で見られる不安全行動の背後に潜む感情要因を取り上げ，その調節に社会システムがどう関わるかを考察している。次の2つの章は身を装うさまざまな行為が感情や健康にいかに寄与しているかを論じている。第15章は特にストレスの緩和を，そして第16章は，香りが用いられる場面や環境が及ぼす感情面への影響を考察している。第17章は，色彩が感情の喚起や調節に及ぼす効果を扱っている。

　4部は感情の発達や，行動異常の背後にある感情障害の問題を論じている。感情のひずみをカウンセリングなどのさまざまな心理学的介入により回復させる試みの，中核となる考え方を整理したのが第18章である。第19章は人間の感情の初期発達を論じた。感情の初期発達で重要な役割を演じるのは親であり，乳児との間に形成される感情的な絆は子どもの安定した成長に大切である。第20章では母親の感情体験，特に母性愛について考察している。また，愛着の形成とそのひずみの問題については，第21章で整理し，紹介している。これに続く2つの章は，青年や成人の恐怖を扱っている。第22章は，最近の若者にみられる「ふれあい恐怖」を，臨床的事例も交えながら論じている。第23章では，男性に比較的多くみられる「高所恐怖」が取り上げられている。特に，最近の進化心理学的な考え方を中心に，この特異な現象の適応的意義が論じられている。最後の第24章は，「いじめと思いやり」を人間存在の抱える両義性の問題としてとらえ，文学作品をとおしてその一体性と逆説とを概観している。

　本書は，編者である仁平義明教授，大渕憲一教授，行場次朗教授のご支援の賜物であり，また，編者の一人に加えていただいた妻の畑山みさ子の協力にも支えられている。そして，このような出版の企画を快く引き受けてくださった北大路書房に感謝したい。さらに，編集部の方々には励ましとさまざまなご助力をいただいた。こうしたご支援のおかげで本書を上梓することができるようになった。心より感謝申し上げる次第である。

2005年1月
編集代表　畑山俊輝

目　次

1部　社会・文化と感情 …………………………………………… 1

第1章　感情と人間関係の制御　2
1. 感情表現と人間関係　2
2. 関係規範と感情：怒りによる関係制御　7

第2章　感情と社会的認知　11
1. 感情が社会的認知に及ぼす影響　11
2. 気分一致効果はなぜ存在するのか：適応プログラムとしての感情　17

第3章　心理的負債感とボランティア　19
1. 援助行動における心理的負債　19
2. 心理的負債の大きさを規定する要因　20
3. 心理的負債における個人差の問題　21
4. ボランティア活動と援助行動　22
5. ボランティア活動における心理的負債感　23

第4章　人間関係と公正認知　26
1. 公正規範と自己利益　26
2. 心理学における公正研究　27
3. 認知的斉合性による公正知覚効果の理解　30

第5章　感情と文化　32
1. はじめに　32
2. 文化心理学　33
3. 異文化体験と感情　34
4. コミュニティと感情　35

2部　感情調節の生理と心理 ………………………………………… 37

第6章　血圧と行動　38
1. はじめに　38
2. 血圧調節の神経機構　39
3. 末梢器官の反応は感情にいかに影響するか？　41
4. 血圧が脳活動に影響する可能性　43
5. 結語：血圧関連の求心性作用の解明に向けて　45

● 目　　次 ●

第7章　バイオフィードバックの効用　47
1　はじめに　47
2　歴史的経緯　47
3　現在のバイオフィードバック　51
4　バイオフィードバックと感情　54
5　おわりに　54

第8章　感情調節と認知　55
1　ポジティブ感情への注目　55
2　認知への影響　56
3　ストレス対処における役割　57
4　ポジティブ心理学と刺激欲求性　59
5　加齢とポジティブ感情　61

第9章　表情の表出と認知　63
1　感情と表情　63
2　表情の表出　64
3　表情の認知　66
4　表情の応用　70

第10章　人が笑うとき　72
1　笑いの理論　72
2　人はどのような状況で笑うのか　73
3　笑いに及ぼす社会的要因　74
4　社会的相互作用における笑い　75
5　おわりに　79

第11章　感情とイメージ　80
1　はじめに　80
2　イメージ研究と感情　81
3　イメージの感情喚起：現実体験のシミュレーションとしてのイメージ体験　81
4　感情がイメージに与える影響　83
5　感情的側面を組み込んだイメージ体験に関する包括モデル　86
6　おわりに　89

3部　感情体験のモディファイアー　91

第12章　感情とスポーツそして健康　92
1　はじめに　92
2　スポーツの楽しさ　93
3　感情とスポーツパフォーマンス　95
4　スポーツと健康　97

第13章　緊張場面で起こること　101
1　はじめに　101

2　緊張感の喚起　　101
　　3　無意識下で知覚される刺激による緊張感の喚起　　102
　　4　緊張場面における注意バイアス　　104
　　5　緊張場面における動作方略の変化　　105
　　6　結びに代えて　　107

第14章　ヒューマンファクターズにおける感情　108
　　1　感情をコントロールするとはどういうことか，なぜ必要なのか　　108
　　2　どのようにコントロールするか　　110
　　3　まとめと今後の研究課題　　114

第15章　化粧と感情・健康　116
　　1　化粧の心理生理学的効果　　117
　　2　化粧と健康　　118
　　3　感情調整作用を通じた化粧のストレス緩和効果　　119
　　4　化粧と自意識　　119
　　5　敏感肌と自意識　　120
　　6　化粧と心理学　　122

第16章　香りと環境　123
　　1　生活を潤す香り　　123
　　2　嗅覚体験の役割　　124
　　3　嗅覚系の生理心理的特徴　　126
　　4　文脈効果を生み出す心理的要因　　128
　　5　香水にみられる経験の効果　　129

第17章　色彩と感情　132
　　1　色名について　　133
　　2　色彩の象徴性：その普遍性と独自性　　133
　　3　色と形　　136
　　4　人物の印象形成と背景色の効果　　137
　　5　最近の研究動向　　138
　　6　紫の話　　139

4部　臨床・発達と感情障害　141

第18章　カウンセリングと感情　142
　　1　カウンセリングにおける感情の役割　　142
　　2　感情を表わすことの意義　　143
　　3　来談者とカウンセラーの関係性と感情表出　　144
　　4　カウンセリングにおける共感　　145
　　5　おわりに　　147

第19章　感情の初期発達　148
　　1　感情と表出の発生と発達　　148

● 目　次 ●

  2　泣きと笑いの初期発達　150
  3　感情の教育の必要性　153
 第20章　母親の感情　155
  1　母親の感情そのものとされる母性愛とその否定　155
  2　母性愛の欠如としての苦悩感情と子どもへの影響　157
  3　妊娠から産褥期にかけての気分の本質　159
 第21章　愛着と分離不安　163
  1　愛着とは　163
  2　愛着の質の測定　165
  3　愛着不全がもたらす情緒的問題　167
  4　愛着理論の功罪と今日的意義　168
 第22章　ふれあい恐怖　170
  1　恐怖と思春期心性　170
  2　対人恐怖と社会恐怖　171
  3　不登校とひきこもり　175
 第23章　男性的恐怖：高所恐怖　179
  1　特定の恐怖症　179
  2　恐怖の条件づけモデル　180
  3　堕落・転落経験と高所恐怖の逆説的な関係　181
  4　恐怖の進化心理学的モデル　181
  5　The Fear Survey Schedule による調査　184
  6　なぜ高所恐怖は男性のほうが著しいか　184
 第24章　いじめと思いやり　187
  1　人間存在の抱える両義性　187
  2　児童期にみられるいじめと思いやり　188
  3　青年期のいじめにみられる両義性　191
  4　家族に対する両義的感情　192
  5　いじめと思いやりの一体性について　193
  6　まとめ　194

引用・参考文献　196
人名索引　215
事項索引　219

【編集部注記】
ここ数年において，「被験者」（subject）という呼称は，実験を行なう者と実験をされる者とが対等でない等の誤解を招くことから，「実験参加者」（participant）へと変更する流れになってきている。本書もそれに準じ変更すべきところであるが，執筆当時の表記のままとしている。文中に出現する「被験者」は「実験参加者」と読み替えていただきたい。

感情心理学パースペクティブズ

1部

社会・文化と感情

第1章

感情と人間関係の制御

　感情はこれまで主として個人の問題として研究されてきたが，実際には，感情の発生と表出は人々の社会生活，特に，人間関係と密接な結びつきをもっている。人々の喜び，悲しみ，怒りの大部分は人づき合いの中で経験され，人づき合いの中で表現される。それゆえ，人間の感情の本質，その機能と過程を理解するには人間関係という視点が不可欠である。本章では，感情が人間関係の調整機能を果たすという観点から，感情と人間関係の関わりについて論じる。

1　感情表現と人間関係

　バレットら（Barrett et al., 1998）は，男女大学生に日誌を渡し，人と接触して10分以上関わりをもった出来事とそのときの感情経験を7日間にわたって記録させた。これを分析したところ，学生たちは親密な人間関係の中で多くの感情を経験し，また頻繁に感情表現をすることが見いだされた。ここでは特に感情表現に焦点を当て，これがなぜ親密な関係において多くみられるのか，その仕組みを探ってみよう。

(1) コミュニケーションとしての感情表現

　感情は個人の欲求状態を反映するものである。欲求を満足させる出来事に出合うと，われわれは快や満足感など正の感情を経験するが，反対に，欲求を妨害するような出来事に出合うと，怒り，不満，失望といった負の感情を経験す

る。それゆえ，個人の感情は欲求状態，つまり，個人が現在どのような欲求をもっているか，また，それが満たされているかどうかなどを反映するものである。

　感情の発生は非随意的である。いやな場所を避けるといったやり方で間接的に感情をコントロールすることは可能だが，ある感情をもつとかもたないとか，感情の生起自体を個人が直接に制御することは困難である。感情はわれわれを突然に襲い，それは思いがけないときに噴出するのである。こうした感情発生の非随意性のために，人々は感情の表出もまた非随意的であるとみなす傾向がある。自分に会ってうれしそうな顔をする人を見ると，われわれは相手が自分に会うことを望んでいたと解釈する。怒っている人をわれわれが恐れるのは，その感情が当人にも制御不能で，このためにどんな危険な行動が引き起こされるかわからないと思うからである。感情表出は言葉とは違って意志的制御が困難であるとわれわれは信じているので，表情や身ぶりに表現された感情はその人の真意を表わすと受け取る傾向がある。

　しかし，感情の表出はかなりの程度，意志的な制御が可能である。われわれは腹が立ったり不愉快だったりしても，それを表情に表わさないことがよくある。儀礼的に笑顔をつくり，いかにもうれしそうに人と挨拶を交わすこともある。人々はなぜ，どのような理由で感情表現をコントロールしようとするのであろうか。それは，感情が個人の欲求状態を表わすものであり，典型的な自己開示だからである。われわれは学校，職場，地域などでさまざまの人と関わりをもつが，そうした社会生活においてはしばしば，あまりに個人的ことがらを表現することが不適切とみなされる場面が存在する。人間関係のタイプによってわれわれは個人的ことがらの表現を抑えたり抑えなかったりする。それゆえ，感情表出を規定する最も主要な要因は人間関係である。

(2) 感情表現の対人的制御

　われわれは，自分の欲求状態を積極的に人に伝えるために感情表現を行うことがある。われわれは，自分がある欲求をもっていること，それが満たされていること，あるいは満たされていないことを相手に伝えるために感情表出を行う。これは，他者に対して自己の欲求に関する情報を伝えるだけでなく，その欲求を充足させるように他者にはたらきかける目的をもっている。ある人に向

かって喜びや幸福感を表現することは，その人とのつき合いに満足していることを伝え，その人が自分に対して示してきた好意的態度を今後も維持してくれるよう求めるものである。ある人に向かって不満や怒りを表現することは，その人の行動がわれわれの欲求に反したものであることを伝え，その行動を変えるようにうながすものである。

　こうした感情表現による欲求情報の伝達は2つの観点から制御される。第一は，他者がわれわれの欲求を満たす資源をもっているかどうかである。恋人に「冷たい」といって腹を立てるのは，恋人に優しくして欲しいからだが，その欲求をかなえてあげられるのはその恋人だけである。「恋人から冷たくされた」と友人に不満を言うのは，その友人に理解し同情してもらいたいからである。優しさ，理解，同情などは誰から受けても同じというものではない。優しさは恋人から，理解や同情は親友から与えられてこそ意味がある。それらは，友人や恋人など親密な他者がわれわれに提供できる重要な社会的報酬である (Buss, 1986)。それゆえ，われわれは自分の欲求を満たしうる資源を所有するこうした親しい人たちに向かって強い感情表現を行うのである。

　誰に向かって欲求情報を伝達するか，これを決める第二の観点は，どの他者がわれわれの欲求充足に対して責任をもっているかである。われわれの欲求を満たしてくれる他者は潜在的には多数存在する。しかし，その中で，われわれの欲求に対して責任を感じてくれる人はごく一部である。われわれはある特定の対象に向かって感情を表現し，欲求情報を伝達する。恋人であれば，優しさを求める自分の欲求に応える責任があり，自分の感情表現に対して受容的に反応してくれると期待するがゆえに，われわれは「冷たい」と腹を立てる。親友であるなら，自分の悩みを理解し，同情的に反応してくれるであろうと期待するがゆえに，われわれは親友に悩みをうち明け，不満を聞いてもらうのである。

　こうした観点からすると，たとえば，自分が一方的に好意をもっているだけの異性に「冷たい」と怒るのは不適切な感情表現である。なぜなら，恋人でない人は，自分のこうした個人的欲求に対して応える責任がないからである。こうした行動は相手から奇異にみられ，期待した反応を得ることが困難であるだけでなく，その後の関係を悪化させる恐れもあるので，人々はこうした不適切な行動を控えようとするのである。

しかし，一見不適切にみえるこうした感情表出も，親密化過程においては効果的にはたらくことがある。不適切な感情表出は，相手に自分の欲求に対して責任を感じて欲しい，そうした親密な関係になって欲しいという願望を伝達するものである。もしもこれが受け入れられれば，その人間関係は新しい段階に移ることになる。個人的欲求情報の伝達が親密化を促進する契機になることは，自己開示の研究を通して明らかにされてきた（Icks & Duck, 2000）。

(3) 人間関係のタイプと感情表現

クラークとミルズ（Clark & Mills, 1993）は，人々が互いの欲求に対して感じる責任の違いによって人間関係を区別することを提案している。友人，恋人，夫婦，家族などは，この観点から共有的人間関係（communal relationships）と呼ばれる。この人間関係においては，人々は互いに相手の福祉（well-being）に対して関心を示すことが義務とされる。人々は互いの欲求に応えてあげることに動機づけられ，それは無償の行為である。共有的人間関係においては，相手から利益を受けても負債を背負うことにはならない。受けた利益に対してそのつどお返しをしなければならないと感じる必要はない。相手が困っていたり何か望んでいると気づいたら，無条件でこれに応え，相手が快適で幸福になるように行動することがこの人間関係における基本的規範である。

これとは別のタイプの人間関係をクラークは交換的人間関係（exchange relationships）と呼んだ。それは，地域や職場の人間関係，あるいは取引関係などに代表されるもので，互いの福祉に対して特別な責任を感じないような人間関係である。この人間関係の基本原理は平等性である。人々は過去に自分が受けた利益にふさわしい利益を相手に提供し，また，将来有利な扱いを受けることを期待して相手に便宜をはかる。こうした交換は活動の一定領域に限定され，その範囲内では喜び，感謝，怒り，あるいは謝意などの感情表現が行われるが，その以外の領域については互いに責任や義務を負うことはない。

共有的・交換的という人間関係のタイプ分けは，人々が他者の欲求に対して責任を感じる強さと範囲の違いを表わすものである。感情表現が欲求状態に関する情報伝達機能をもつという点から考えると，人間関係のタイプによって感情表現の強度や頻度が異なることは当然のことである。

ブリセットとクラーク（Brissette & Clark, 1999）は42名の参加者に，親，友人，職場の上司，近所の人，教師，クラスメートなど18種類の人間関係を示して共有的特徴の強さを評定させた。共有的特徴とは「相手が見返りを期待することなしに，あなたの欲求に応じてくれること」と定義された。一方，不満，失望，悲しみ，怒り，嫌悪，罪悪感，恐れの各感情をどれくらいよく表現するかを評定させ，人間関係の共有性との相関を調べたところ，怒りと嫌悪を除くすべての感情において有意な正の相関がみられた（$r = .23 \sim .54$）。この結果は，欲求に対する責任という観点から共有的人間関係を定義すると，この特徴が強い関係において，人々は，正の感情も負の感情も頻繁に表現する傾向があることを示している。

（4）共有志向と感情に対する反応

われわれは共有的関係にある人が示す感情に対しては受容的，好意的に反応する傾向があるが，このことを示唆する研究がクラークら（Clark et al., 1987）によって行われている。親しい人の欲求に関しては誰もがある程度の責任を感じるが，その感じ方には個人差がある。一般には，男性よりも女性のほうが人間関係を共有的にとらえる傾向が強く，関わりのある人たちの欲求状態に対して敏感で，また，これに応えようとする姿勢が強い。クラークらは表1-1に示す尺度を用いて大学生の共有志向（communal orientation）を測定し，これに基づいて参加者を高群と低群に分けた。彼らはあらかじめ告げられていた実験課題とは別に，実験室で，リサーチ・アシスタントからカードの分類を手伝ってくれるよう個人的に依頼された。このとき参加者の半数は，アシスタント

表1-1　共有志向尺度：項目例（Clark et al., 1987）

- 何かを決めるときは，人の期待や感情を考慮に入れる。
- 人の感情に特に敏感というわけではない（逆転項目）。
- 親しい人たちは，私の気持ちや感情に気づいてくれると思う。
- 何か困ったときには，親しい人に助けを求める。
- 感情的になっている人は，避ける（逆転項目）。
- 自分の気持ちを人から無視されたら，傷つく。

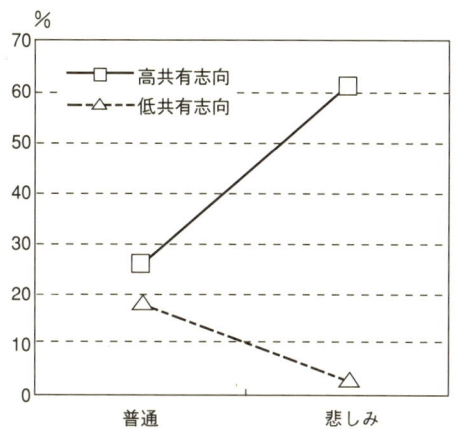

図1-1　共有志向と援助（Clark et al., 1987）

が悲しい気分でいると思わされ，他の半数はふつうの気分状態であると思わされた。この実験における援助量が図1-1に示されているが，アシスタントが悲しい気分でいると思わされた参加者の中でも，共有志向の高い人たちに特に多くの援助行動が観察された。それは，共有志向の強い参加者はアシスタントの感情状態に敏感で，彼女が困っていることに対して応えなければならないという義務感を強く感じた結果と思われる。この研究は，人間関係において相手の欲求に対して責任を感じると，人々はその感情状態に対して好意的に反応することを示している。

　この実験において興味深いことは，共有志向が低い人たちの間では，感情的なアシスタントに対して援助がむしろ減少したことである。これは相手の欲求に対して責任を感じていない人にとって，その感情表現は不快なものであることを示しており，不適切な感情表現が他の人たちから非好意的反応を引き出しやすいことを示唆している。

2　関係規範と感情：怒りによる関係制御

　人間関係について，クラークは他者の欲求に対する責任という観点からタイプ分けを試みたが，これは関係規範理論の一つである。関係規範理論とは，

人づき合いにおいては関係者が守るべきルール（関係規範）があり，そうしたルールは人間関係のタイプによって異なるという考え方である（Argyle & Henderson, 1985）。人々は，人づき合いにおいてそうした規範を守ろうとする一方，相手にも同じ規範に従って行動することを期待し，もしも相手が関係規範に反する行動をすると，これに対して不快感や怒りを感じるのである。

(1) 規範逸脱と怒り

　怒り感情は，典型的には自己の目標が妨害されたときに起こる感情だが，研究者たちはそこに含まれる規範性を強調する（Ohbuchi et al., 印刷中）。この考え方によると，人間関係の中で経験される怒りは，他者が人間関係のルールに違反したことを知ったときに経験される感情である。遅刻した友人に対して怒るのは，それによって時間をむだにしたとか，予定が狂わされたといった被害によることだけではなく，相手がルール違反をしたこと，相手が不適切な行為を行ったという評価的判断に基づく感情反応である。

　怒りは，通常，相手を責めるなどの攻撃行動をともなう。それは，規範逸脱をした人に罰を加え，その行動を矯正しようとする試みである。たとえば，約束を破った友人を責めるのは，ルール違反をとがめ，相手がそうした行動をくり返さないよううながす矯正的行動である。それゆえ怒りは，関係規範を維持・回復させようとする社会的動機に基づく反応であり，相手がその規範に従って行動するよううながす関係制御機能をもつ感情である。

(2) 怒りの関係制御：恋人と友人

　関係規範は人間関係によって異なるので，同じ行為が，ある人づき合いでは違反だが別の人づき合いではそうではないということがある。たとえば，恋人が他の異性と親しくしているようすを見たら腹が立つだろうが，単なる友人の場合には腹は立たないであろう。恋人の場合は，親密な関わりの排他性が重要な規範だが，友人の場合はそうではないからである。

　人々はこうした規範をいつでも自覚しながら人づき合いをしているわけではなく，その多くは半ば無意識的である。双方がルールを守り，人づき合いがスムーズに進行しているときは，人々は関係規範を自覚することはない。しか

し，一方が不適切な行動をすると，他方はこれに対して怒りや不快感を感じ，ルール違反が起こったことに気づくのである。それゆえ，怒りは規範逸脱が行われたことに気づかせ，その問題状況を解決するように関係者をうながすはたらきをもっている。

　バーガーら（Berger et al., 1998）は，そうした関係規範の一つに注目し，怒り感情の役割を分析している。恋愛ドラマには，しばしば，友だちの恋人を奪うというエピソードが登場する。これが友だちに対する裏切り行為であるとするなら，それはルール違反である。しかし，友情と恋愛のどちらを優先すべきかについては異なる考え方がある。愛は至高のもので，何ものにも優先するとする立場と，一時の愛に比べて不変の友情こそ大切にすべきであるとする立場がある。バーガーらは，ある人が友人（あるいは知人）の恋人を奪おうとするエピソードを読ませ，参加者がその行為をとがめるかどうかたずねた。図1－2の結果を見ると，婚約している人の恋人を奪おうとすることは，それが友人であれ知人であれ強い怒りが喚起され，どんな場合でもこれがルール違反とみなされることを示している。一方，婚約していない（つき合って6か月目の恋人）場合には，友人と知人で反応に違いがみられた。参加者たちは，知人の恋人を奪うことよりも友人の恋人を奪うことに対して強い怒りを示し，その強さは婚約している人の恋人を奪うケースとほぼ同じだった。このことは，婚約していようといまいと，友だちの恋人を奪うことは重大な規範逸脱とみなされ

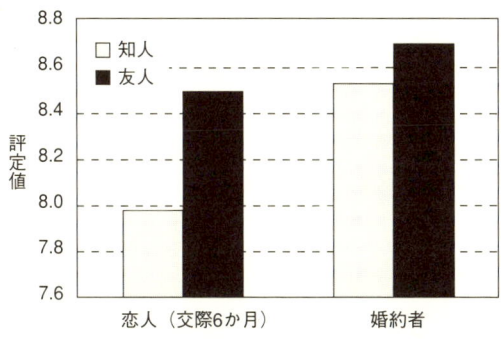

図1－2　友人と恋人：規範逸脱に対する怒り反応（Berger et al., 1998 より作図）

るが，一方，知人の恋人を奪うことは，婚約していない場合には，それほど重大な違反とはみなされないことを意味している。参加者は男女ともほとんど同じ反応を示したので，この規範は男女に共通のものと思われる。

　友人の恋人を奪うことが怒りを喚起することは，そうした行為をやめるようにうながす規範意識が人々の間に存在すること，感情が人間関係を制御するはたらきの一翼を担っていることを示している。こうした研究は，感情が人間関係と密接な関わりをもっていること，それゆえ，感情が人間関係の複雑な仕組みを解き明かす手がかりになることを示している。

第2章

感情と社会的認知

　本章では感情と社会的認知の関わりについて考察する。この議論はおおまかに「感情が社会的認知に及ぼす影響」と「社会的認知が感情に及ぼす影響」に分けられるが，本章では前者の議論に注目し，その中でも気分一致効果とその生起過程について検討する。

1　感情が社会的認知に及ぼす影響

　感情の中でも比較的弱く一定時間持続するとされる気分（mood）はものの見方や判断，行動に影響する。うれしい気分のときには，自分がいつもよりものごとを肯定的にとらえたり，過去の楽しかったことを思い出したり，困っている人を手助けしたり，交渉で協力的にふるまっていることに気づかされることがあるだろう。逆に落ち込んだ気分のときには，過去の失敗経験を思い出したり，ついものごとを悲観的にとらえてしまったりする。このような日常経験は心理学的にどこまで明らかになっているのであろうか。またなぜこのような現象が生じるのであろうか。

(1) 気分一致効果

　特定の気分が生じると，その気分がポジティブかネガティブかに応じて，それと一致する記憶や判断，行動が促進されることがある。これを気分一致効果（mood congruence effect）という。たとえばアイゼンら（Isen et al., 1978）

はポジティブな気分が製品に対する評価を好意的にすることを示した。彼女らはショッピングモールに来ていた人たちに試供品を無料配布した。試供品をもらって気分をよくしている人たちに，別の実験者が消費者調査への協力を求めた。その調査は参加者が自宅で使用している製品（自動車とテレビ）の性能とサポートに対する満足度をたずねるものであった。その結果，試供品をもらった人は，もらわなかった人より製品に対する評価が好意的だった（$M = 6.0$ *vs.* 5.1）。このことはポジティブな気分が好ましい記憶情報を想起させやすくしたことを示しており，製品評価における気分一致効果を例証している。

また気分一致効果は記憶情報の検索段階だけでなく，新しい情報を記銘する段階でも生じる。バウアーら（Bower et al., 1981）はある気分が喚起されると，その感情状態に一致する刺激の顕現性が高まって注意が向きやすくなり，記憶が促進されると考えた。実験では，催眠法を用いて参加者の気分を誘導した。16名の参加者のうち半数の参加者にはこれまでの人生で起きた楽しかったことを，残りの半数の参加者には悲しかったことを思い出させて，そのときの気分になるよう教示した。その後，参加者は2人の大学生が登場する物語を読み，質問に回答した。物語はアンドレとジャックが一緒にテニスをする話であったが，アンドレは非常に幸運な人物として，ジャックは不幸な人物として描かれていた。その結果，まず楽しい気分の参加者は幸運なアンドレに同一視し，悲しい気分の参加者は不運なジャックに同一視していた。さらに翌日，いずれの参加者の気分も中立的にしたうえで物語の内容を再生させたところ，参加者は物語を読んだときの気分と一致するほうの内容をよく覚えていた。すなわち，楽しい気分に誘導された参加者は幸運なアンドレに関する内容を（$M = 55\%$ *vs.* 45%），悲しい気分に誘導された参加者は不幸なジャックに関する内容をより思い出した（$M = 19\%$ *vs.* 80%）。

さらに気分一致効果は他者に対する印象形成においてもみられる。フォーガスとバウアー（Forgas & Bower, 1987）は，実験参加者の気分の良し悪しが評価対象に対する注意の方向を変化させ，その気分と一致する方向に他者に対する印象形成が行われると考えた。52名の実験参加者はある性格検査に回答した後，その結果を知らされたが，半数の参加者にはよい結果を，残りの参加者には悪い結果を与えて気分を操作した。その後，4人の人物の性格に関する

文章を読み，彼らの印象を評価した。その結果，好意的な印象評価はネガティブな気分の参加者よりポジティブな気分の参加者において多くみられたのに対して（$M = 15.2$ *vs.* 17.4），非好意的な印象評価はネガティブな気分の参加者において顕著だった（$M = 14.6$ *vs.* 12.6）。気分一致効果は社会的行動においてもみられ，たとえばポジティブな気分が援助行動を促進したり（Carlson et al., 1988），交渉時に協力的な方略を選択させる（Forgas, 1998）ことなどが知られている。

(2) 気分一致効果はどのように生じるか

気分一致効果の生起メカニズムに関しては，おもに2つの理論的観点から説明が試みられてきた。一つはバウアー（Bower, 1981, 1991）による感情ネットワーク理論で，記憶内で知識や感情がどのように表現されているかに注目した説明である。もう一つはシュワルツ（Schwarz, 1990）の感情情報機能説（affect as information model）で，感情状態が対象の評価や判断をする際の手がかりとして利用されていることに注目した説明である。さらに近年，フォーガス（Forgas, 1995）はこれら2つの見方を統合する感情混入モデル（affect infusion model）を提起している。

バウアー（Bower, 1981, 1991）は感情も他の知識や概念と同様に，長期記憶内の意味記憶ネットワークに配置され，関連するものどうしが相互に結びついているという感情ネットワーク理論を提唱した（図2-1）。そしてある感情が喚起されるとそれと結びついている知識も活性化されると仮定し，気分一致効果を説明しようとした。この感情ネットワーク理論に従えば，図2-1の「祖母の笑顔」が活性化されるとまず「ポジティブ感情」が活性化され，ついでその感情と結びついている「恋人の顔」が想起されやすくなると考えられる。

一方，シュワルツとクロア（Schwarz & Clore, 1983）は，気分一致効果が感情ネットワーク理論でいう情報の選択的検索によるのではなく，そのときの感情状態の原因を本来の対象とは異なる対象に誤帰属するために生じるという感情情報機能説を主張した。これによれば，人は自己の感情状態を，判断の対象やおかれた状況を評価する手がかりとして用いることがあるという。対象に対する感情反応を判断の手がかりとすることによって，複雑な情報処理を容易

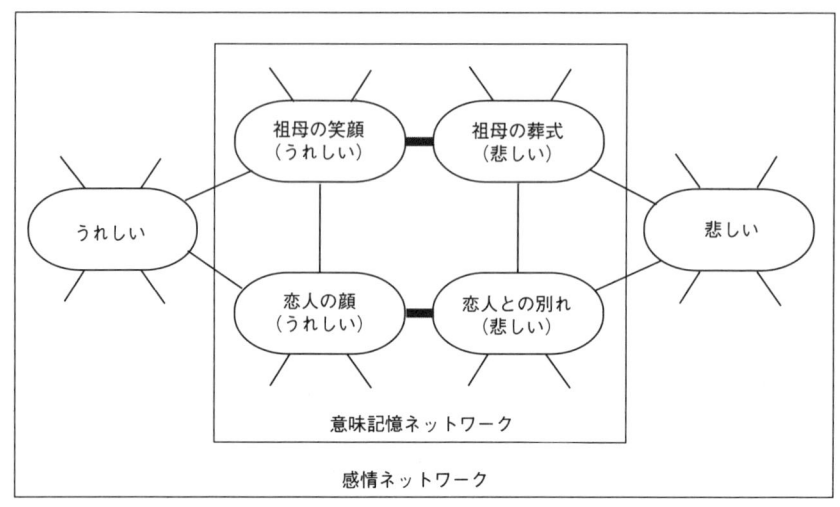

図 2-1　意味記憶ネットワークと感情ネットワーク
(Dryden & Rentoul, 1991 の訳書（丹野，1996））

にしていると考えられる。そのため別の原因でポジティブな気分が生じているときに何らかの判断を行う際，そのポジティブな気分が判断対象に由来すると誤帰属されると，その対象は好意的に評価されやすくなる。先のアイゼンらの実験結果でいえば，参加者は実際には試供品をもらったことでポジティブな気分が引き起こされたのに，その気分の原因を所有しているテレビや車に帰属したために，それらの製品に対する評価が肯定的になったと解釈できる。このように気分一致効果が気分状態の誤帰属によって生じているとすれば，気分の原因を明確に正しく帰属できる場合には気分一致効果は消失すると予想される。シュワルツらはこの予想を支持する実験結果を報告している。彼らはよく晴れた天気の良い日と雨で天気の悪い日に人生の幸福感をたずねる電話調査を 84 名の大学生に行った。その結果，雨の日に回答した人よりも晴れた日に回答した人において幸福感は高く評価され（$M = 5.0$ *vs.* 7.4），気分一致効果がみられた。しかし回答者の気分の原因が天候にあることをあらかじめ意識させた後にたずねた場合には気分一致効果はみられなかった（$M = 6.9$ *vs.* 7.8）。これは回答者が気分の原因を天候に正しく帰属したために，天候が質問に対する評価手がかりとして利用されなかったからだと解釈できる。

この2つの理論は気分一致効果をある程度説明するが，この現象に関する実証的知見が蓄積されるにつれ，これらの理論では説明できない実験結果も見つかった。たとえば，気分一致効果はネガティブ気分よりポジティブ気分において生じやすい (Clark & Isen, 1982)。先のフォーガスとバウアー (Forgas & Bower, 1987) の実験でも気分一致効果はネガティブな気分の参加者よりポジティブな気分の参加者において顕著であった。ポジティブ気分とネガティブ気分の効果の非対称性は感情ネットワーク理論では説明できない。感情ネットワーク理論ではポジティブ気分であれネガティブ気分であれ，いったんある感情が喚起すればそれと結びついた知識が一様に活性化されると考えるからである。

また感情情報機能説ではもっぱら判断を行う段階での気分の影響に注目する。そのため先に示したバウアーらの実験のように，情報を記銘する段階においても気分が影響することを説明できない。またこの理論では気分の原因が正確に帰属される場合には気分一致効果は消失すると考えるが，気分の原因を特定できる状況で気分一致効果が生じることもある。フォーガスとバウアー (1987) の実験では，性格検査結果のフィードバックによって参加者の気分を操作しているが，この状況では気分の原因が検査結果にあるということは参加者にとっても明白だった。

(3) 感情混入モデル

フォーガス (Forgas, 1995) の感情混入モデルは，もともと感情が情報処理の方略選択に及ぼす影響を理論化したものであるが，気分一致効果を説明しようとする感情ネットワーク理論や感情情報機能説を統一的な視点から理解するうえで役立つ。このモデルでは，まず社会的判断において用いられる4つの情報処理方略を区別する (図2-2)。直接アクセス型方略とは記憶内にすでに貯蔵されている具体的な評価結果をそのまま検索して利用するもの，動機充足型方略は特定の強い動機がある場合にそれを満たすように行われるもの，ヒューリスティック型方略は利用可能な情報のうちの一部にのみ注目しそれを手がかりに判断するやり方である。ヒューリスティック型方略による判断は対象の表面的な手がかりによってなされやすく，そのときの感情状態も判断の情報源として利用されるため，この過程には感情情報機能説に基づいた感情の影響が特

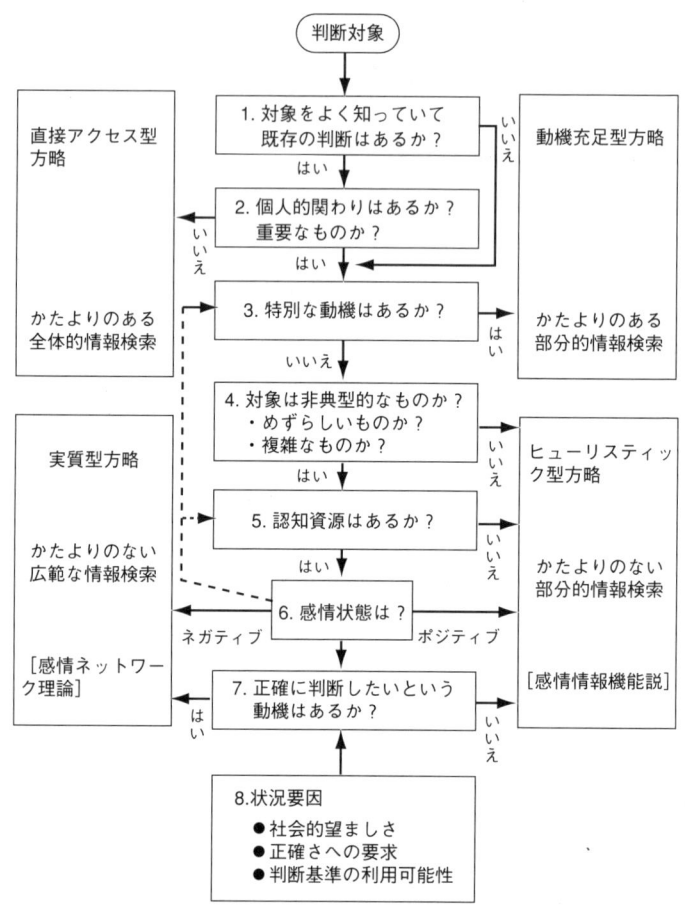

図2-2 感情混入モデル (Forgas, 1995を一部改変)

に現われやすいと考えられる。第四の実質型方略は，対象に関する新しい情報を解釈し，それを既存の知識と関係づけて判断するやり方である。この過程では記憶内の情報検索によって対象に関する既存知識と新たな情報の統合的解釈が行われる。そのため感情状態は記憶内の知識に対する接近可能性を変え，感情ネットワーク理論に従った感情過程が現われると考えられる。

感情混入モデルでは，ヒューリスティック型方略はポジティブな感情下で，

また，実質型方略はネガティブな感情下で駆動されやすいと仮定する。ポジティブな感情状態は自分をとりまく環境が安全であることを意味し，その環境下では慎重になる必要があまりないため，情報処理において簡便で直観的なヒューリスティック型方略が用いられやすい。言い換えればポジティブな感情に一致した情報処理が行われやすく，気分一致効果の生じやすい状態と考えられる。一方，ネガティブな感情状態は環境に問題が多く危険であることを意味するため，問題解決のために注意深く分析的で体系的な情報処理を行う実質型方略が用いられやすくなる。このことからネガティブな感情は必ずしもそれに一致した方向のみの情報処理を導くわけではない。先に気分一致効果はネガティブな気分よりポジティブな気分において生じやすいことを指摘したが，その原因の一つは，今述べたようにネガティブ気分が実質型方略を，ポジティブ気分がヒューリスティック型方略を導くことから理解できるだろう。

2　気分一致効果はなぜ存在するのか：適応プログラムとしての感情

　感情には，ときに理知的な判断を失わせ不合理な行動をまねくやっかいな存在というイメージがある。日常経験をふり返ってみても，怒りにまかせた行動をとったことで人間関係が悪化したり，不公平感が自己利益に反する行動をとらせてしまったりする。本章で検討した気分一致効果も，単に感情が理知的な判断を歪ませる例にすぎないのだろうか。感情の適応的価値に関する最近の議論は，この問いに対する異なる見方をあたえてくれる。この議論によれば，感情はヒトの進化過程でくり返し生じた適応上の問題に迅速に対処するためのメカニズムであるという（Frank, 1988; 戸田, 1992）。適応上の問題には捕食者からの逃走や，攻撃や脅威からの防衛，配偶関係の確立，子どもの養育などが含まれるが，こうした問題に対し最も成功率の高い行動をデフォルトとして備えていれば生き残りに有利となる。感情はその状況に最適な行動を迅速にとらせるための心のはたらきといえる。

　そうであるなら，感情がその後の情報処理の方向を規定する気分一致効果も，複雑で多様な情報が存在する環境下で効率的な判断を行うことに役立っている

のかもしれない。ポジティブな気分は好意的な判断を導いたりヒューリスティック型方略をとらせることによって，現在の行動をとり続けて望ましい状況を維持するとか，他者に対する協力行動を促進することに役立つ。一方，ネガティブな気分が実質型処理をとらせるのは，人々の注意を望ましくない情報に向けさせ，それを優先的に処理させることで，迅速な問題解決をはかることに貢献するだろう。こうした観点からすれば，気分一致効果は単なる認知バイアスではなく，人間の適応メカニズムの反映ととらえることができる。

第3章

心理的負債感とボランティア

1 援助行動における心理的負債

　病気やケガをしているとき，あるいは困難な問題にぶつかったときに，誰かが援助してくれたならば，あなたはどのように感じるだろうか。おそらく，その人とその援助に対して「ありがたい」と感謝し，明るい気分になるだろう。しかし，その一方で，何らかの形でお返しをしなければならない，と思うのではないだろうか。これは，援助を受けたことで「義理」や「借り」を感じ，それを重荷に感じているためだろう。ここでは，こうした「義理」と「借り」，すなわち心理的負債（indebtedness）について考えていきたい。

　グリーンバーグ（Greenberg, 1980）は，「人は助けてくれた人を助けるべきである」「助けてくれた人を傷つけるべきでない」というグールドナー（Gouldner, 1960）の互恵規範を前提に心理的負債という概念を提案した。ここでいう心理的負債は，「援助者に返報するように義務づけられた心理的な状態」と定義される。

　グリーンバーグの理論では，他者から援助を受けることで，被援助者に心理的負債が生じる。そして心理的負債が大きくなるほど，心理的負債を低減しようという動機づけを強く感じるようになる。金銭的な負債の場合と同様に，心理的負債を低減する基本的な方法は援助者に対して返報することである。こうしてわれわれは援助者への返報行動に駆り立てられる。

　本章では，援助行動における心理的負債について概説し，援助行動の具体的

な場面としてボランティア活動をあげ，そこでの問題を心理的負債という視点から考えていく。なお本章では，心理的負債への気づきを心理的負債感と表現することとする。

2　心理的負債の大きさを規定する要因

　まず，心理的負債の大きさについて考えてみよう。われわれは，他者から援助を受けたとしても，常に同じ程度の心理的負債を負うわけではない。実際，日常場面でも非常に強い義理を覚える場合もあれば，それほど強い義理を感じない場合もある。これは心理的な問題であるから，金銭的な負債のようにはその大きさを明示することはできないが，心理的負債の大きさを規定している要因はいくつか考えられる。グリーンバーグ（Greenberg, 1980）は，(1) 被援助者の利益と援助者のコスト，(2) 援助者の援助動機，(3) 援助行動の原因の所在，(4) 他者からの手がかり，という4つの規定因をあげた。

(1) 被援助者の利益と援助者のコスト

　グリーンバーグによれば，心理的負債の大きさは，被援助者が援助によって得た利益の大きさと，援助者が援助するにあたって支払ったコストの大きさとの加算によって決まる，という。心理的負債の大きさは次のようである。

$$I = x_1 B + x_2 C$$

Ｉは心理的負債の大きさを表わし，Bは援助を受けたことによる被援助者の利益，Cは援助したことによる援助者のコスト，x_1とx_2は重みである。この式からわかるように，被援助者が援助を受けることによって得た利益が大きいと思えば思うほど心理的負債が大きくなる。また，援助するにあたって援助者の支払ったコストが大きいと被援助者が思うほど，心理的負債が大きくなる。さらに，式の重みx_1とx_2は，x_1のほうがx_2よりも大きい，すなわち$x_1 > x_2$とされた。

　相川（1988; Aikawa, 1990）は，グリーンバーグの仮説の検証を行っている。その結果，グリーンバーグの式の妥当性が確認された。しかし，$x_1 > x_2$という重みの大きさについては必ずしも支持されていない。

(2) 援助者の援助動機

　援助者の動機も，心理的負債の大きさを規定する要因として重要である。被援助者が「援助者は，私のためを思って助けてくれた」と思えば，心理的負債が大きくなる。しかし一方で，「援助者は援助者自身のために援助を行ったのであって，私のためだけを思って助けてくれたのではない」と思えば，心理的負債が小さくなる。

(3) 援助行動の原因の所在

　心理的負債は，被援助者が援助の生じた原因をどこに帰属させるかによっても規定される。心理的負債は，困窮している人が自ら援助を求めたとき最大であり，援助者が援助を申し出たときはそれよりも弱くなる。そして援助が偶然によってなされたものであったり，援助者の職務であったりするときに最も小さくなる。

(4) 他者からの手がかり

　時には，被援助者が，自らにどの程度の返報義務があるのか決定できない場合がある。このような場合，援助者や一緒に援助を受けた人など，自分以外の人間の判断に頼ることがある。

　これらの4つの要因に加え，援助者と被援助者の関係なども心理的負債感に影響することが知られている（Greenberg & Westcott, 1983）。

3　心理的負債における個人差の問題

　心理的負債による不快感は，幼少期からの社会化によって形成されると考えられている（Greenberg, 1980）。また，小学生を対象とした発達的視点からの研究（De Cooke, 1992）では，基本的にどの学年の子どもも互恵性について理解していた。しかし，援助者のコストの高低が負債感に影響するのは中・高学年になってからであった。

　このように，心理的負債の感じ方は生来のものではないため，すべての人が

同じように心理的負債を感じるとは限らない。同じ状況であっても，心理的負債を非常に強く感じる人もいるだろうが，ほとんど感じない人もいる。

このような個人差の問題に関して，グリーンバーグとウェストコット（Greenberg & Westcott, 1983）は，債権者人格と有資格者人格という2つの人格特性について述べている。債権者人格とは，借りに対して非常に敏感であり，被援助者の立場に立つことを極度に嫌い，援助者の立場に立つことで喜びを感じる人である。このような人は，心理的負債が生じる状況を避けようとする一方で，他者が借りと感じる状況をつくろうとする。有資格者人格とは，他者から受けたどのような援助も当然自分が受けるべきものであると考える人格を指す。このような人は，返報義務感をほとんど感じないであろう。

また，相川と吉森（1995）は，個人の心理的負債感の大きさを測定する尺度を作成した。これは「私は人に何かをもらうと，お返しのことが気になる」などの18項目からなり，他者から好意や援助を受けたことをどの程度心理的負債と感じるか，すでに自らの中に存在する心理的負債にどの程度耐えられるか，心理的負債を低減したいという欲求をどの程度強く感じるかという側面から心理的負債感をとらえようとしたものである。鈴木（2002）は，相川と吉森の心理的負債感と向社会的行動の関係について検討し，小さな親切行動と心理的負債感の間に有意な相関を見いだした。

4 ボランティア活動と援助行動

ここからは具体的な援助行動場面における心理的負債のはたらきについて考えていくために，近年さまざまな領域で活躍をみせるボランティア活動を取り上げる。

日本におけるボランティアに対する関心は90年代から高まっていたが，阪神・淡路大震災が発生した1995年に急増している（平成12年度版国民生活白書：経済企画庁，2000）。1995年1月17日に発生した阪神・淡路大震災は被災者34万人以上という大災害であり，公的機関にとっても救援活動は困難をきわめた。そのような状況で137万7,000人以上（兵庫県把握：1995年1月〜1996年1月）のボランティアが被災地でさまざまな救援活動を行い，ボラン

ティア活動に対する社会の関心を高める大きな契機となった。

　現在，ボランティア活動は災害現場に限らず，高齢者や障害者の介護，子育て支援，環境美化や保護に関わる活動，地域スポーツチームでの指導，海外での恵まれない人たちへの支援など，さまざまな領域に及んでいる。ある調査では，1年間に何らかのボランティア活動を行った人は3,263万4,000人で，10歳以上の人口に占める割合は28.9%にのぼり，ボランティア活動に参加する人が増加していることを示している（平成13年社会生活基本調査：総務省統計局，2003）。

　ここで，援助行動とボランティア活動の関係について押さえておこう。平成13年社会生活基本調査報告によれば，ボランティア活動とは，報酬を目的としないで自分の労力，技術，時間を提供して地域社会や個人・団体の福祉増進のために行う活動のことである。なお実費程度の金額の支払いを受けても報酬とはみなしていない。また，玉木（2000）はボランティア活動をその特性から，営利目的でない（無償性），自発的に行われた（自発性），他者への関わりを強める（連帯性）活動と定義している。

　ボランティア活動は通常，援助行動の一つとして扱われるが，松浦（1996）は一般的な援助行動とボランティア活動の違いについて次のように述べている。多くの援助行動が単独で一時的に行われるものを指しているのに対し，ボランティア活動は個人だけでなく多人数で組織的に行われる場合があり，比較的継続的に行われる。また対人的な行動と限定される必要はなく，相手は必ずしも困窮している人間とは限らない。自主的・自発的行動であり，自分の援助行動に見返りや報酬を期待することは原則的にはない。このような違いは，ボランティア活動に関わる人々の心理に従来の援助行動における知見とは異なる特徴をもたらすと考えられる。

5　ボランティア活動における心理的負債感

　ボランティア活動は基本的に自発的な活動であるため，ボランティアを行っている側が被援助者からの直接的な返報を期待することは少ないと考えられる。しかし，たとえ返報を期待しない活動であったとしても，松浦（1996）が述べ

ているように，ボランティア活動によって援助を受けた側がまったく心理的負債感を感じないでいるとは限らない。

高木と田中（1995）は，阪神・淡路大震災での被災者に対して半構造化面接によるインタビュー調査を実施した。調査の結果，ボランティア活動に対する評価では，肯定的評価が多数を占める一方で，否定的評価も認められた。特に2か月後時点においては，「自分たちもお返しをしないといけない」といった，ボランティアに対する返報義務感についての回答がみられた。このことは，ボランティア活動による援助を受けることで，被災者に心理的負債感が生じたことを示唆している。

さらに，ボランティア活動を受ける側，特に災害の被災者や障害者などは，ボランティアに対して返報することができないか，返報が非常に困難な場合が多い。このように，援助者に対して返報することができないときには，心理的負債が低減せず，不快感情が高まることも予想される（松浦，1996）。

この点に関して，衡平理論の視点も踏まえ考えてみよう。援助者の利益と，被援助者の利益バランスについて検討したいくつかの研究から，援助の受容と提供が均衡している互恵状態（衡平状態）にあるときが最も心身が良好であり，不均衡な状態（不衡平状態）では心身に問題が生じるとされる（Rook, 1987 など）。

グリーソンら（Gleason et al., 2003）は，夫婦あるいは同居している男女を対象に，ソーシャル・サポートにおける互恵性と感情との関係について検討した。その結果，サポートを提供するより受けることが多い過剰利得状態にある人は怒りや抑うつ，不安といったネガティブ感情が高かった。

周と深田（1996）は，調査対象者にソーシャル・サポートを提供した程度と受け取った程度を比較させ，感情状態を評定させた。そして，恥ずかしさと申し訳なさという感情状態の得点から，心理的負債感の大きさを推定した。その結果，ソーシャル・サポートの過剰利得が被援助者に心理的負債感を生じさせ，心理的負債感は心身の健康に悪影響を及ぼすことが示された。同じように，ボランティア活動においても返報できないことで過剰利得状態にあれば，心身の健康に悪影響が生じると考えられる。

あるいは，援助者に対して返報することのできない被援助者は，自らの認知を変えることで心理的負債感に対処しようとするかもしれない。たとえば，援

助により受けた利益，あるいは援助することによって援助者が支払ったコストは最初に思っていたよりも小さいとする。同様に，その援助者の動機づけは，最初に考えていたものとは違い，援助者自身のためという利己的な動機づけであったとしてもよい。グリーンバーグとウェストコット（Greenberg & Westcott, 1983）は，こうした認知の再構成によって，心理的負債を低減し，それによって返報する必要も減少することができると考えた。

　ロベルトとスコット（Roberto & Scott, 1986）は，親友との関係に不衡平さを感じている高齢者は，そうでない高齢者よりも強い苦しみを覚えていることを示した。その一方で，援助されることが多い高齢者は，その不衡平さを自分のほうが親友より健康上の問題を抱えているためとしたり，もし親友が自分を必要とするようなことがあれば援助する考えをもつなどしていることを示唆した。高齢者が年齢とともに返報する力が低下すると，認知的な方略を用いて，多大な援助が引き起こす負債感情に対処しているのだろう。このような認知の再構成は，ボランティアによって援助を受けた人も同様であろう。

　本章では，心理的負債感とボランティア活動について論じてきた。もちろんさまざまなボランティア活動があるので，それぞれの特徴をとらえたうえで検討していく必要はあるものの，一般的な援助行動と同様，ボランティア活動においても心理的負債感が被援助者の心身に大きな影響を与えているのである。こうした問題に対する理解が不十分なままであれば，ついにはボランティア活動は望まれなくなり，継続的な活動は期待できない。今後，ボランティア活動に関わる行動と心理についてさらに研究を深めていくことが望まれる。

第4章

人間関係と公正認知

　日常，誰しも不正な行為に接すると，怒ったり，不満を感じたりすることがある。スーパーで買い物をしているときに隣のレジで割り込む人や，テレビで罪もない人がひどい目にあった報道を見ると，それが自分とは何の関係もない問題であっても，不愉快になるだろう。正しさに関する判断は，人間だけがもつ高次の認知機能であると考えられるが，同時に，言葉をおぼえたばかりの子どもでさえ，「ずるい（no fair）！」と言って他者を批判することからもわかるように，正しさ判断は人間にとって最も基本的な価値の一つといえる。本章ではこうした正しさの認知過程について，社会心理学的観点から説明を行う。

1　公正規範と自己利益

　「最終提案交渉（ultimatum bargaining）」という実験パラダイムがある（Guth et al., 1982）。現実の交渉で，なかなか合意が得られない場合，一方が最後通牒を行い，それによって相手の合意が得られなければ交渉が決裂することがあるが，「最終提案交渉ゲーム」とは，このような交渉の最終場面だけをモデル化したゲームである。すなわち，一方の参加者は，実験者から一定額の金銭を預けられ，自分（分け手）と相手（受け手）の取り分を決め，その案を相手に提示する。そして，もし，受け手が提案を受け入れた場合には，分け手の提案通りの分配が行われる。また，受け手が提案を拒否した場合には，分け手も受け手も金銭を受け取れなくなる。

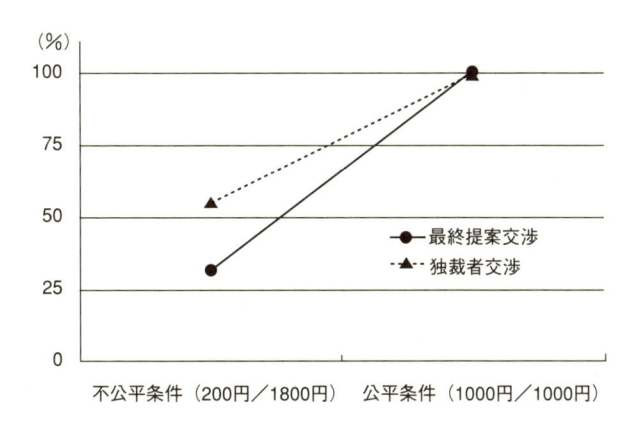

図4−1 最終提案交渉と独裁者の比較（福野・大渕，2001）
グラフの縦軸は提案を受容した受け手の割合を示す。

　図4−1は，実験結果の一部を示したものである（福野・大渕，2001）。この実験では，分け手はサクラであり，実験者から預かった2,000円を，受け手と公平に1,000円ずつ分けることを提案するか（公平条件），自分は1,800円，受け手は200円受け取ることを提案した（不公平条件）。図を見ると，不公平条件の受け手は提案を拒否しやすかったことがわかる。読者は，この結果をどのように思うだろうか？　不公平な提案をされたのだから，拒否をするのが当たり前だろうか？　だが，冷静になって考えるならば，拒否をすることは合理的とはいえない。なぜなら，不公平でも提案を受け入れれば200円獲得できるが，不公平を嫌って拒否すれば何も獲得できないからである。この実験結果は，人間が正しさのためには自己利益を犠牲にすることもありうることを示している。

2　心理学における公正研究

(1) 分配的公正

　人々が正しさを感じる心理的要因は，大きく分けて2つある。第一は「資源（resource）」の分配状況である。金銭，物品，サービスなど価値あるものが，人々の間で分かち合われる場合，その分け方の適切さが公正さを知覚させる。このような資源分配に基づく公正を「分配的公正（distributive justice）」という。

先に紹介した最終提案交渉ゲームも分配的公正に関する実験であった。

　分配的公正には，おもに3つの種類があることが知られている（Deutsch, 1975）。第一は，「衡平性（equity）」である。衡平性とは，業績に応じて資源を与える分配原則である。第二は，「均等性（equality）」である。均等性とは，関係する人々すべてに同じ量の資源を与える分配原則である。第三は，「必要性（need）」である。必要性とは，困窮度に応じて資源を与える分配原則である。

　これら3つの原則は，状況に応じて使い分けられるか，あるいは，組み合わされて使用される。一般的には，利益追求を目的とする人々が集まった場では，衡平性が重視されやすい。その典型は，一時的なアルバイトである。アルバイトを募集する会社は，利潤を上げるための労働力を必要とし，雇われる個人は賃金の獲得を目的としている。こうした，合理的な目的が明確な集団においては，はたらきに応じた金銭のやりとりが行われやすい。

　他方，均等性は，情緒的な結びつきが存在する集団，あるいは，情緒的結びつきを強調する必要がある集団において重視されやすい。衡平性は，人々の待遇に格差をつけるため，優遇されたものには優越感を，冷遇されたものには劣等感やねたみを生じさせやすい。このため，人々の連帯感を育むためには，そのような衡平性よりも，すべての人々を等しく扱う均等性のほうが都合がよいと考えられる。仲良しグループでフリーマーケットに参加した際，売り上げをみなで均等に分ける，あるいは，きょうだいがお菓子を同じ量だけ分かち合うといった例が，これに該当する。

　なお，均等性は，個人を査定することが困難な状況においても利用される。災害時に緊急の救援物資が配られる際，個人の事情は考慮されずに，被災者がみな同じだけ物資を受け取るのは，その一例といえる。

　また，情緒的な結びつきが強まり，他者に対して共感できるような状況では，必要性が重視されやすくなる。他者に対する共感が強まる状況としては，まず，人々の関係が親密な場合があげられる。ふざけたりゲームをしたりするような場合を除けば，親が子どもに対して，働きに応じて食事や薬，学費を与えるということはないし，他の家族成員もそれについて不平をこぼすことはない。これは，お互いにとって他の成員が大切な存在であり，その人たちがより幸せになるように資源を分かち合うことを了解しているからである。

また，直接相互作用しない人々の間でも，共感が強まる場合がある。ニュース報道などで，貧困問題や失業問題が取り上げられると，自分が同様の問題を抱えていた場合を想像して，弱者に手厚い社会政策を支持しやすくなるような場合がこれにあたる。

さて，ここまで，人々にとって価値あるものの分配に関連した例を示してきたが，分配的公正は，負担のようなネガティブなことがらの分配についても応用できる。罰金について考えてみよう。罰金は，法律を犯した際のペナルティの一種であるが，その金額は，おおむね，犯した罪の重大さに比例しており，衡平性に基づく分配といえる。つまり，これまで述べてきた資源の分配と同様に，負担の分配も同じ原理で理解することができるのである。このような負担の分配を「負の分配」という。

(2) 手続き的公正

正しさを感じる際の第二の心理的要因は，「手続き (procedure)」である。裁判所や国会のような公の機関での決定であっても，サークルや職場のような身近な場での決定であっても，ものごとを決める際には，誰が，どのような観点を重視して決めたのかに人々は関心をよせる。そして，その決定過程において，不適切な判断や出来事が見つかれば，その決定の内容自体の善し悪しはともかく，不正な決定とみなされることになる。

決定を下される当事者が，手続きを公正と判断するポイントは，おもに「コントロール (control) の機会」と，「社会的相互作用 (social interaction) の質」であると考えられている。コントロールの機会とは，当事者が決定に関与する機会のことである。チボーとウォーカー (Thibaut & Walker, 1975) は，模擬裁判の実験を通して，紛争当事者役の被験者のうち，裁判で多く発言できた者ほど，判決を公正と感じ，満足しやすいことを見いだした。これについてチボーらは，被験者は自分の発言が裁判官の判断に影響し，発言しなかった場合よりも結果が良くなったと考え，裁判に対して好意的な印象を形成するようになったためと説明している。このようなコントロールの効果は，裁判だけでなく，日常の決めごとにもみられる現象である。サークルや職場での役割分担を決めるときなどは，メンバーに相談なく割り当てを決めるよりも，事前に当

事者の意向を聞いておいたほうが彼らの抵抗は少ないだろう。

他方，リンドとタイラー（Lind & Tyler, 1988）は，当事者の決定者に対する対人認知に注目した。それによると，決定を受ける当事者は，決定者から自己がどのようにみられているかに強い関心をもっている。なぜなら，決定者から粗野で乱暴な扱いを受けることは，決定者のみならず，決定者が代表している周囲の人々から価値のない人間であるとみなされていることを意味するからである。このため，自分の立場にふさわしい扱いを受けたと感じる当事者ほど，公正な手続きを通して決定が下されたと考えやすくなるといわれる。教師や先輩，上司などから何らかの指示を受ける際，思いやりと明快な説明が示されるなら，生徒や後輩，部下はそれに従いやすくなるだろう。また，政治的決定のように，直接的な相互作用場面でなくても，首相や閣僚が形式的なコメントをくり返すだけよりも，民意を尊重して活動しているようすを示すほうが，国民の支持を得やすいだろう。

3　認知的斉合性による公正知覚効果の理解

公正知覚は，人々にさまざまな場面を通じて，自己利益とは独立した視点から義務感を抱かせる。実際，公正さを強く知覚した人には，従順な態度が形成されやすくなることが確認されている（Tyler et al., 1997：訳書，2000）。すなわち，公正知覚は，被告による判決受容をうながし，警察官と接触した者の遵法意識を高め，労働者の組織に対するロイヤルティを強化し，国民の政策支持を強めることが明らかにされている。

人間が正しいことに従い，不正なことを嫌うのは，自明のことのようにも思えるが，改めて考えてみると，なぜ人間は正しさに関する判断に基づいて感情や行動を変化させるのだろうか？　ここでは，「認知的斉合性」の概念を使って説明してみよう。フェスティンガーの認知的不協和理論（Festinger, 1958）やローゼンバーグの感情認知一貫性理論（Rosenberg & Hovland, 1960）は，人々が認知，感情，行動の間で矛盾が生じないよう，それらの間の関連性を調節するようすを実証した。たとえば，認知的不協和の実験では，単純で退屈な作業をさせた被験者に安い謝礼を受け取らせると，その被験者は，大変な労力をか

けたにもかかわらず，安い謝礼を受け取ってしまったとは考えたくないために，その作業が実は興味深く，楽しかったために自らすすんで行ったのだと思い込むようになった。これは，安い謝礼を受け取ったという行動に矛盾しないよう，作業に対する認知や感情が変化したことを示している。また，シャクターによる感情の二要因説（Schachter, 1964）は，生理的変化と認知の二要因の交互作用によって感情の主観的体験が成立するとしているが，このような現象もまた，認知と矛盾しないよう情動にラベリングが行われることを示している（第20章参照）。

このような，認知と感情，行動の斉合化機能に基づけば，公正に関する認知は，感情面では満足感を，行動面では決定の受容や集団に対する服従を促進すると考えられる。

公正知覚に関連する斉合化を示した実験としては，「独裁者交渉（dictator bargaining）」（Forsythe et al., 1994）がある。これは，本章の冒頭で紹介した最終提案交渉と基本的に同じ要領のゲームであるが，一つ異なる点がある。最終提案交渉では，受け手が提案を拒否した場合，分け手も利益を得られなくなっていたが，独裁者ゲームでは，受け手の受容・拒否にかかわらず，分け手は自分の提案額を獲得できることになっているのである。このため，たとえ受け手が不公平な提案を拒否しても，利得が得られないばかりか，公平さを回復することもできないようになっている。さて，分け手がここでも不公平な提案（分け手である自分に1,800円，受け手に200円）をした場合，受け手はどのように反応するであろうか。

福野らの研究によると，その結果は，図4-1に示されているように（福野・大渕，2001），最終提案交渉の場合とほぼ同様であり，やはり約半数の受け手が不公平な提案を拒否し，200円の利得を放棄した。これは，受け手が不公平状態を解消できないと知りながら，損することを覚悟で提案を拒否したことになる。このような反応を，認知的斉合性によって説明すれば，次のように解釈することができよう。すなわち，受け手は提案を拒否することによって，「提案が不公平である」という認知や，「提案が不満である」という感情と矛盾しない行動をとったと考えられる。人々は，たとえ不公平が解消されないとしても，わずかな利益を得るために，不公平な決定をすすんで受け入れるようなことはしない傾向をもっているといえよう。

第5章

感情と文化

1 はじめに

　感情には文化により異なる側面がある。たとえば異文化について調べる研究者は，対象者が用いる感情語を理解したり翻訳したりするのに四苦八苦することがある。ラッセル（Russell, 1991）は，文化による感情のカテゴリー化の共通性と多様性について整理しているが，そこでは「感情」という概念そのものがない文化さえも報告されている。

　ただし，これは感情が文化により完全に異なるということではなく，文化をこえて共通する側面も論じられている。厳密な議論を行うためには，基礎となる生得的側面，表情理解の側面，カテゴリー化の側面，対人関係の側面といったように区別する必要があるが，本章では感情のあらゆる側面を取り上げて微に入り細をうがつ議論をすることは避けよう。むしろ，感情と文化について考えを深めていくきっかけとなるように，対象や観点が対照的な以下の3つの研究を紹介することにする。

　第一は，文化心理学とよばれる立場からの研究である。第二は，ある文化から別の文化に移動する人々，すなわち異文化体験の研究である。第三は，特定コミュニティを詳しく調べ，感情のあり方を具体的にとらえた研究である。

2 文化心理学

　北山と宮本（2000）は，文化が心を形成し，心が文化を維持・変容させていくという相互構成システムを想定し，その解明を文化心理学の目的だとしている。このような心と文化との相互構成を解明する際に重視されてきたのが文化的自己観である。文化により「人」や「自己」に対する見方が異なることが報告されてきたが，ここでいう文化的自己観とは，ある文化圏において歴史的に共有されてきた人の主体の性質についての通念である。このような文化的自己観を比較してみると，欧米（特に北米の中流階級）には相互独立的自己観が存在するのに対し，東洋には相互協調的自己観が存在する。相互独立的自己観では，自己とは他者から切り離された存在であり，自己の内にあるとされる独自の特性（能力，才能など）を見いだし確認することが重要となる。それに対して相互協調的自己観では，自己とは他者と深く結びついた関係的なものであり，自己と他者との調和を重視する。文化心理学では，このような文化的自己観の違いが，認知・感情・動機づけなどに反映されるとしている（北山・唐澤, 1995; Markus & Kitayama, 1991）。

　特に感情についての研究例を紹介すると，北山ら（Kitayama et al., 2000）は，脱関与的肯定感情，関与的肯定感情，一般的肯定感情を区別して，それらの関係を検討している。たとえば「誇り」のような脱関与的肯定感情には，自己の独立を確認し他者との関与から脱する側面がある。また「親しみ」のような関与的肯定感情には，自他の協調を確認し他者と関与していく側面がある。一方，「落ち着く」「うきうき」といったような一般的肯定感情には以上のような特定性がない。これらの経験頻度について調べたところ，アメリカでは一般的肯定感情は脱関与的肯定感情と高く相関し，日本では一般的肯定感情は関与的肯定感情と高く相関していた。相互独立のアメリカと相互協調の日本，それぞれの文化的自己観に対応して肯定感情のあり方が異なっている。

　ともすれば，感情は生得的・普遍的であるとみなしてしまう。しかし，生得的なレベルで基礎づけられながらも，感情は文化的なレベルでも構築されている。

3 異文化体験と感情

　一つの文化で過ごしているかぎりは気づかないが，異なる文化にふれることでみえてくる人間の特徴がある。このような点を調べられることが異文化体験を研究する意義である。

　異郷に行くとさまざまな側面で適応を迫られる。異文化体験の研究者たちは，認知的側面，行動的側面，感情的側面の関係に注目してきた（箕浦，1991）。一つの文化で暮らしていればこれら3側面は一体化しているが，異文化体験では3つの側面のあいだでズレが生じたりするからである。たとえば，成人期の異文化体験では，人間関係のルールやマナーなどを新たに知り（認知的側面），それに従って日常生活を送れるようになったとしても（行動的側面），そのような生活への違和感が消えないことが多い（感情的側面）。このことが，異文化体験にともなう心理的問題の原因になることがある。

　一方，幼少時の異文化体験では，感情的側面の適応にも困難が少ない。このことは文化を体得する感受期が幼少時と成人期との間のどこかに存在することを示す。箕浦（1991）は，成長の過程で異文化体験をした子どもたちを調べ，対人関係の型を体得する感受期は，9歳から14, 15歳であるとしている。この時期に暮らした文化圏の対人関係が体得されて自文化となり，その後の対人関係にともなう感情的側面を規定する。感受期よりも幼い時期に別の文化に行き感受期を過ぎるまで暮らすと，その文化は異文化ではなく自文化になっていく。しかし，感受期を過ぎてから異文化に行くと，その異文化について知識を増やしたり，トラブルを起こさないように行動したりできても，感情的側面までも慣れ親しむことは困難になる。

　つまり，成人期の異文化体験では，文化的差異に直面せざるをえないのである。それに加えて複数の文化が交錯する状況で生きると，アイデンティティにも影響がある。たとえば日本に対する文化的差異を感じて自分のことを「日本人ではない」としていても，周囲の人々が出生地，親の国籍，身体的特徴などの外的特性から「あなたは日本人である」と決めつけるかもしれない。このような齟齬が，民族的アイデンティティの葛藤や変容につながることもある（辻本，1998）。ただし，このような葛藤や変容は必ずしもネガティブな体験だと

はかぎらない．新しい価値観やユニークな生き方の創造につながる可能性さえもつものである．

4　コミュニティと感情

以上の研究は，何らかのかたちで複数の文化を調べているが，一つの文化を詳しく調べることにより明らかになることもある．特に人間関係や宗教的世界観のようなコスモロジーと絡み合った感情のあり方，あるいは歴史的に培われてきた感情への対処法を明らかにするときには，特定コミュニティの集中的調査が役立つ．

作道（2004）は，ケニア共和国のトゥルカナと呼ばれる牧畜社会を調査し，その感情生活を報告している．牧畜社会では，ものや家畜のやりとりが人間関係の形成にとって重要であり，やりとりをめぐる交渉を日常的に行う．このような交渉社会は怒りや不満が残りやすい確執社会でもある．そこで生きる人々の感情への対処はわれわれと大きく異なっている．トゥルカナでは，他者が自分に対して「怒り」を抱いていると，自分の身体に不調が発生すると考えられている．さらに「怒り」は隠されているものとされている．このような「怒り」と不可分の関係にあるのが，トゥルカナで盛んな占いである．人々は身体不調をはじめ，さまざまな訴えを抱えて占い師のもとに行く．そして占いの場面は，隠されている「怒り」を掘り出す場になる．占い師が相談者に問いかけたり，一緒に検討をしたり，あるいは相談者が告白をしたりしながら，「怒り」の所在を推論していく．そのような占い場面が終わると占い師が儀礼を指示するが，この儀礼の場が確執相手との話し合いの場になる．トゥルカナの占いは，感情生活の再編や人間関係の維持修復になっているという．

大橋（1998）は，沖縄のシャーマンについて報告している．シャーマンとは，カミや霊と交流できるとみなされて治療や儀礼を行う人々であり，沖縄では「ユタ」と呼ばれている．ユタになるのはふつうの主婦である場合が多く，そのきっかけになるのは現地の言葉で「カミダーリィ」と呼ばれる心身不調の発症である．カミダーリィはカミの召命を受けているものとみなされる．そして先達のユタの指導や助言のもとに修行を重ね，自らの心身不調の原因を沖縄の祖霊

表5−1　カミダーリィの主要な心身不調（大橋，1998より作成）

心的不調	気持ちが落着かない，気分が悪い，眠れない，押えつけられ身動きできない
	夢ごこち・夢幻様体験，視えたり聴こえたりする，人を避ける・自閉的行動
	わけもなく泣いたり笑ったりする，意識不明，独り言をいう
	カミと語る，別人になって人びとに語る，唱う・踊る・往来を歩く
身体的不調	頭痛，めまい，胸の圧迫，動悸
	からだが震える，皮膚病・腫れもの，出血が止まらない
	食欲不振，痩せる

信仰のコスモロジーの中に位置づけていく。この作業が自らの混乱状態を整理することになり，心身不調が軽くなって一応の安定にいたる。一方，周囲からは才能に恵まれた人とみなされ，相談や儀礼の依頼客が来るようになり，やがて本人もユタとしての役割を受け入れていく。このようにして，心身不調に陥った人も社会的に疎外されず，コミュニティの中で自らの役割をもって生きていけるという。カミダーリィにみられる主要な心身不調を整理したのが表5−1であるが，「気持ちが落着かない」をはじめとする情緒の不安定化という側面もみられる。つまり，修行によりカミダーリィの諸症状が軽くなっていくプロセスは，不安定になった感情への対処でもある。このようなプロセスを全体としてみると，そこにはコミュニティの文化による信仰治療というべきものがあるという。

　ここで紹介した特定コミュニティの研究は，日常生活に埋めこまれた感情の具体的なあり方が文化により異なり，さらに，感情問題への文化特有の対処法を人類が培ってきたことを示している。

2部

感情調節の生理と心理

第6章 血圧と行動

1 はじめに

　脳の科学的研究が進んだ今日では，脳がさまざまな精神活動に関わっていることが知られている。脳の活動によって，感覚，運動，思考，記憶，体内環境の維持など，心身の諸機能が統御され，行動調節が行われている。
　それでは，脳以外の身体器官は，精神機能とどのように関わっているのだろうか。他人から不愉快なことを言われて怒りを覚えれば，脈が激しく打って，頭に血が上り，顔が紅潮する。暗い夜道を一人で歩いているとき，突然，誰かに声をかけられたりすると，びっくりして心臓が止まりそうになることもある。身体を激しく動かしたわけではなくても，感情的に大きく揺さぶられることで，心臓をはじめとした循環器系の活動は著しく変化する。その意味で，昔の人が「心の臓」と呼んだように，心臓血管系の活動は，心理的な状態と密接に関わっている。日常使っている言葉の表現の中にも，「心臓が強い」「心臓に毛が生えている」「心臓が高鳴る」「血の気が引く」「血の気が多い」など，循環器系の活動と精神活動を関連づける表現は少なくない。
　このように，感情のはたらきと心臓血管系の活動とは，きわめて密接に結びついている。図6-1には，突発的に大きな音を聞かせることで，動物に強い驚きの反応，すなわち驚愕反応を引き起こしたときの心臓血管系反応を示す。この図から，驚愕時の行動的反応にともなって，心臓血管系にも顕著な変化が表われることがわかる。

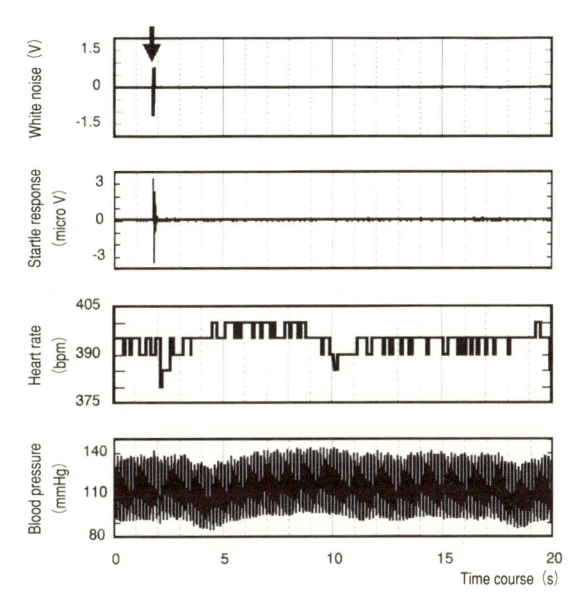

図6-1　驚愕時におけるラットの心臓血管系反応

矢印は，大音量のホワイトノイズ（White noise）の提示を示す。それから数十ミリ秒以内に強い運動反応（Startle response）が生じる。これよりやや遅れて心拍数（Heart rate）や血圧（Blood pressure）に顕著な反応が生じ，数秒間持続する。血圧は，心臓の拍動によって上下しており，その波形の上端は最高血圧に，下端は最低血圧に対応する。この測定は無麻酔で行った。測定に先立ち，坂田（1996）に従って，血圧測定のためのカニューレを大腿動脈に挿入する手術を麻酔下で行った。

　本章では，循環器系の活動，特に血圧変化と精神活動もしくは行動との関連について考えてみたい。ここでの議論で強調したいのは，心臓血管系から脳への情報伝達を支える神経機構の存在である。主役は「血圧センサー」，すなわち圧受容器である。

2　血圧調節の神経機構

(1) 自律神経系の内臓支配

　心臓血管系のはたらきが，脳の調節を受けることは一般によく知られている。心臓血管系を含む内臓器官と脳との間では，自律神経系によって情報のやりとりが行われている。自律神経系には，交感神経と副交感神経とがあり，これら

の神経によって，内臓は二重の支配を受けている。自律神経系によって調節される器官としては，心臓血管系，呼吸器系，消化器系，瞳孔や汗腺などさまざまである。こうした身体器官の活動を調節することによって，自律神経系は，体内環境の恒常性，すなわちホメオスタシスを維持しているとともに，ストレスの場面で適応的に反応できるよう準備する。怒りや恐れといった強い感情や痛みを生じさせる場面，もしくは闘争や逃走といった生存に関わる緊急事態にあっては，交感神経系の活動と副腎からのアドレナリン分泌によって，こうした緊急事態に対処するための全身性の身体反応が生じる。キャノン（Cannon, 1929）はこれを危急反応（emergency response）と呼んだ。

　こうした自律神経系の活動は，脳の中の視床下部という部位によって制御されている。視床下部から脳幹や脊髄を経由して，交感神経系と副交感神経系に連絡している。視床下部は，内臓器官を支配する一方で，感情に関わる脳，すなわち扁桃体から支配を受ける。恐怖を感じたときに心臓の拍動や血圧が変化するのは，扁桃体から視床下部への神経作用によると考えられている。

　また，自律神経系による内臓調節では，中枢と末梢の間で双方向の情報伝達が行われている。中枢の神経機構から末梢の内臓器官へと信号を送る神経線維は下行性もしくは遠心性神経と呼ばれる。他方，内臓器官から中枢へと情報を伝える神経も存在し，上行性もしくは求心性神経と呼ばれる。この求心性神経は，ホメオスタシスの機能において重要である。次には，求心性神経が，血圧調節において，いかに重要な役割を果たしているかを略述しておきたい。

(2) 血圧調節のしくみ

　血圧水準は，心臓から血液が送り出される量，すなわち心拍出量と，末梢血管の抵抗の大きさなどの要因によって決まる。心拍出量は，自律神経系による心臓の神経調節からの影響を受けるのに対して，末梢血管抵抗は，血管を構成する平滑筋への交感神経系の作用のほか，副腎から分泌されるアドレナリンの影響も受ける。血圧上昇は総じて，交感神経系の興奮性の高まりと関係が深い。こうしたメカニズムのおかげで，必要に応じて血圧を上昇させることができる。それとは別に，血圧を一定に保つための神経機構も存在する。その一つが，圧受容反射系と呼ばれる機能系である。

その神経調節に主たる役割を果たすのが，頸動脈洞や大動脈弓などの血管壁に分布する「血圧センサー」，すなわち圧受容器である。たとえば，一定以上に血圧が高まると，この圧受容器から脳へ神経情報が送られる。その情報が，舌咽神経や迷走神経を経由して，脳の延髄にある孤束核という循環器中枢に届けられる。そのとき孤束核から，心臓活動を抑制する信号が送られる。その結果として，血圧が下降し，その水準の安定化がはかられる。

さらに，この血圧調節機構のはたらきとして強調しておきたいのは，この機構が精神活動に対しても大きな影響を及ぼしているという点である。血圧情報を含め，さまざまな末梢器官からの求心性作用が，精神活動に影響を及ぼすことは，これまでの感情研究の中でたびたび議論されてきた。そこで，この点について，簡単に述べておきたい。

3　末梢器官の反応は感情にいかに影響するか？

(1) 末梢反応の感情への作用とアドレナリン

感情体験の中には，強い怒りや恐れなど，顕著な生理的変化をともなう場合がある。この種の感情は情動とも呼ばれる。1880年代には，情動体験が成立するうえで，末梢の活動がきわめて重要な役割を果たすと考えた研究者がいた。それは，ウィリアム・ジェームズ (James, 1884, 1890) やカール・G・ランゲ (Lange, 1885/1967) である。ジェームズは，悲しみの体験は，泣くという行為が原因となって生じると述べた。怒りの体験は相手を殴るからであり，恐怖の体験は体が震えるからだと主張した。彼の考え方の特徴は，骨格筋などの生理的活動を，感情が成立する前提条件と考える点にある。すなわち，感情の体験が成立するのは，骨格筋などの活動が，求心性神経を通して大脳皮質に伝達されることによるのである。

ジェームズらが提起したこの種の仮説は，後に厳しい批判を受けたものの，末梢器官の活動が中枢の情動機能に影響することを示唆した点で大きな意義があった。この考え方を裏づける資料は，人間や動物を対象とした複数の研究から報告されてきた。たとえば，アドレナリンの投与などによって末梢の身体活動が高まったときには，ある種の感情的な反応が引き起こされやすくなる

(Schachter & Singer, 1962)。また，交感神経系や副腎のはたらきは，情動的な興奮水準を高める役割を演じており，動物実験で，これらの機能系を人為的に損なわせると，情動行動が弱まってしまう（DiGiusto & King, 1972; Levine & Soliday, 1962）。このほか，アドレナリンは，情動に関連した長期記憶にも影響する（McGaugh & Roozendaal, 2002）。これらの知見を参照すれば，副腎から分泌されたアドレナリンが，情動に顕著な影響を及ぼすといえよう。

(2) アドレナリンが心理行動面に影響を及ぼす経路

それでは，末梢で分泌されたアドレナリンが，どのようにしてわれわれの精神活動に影響したのだろうか。最も単純な説明の方法として，血液循環によってアドレナリンが脳まで運ばれて，脳の神経細胞に直接作用したと考えるかもしれない。しかし，結論からいえば，この説明は明快ではあるものの，誤りである。

確かに，ストレス・ホルモンとして副腎から分泌されるグルココルチコイドは，血液循環によって脳内に運ばれて，扁桃体や海馬などの脳部位に直接作用することが知られている。だが，アドレナリンについては，血液循環によって運ばれて，脳に直接作用したとは考えにくい。なぜならば，アドレナリンが血液循環によって脳の血管まで運ばれても，血液脳関門（blood-brain barrier）という障壁に阻まれて，脳の中へほとんど入り込むことができない（Weil-Malherbe et al., 1959）からである。したがって，アドレナリンの精神行動面への作用は，血液循環以外の作用経路を経由していると考えるべきである。

これとは別な可能性として，アドレナリンによる精神行動面への作用は，自律神経系の求心性神経を経由しているかもしれない。すでに述べたように，この求心性神経は，末梢の身体器官から中枢へと情報を伝える神経経路であった。実際に，脳幹や脊髄を経由した求心性の神経情報，すなわち求心性フィードバックを部分的に失うことで，われわれが体験する情動の強さが弱められるらしい。脊髄を損傷することで，求心性神経を部分的に失った人々では，情動体験が比較的弱いものになる（Hohmann, 1966）。

そして，自律神経系の中でも，副交感神経系の一部である迷走神経の求心性神経が，きわめて重要な役割を演じている可能性がある。迷走神経を電気刺

激することで，情動に関連した動物の学習行動（Clark et al., 1995）とともに，人間の記憶の成績（Clark et al., 1999）に対しても顕著な影響が及ぶ。そして最近，迷走神経を介した求心性フィードバックによって，実際に，扁桃体の神経活動に変化が生じることが明らかになった（Hassert et al., 2004）。したがって，迷走神経からの求心性フィードバックは，扁桃体など，情動に関わる脳の活動水準を変えることで，情動や記憶の機能に影響を与えると推定できよう。

ここまでの議論の中で，迷走神経を介した神経フィードバックが脳の活動に影響を及ぼすことを指摘した。次節では，この種のフィードバックの中でも，血圧水準に関連したフィードバックの役割について考えてみたい。

4　血圧が脳活動に影響する可能性

(1) 血圧調節と感情

動脈などにある圧受容器が，血圧に応じて神経信号を発生し，脳幹にある孤束核などに信号を送っていることは，すでに述べた。強い情動の反応が生じる際には，血圧が上昇し，この圧受容器が強く刺激される。図6-1にもみられる通り，血圧の反応の特徴として，骨格筋の活動による運動反応に比べると，変動の持続する時間が比較的長いことがわかる。その意味で，血圧調節機構は，骨格筋の活動に比べて，持続性が比較的強いフィードバック作用を脳活動に及ぼしているかもしれない。

そして，ここで特に指摘したいのは，孤束核が，さらに上位の中枢へと神経信号を送っていることである。つまり，孤束核からの神経作用が，視床下部だけでなく，大脳領域に対しても広く影響を及ぼすと推定できる。孤束核からの影響が及ぶ領域の中には，脳の情動機構として先に示した扁桃体も含まれている。したがって，圧受容器から発した神経信号は，脳の循環器中枢を経て，情動の中枢機構にも影響を与えるであろう。先に述べたように，迷走神経を電気刺激することで，扁桃体の活動が顕著に変化する。血圧に関する情報の一部も，この迷走神経を経由して脳に伝えられており，血圧が変動して圧受容器が活動することにより，迷走神経を電気刺激したときと同様に，扁桃体などの脳活動に顕著な作用が及ぶと推定できる。

仮に，血圧の上昇によって，情動的な性質が強められるのであれば，高血圧を発症する過程でも同様の影響が予想される。そして実際に，高血圧症状を示す人間の感情的な性質や，高血圧の動物の情動行動には，際立った特徴がみられる（佐藤，1998，2002）。人間の場合，たとえば，高い血圧水準が，敵意や怒り（Mann, 1977），不安や神経症傾向（Kidson, 1973）といった負の感情に関連しているという指摘がある。ただし，人間の高血圧症状と感情的な性質との関連を議論するうえでは，病院で診察や治療を受けることによる精神面への影響を含め，いくつかの方法論上の問題を考慮していく必要もある。

(2) 血圧調節と鎮痛作用

生存をかけて闘争または逃走しなくてはならない緊急の場面では，身体に外傷を負う可能性が高い。外傷の痛みに注意を奪われ，身体の運動が制限されるようでは生存にとって不利になる。その意味で，緊急の場面では，痛みの感受性がある程度低下しているほうが適応的だろう。実際に，強いストレスを経験する場面では痛みの感受性が低下することが多く，この種の現象をストレス鎮痛とも呼ぶ。

こうした鎮痛作用には，血圧の上昇が関わっているらしい。動物の血圧を人為的に上昇させたり（Zamir et al., 1980），人間の圧受容器を機械的に刺激したりする場合（Kardos et al., 1994）には，痛みの感受性が低下するようだ。したがって，血圧が上昇するような場面でみられる痛みの感受性の変化には，血圧の上昇が重要な役割を果たしている可能性がある。これと関連して，高血圧症状を示す人間や動物でも痛みの感受性が低下している（Ghione et al., 1988; 佐藤・畑山，1994）。

また，これに関連して，圧受容器の刺激による作用は，精神安定剤の作用とよく類似しているという指摘（Dworkin, 1991）がある。つまり，血圧の上昇には，苦痛や不安を軽減する作用があるようである。こうした作用の生理的な背景に，脳幹における循環器中枢と痛調節中枢との相互作用があるとされる（Randich et al., 1990）。

もし血圧の上昇によって，こうした作用が実際に生じるならば，不快なストレスに絶えずさらされるような状況に置かれた場合，血圧を持続的に高める

ことによって，その苦痛や不安を軽減できるはずである。事実，オペラント条件づけの手続きを利用することで，血圧上昇を学習することが可能である。このような見地から，本態性高血圧の発症メカニズムを論じたのがドウォーキン (Dworkin, 1991) である。その考え方は，圧受容器強化学習仮説（baroreceptor reinforcement instrumental learning hypothesis）と呼ばれる。この仮説では，高血圧が生じるのは，ストレスを緩和する手段として，持続的に血圧を上昇させることを学習したためであると主張する。

(3) 血圧調節と前頭葉機能の抑制

頸動脈などの圧受容反射を活性化することで，鎮痛の作用と合わせて，人間や動物の大脳皮質の機能も抑制されるらしい。ラウらの研究（Rau et al., 1993）によれば，圧受容器を刺激した際に，他の大脳新皮質領域に比べて，前頭葉で最も大きな活動の抑制がみられたという。大脳皮質の中でも，前頭葉の一部（前頭前野）は，扁桃体などの情動の脳内機構に対して抑制的な調節を行っていることが知られている。そのため，情動反応を強く表出しつづけるためには，情動系へのブレーキを絶えず抑制しておく必要があるだろう。この点を考慮すれば，血圧上昇時に前頭葉の活動が抑制されることは，情動機能を円滑に発現させるうえで，きわめて重要な役割を果たしているのかもしれない。

5　結語：血圧関連の求心性作用の解明に向けて

以上の議論から，血圧の情報をはじめとした迷走神経などの求心性フィードバックは，中枢の情動機構の活動を高めると同時に，痛みの緩和や，前頭葉機能の抑制によって，情動興奮を持続させ，それにともなう行動的な表出を促進していると推定できる。筆者は，脳と心臓血管系との間に回路状の影響関係を想定し，この回路系が，脳の情動機能の強度と持続性を高めるという脳・心臓血管系回路仮説を提起した（佐藤，1998, 2002）。その概略を図6-2に示す。

この中で強調されている求心性フィードバックと情動との相互関係は，ジェームズやランゲの学説以来の関心事でありながら，現在においても十分に解明されていない。だが，本章での議論から明らかなように，感情をめぐる諸問題

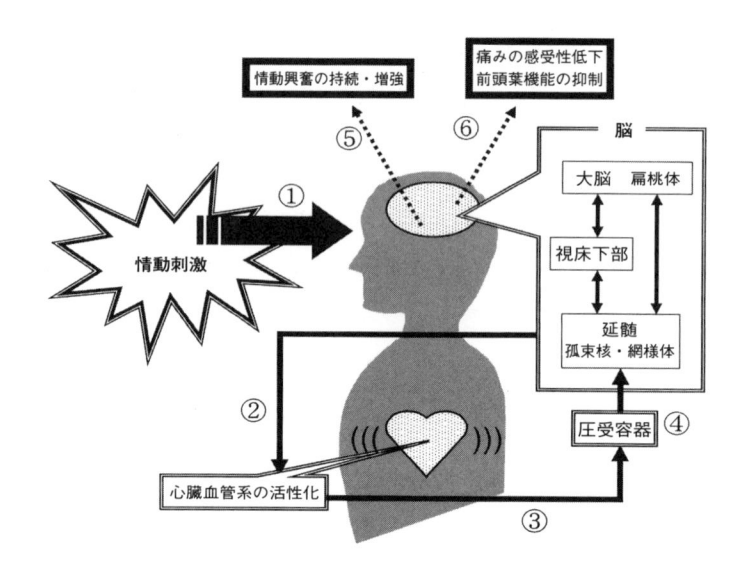

図6-2 脳・心臓血管系回路（佐藤，2002を一部改変）

脳と心臓血管系とは下行性（②）および上行性（④）の自律神経線維で双方向に結ばれている。いずれか一方の興奮が，他方をくり返し刺激することで，情動興奮が持続し，ときには増幅する。情動刺激（①）によって情動が喚起されると，心臓血管系は自律神経系（②）を介して活性化される。その結果，血圧が上昇し，圧受容器が刺激される（③）。圧受容器からの信号は上行性の自律神経線維によって，脳にフィードバックされる（④）。末梢からのフィードバックは情動に関連した脳機能を促進し（⑤），その結果，再び自律神経系が刺激されて心臓血管系の機能水準が高まる（②）。その間，痛みの感受性が低下し，前頭葉の機能が抑制を受ける（⑥）。

を解明していくためには，この問題を避けて通ることはできない。つまり，感情研究を推進するうえでは，脳と末梢器官との相互関係を視野に入れておくべきである。そして，中枢が末梢を一方的に支配するという，われわれが常識と考えてきた図式を必要に応じて修正していかねばならない。こうした作業は困難ではあるが，その中にこそ感情の生理心理学のおもしろさを見いだせるはずである。

第7章

バイオフィードバックの効用

1　はじめに

　日常生活の中で，課題に追われたり，対人関係のトラブルに巻き込まれたり，将来への不安が強くなったりすると，社会生活に円滑さを欠き，時には身体まで不調になることはよく知られている。これは心と身体が連携していることを示し，人によっては高血圧や偏頭痛などの身体症状が現われたりする。つまり，日常の不快な経験が身体の不調を引き起こしていると考えられるのである。
　心理学の領域に学習心理学という領域がある。ここでは経験によって反応や行動が変わる仕組みを探求している。この反応や行動が身体活動の場合についても研究が重ねられてきており，どのような経験や訓練をすると身体活動がどう変化するかが少しずつわかってきた。その成果を応用した技法がバイオフィードバック（biofeedback：以下 BF）である。BF は，ふだんあまり気がつかない身体活動（血圧や脳波などの生理反応）を測定し，その活動を光や音といった情報に変換し本人に提示（フィードバック）する手続きである（図7-1）。本人はそれにより当該反応を自らコントロールする方法を獲得していくことになる。本章では，BF の効用について要約的に解説する。

2　歴史的経緯

　BF 研究には扱う生理反応によって大きく3つの伝統を考えることができる。

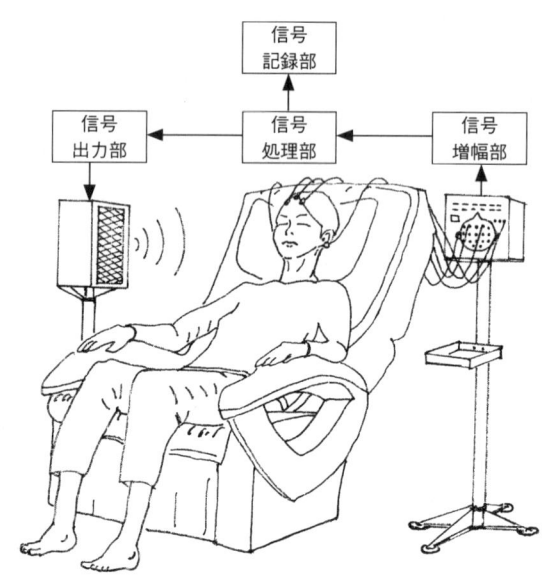

図7-1 脳波を使ったバイオフィードバック訓練の一例

(1) 自律神経系反応のBF, (2) 運動神経系（骨格筋系）反応のBF, (3) 脳波反応のBFである。

(1) 自律神経系反応のバイオフィードバック研究

　この研究の伝統では，当初，自律神経系反応は果たして道具的に条件づけ（オペラント条件づけ）が可能なのかにその関心が向けられてきた。
　もとになった考え方は，道具的条件づけおよび古典的条件づけによって修正できる生理過程は異なるとするものである。道具的条件づけで修正可能なのは中枢神経系（脳）・運動神経系支配の生理的活動であるとする。これらは意志の力でコントロールできるとされ，思考・理性・合理性という言葉と関連づけて論じられた。他方，古典的条件づけで修正できるのは自律神経系支配の生理的活動で，消化，循環，発汗などの内臓反応である。これらは意識的統制ができないとされ，感情・激情・非合理性などの言葉で表現できる活動に関連するとされた。この生理的活動は全身的な反応として現われる特徴もあり，道具的には条件づけられない（Kimble, 1961）と考えられた。

ところが，1960年代前後に行われた自律系反応の道具的条件づけ研究から，これまでの考え方に疑問が投げかけられるようになった。注目されたのはミラー（Miller, 1969）らの動物を用いた研究である。彼らは，骨格筋系反応のみを麻痺させるキュラーレ投与下で自律系反応の道具的条件づけを検討した。これらの研究では，強化刺激として脳の報酬野への電気刺激を用いながら，ラットの心拍上昇と下降，腸の収縮と拡張，腎臓による尿形成率，片耳（他方の耳に比較して）の血管拡張反応などが道具的に条件づけられることが示された。しかしその後，これらを裏づける追試がほとんど失敗するという不幸に見舞われている。ミラー（1978）は追試の失敗を考慮に入れつつも，キュラーレを用いない動物実験での成功例はたくさん存在するし，また人間において，たとえば，脊髄損傷で首から下が麻痺した患者が，呼吸や筋電活動の変化なしに血圧の道具的変容を示すことができた研究を紹介している（Buck, 1988, 訳書の第4章参照）。これらの研究から，骨格筋系の媒介論争は残るものの，自律系反応は道具的条件づけによって随意的に制御できることが示唆される（Miller, 1978）。他方，心身症などにみられる自律神経症状の発症理解や治療には，確かに中枢レベルでの自律神経系と運動神経系の統合や末梢レベルでの運動神経系の媒介を考慮することが必要である。やはり，自律系への道具的条件づけを運動系から完全に切り離してその成立を考えることは，事実上また臨床上適切ではなさそうである。

　さて，自律系反応の道具的条件づけ手続きのうち，所定の反応が生じればすぐに報酬が与えられる連続強化の場合を考えてみよう。これらはヒトの場合，成功−失敗という「結果の知識」を与える（フィードバックする）ことと同じ手続きである。さらにこの「結果の知識」は音の高低や光の明滅で本人へ伝えることもできるし，連続的な反応変化を光や音の連続的な情報に変換し，逐一フィードバックすることもできる。このように現在のBFの手続きは，道具的条件づけの手続きをその基礎に含んでいる。

(2) 筋電位のバイオフィードバック研究

　おもに骨格筋系筋電位活動を対象としたBFである。基本的に骨格筋系は随意的にコントロールできる反応である。しかし，バスマジアン（Basmajian,

1963)が扱った単一運動単位の活動や，緊張性頭痛における慢性的な筋緊張などは，意識できなかったり不随意であったりする。そういったものにどの程度の随意コントロールを及ぼすことができるのだろうか。バスマジアン（1963）は個々の運動単位の活動を筋電計で測定し，オシロスコープや音響増幅を通して被験者にフィードバックすることにより，繊細な随意コントロールができることを示した。また，ブジンスキーら（Budzynski et al., 1970）は筋緊張性頭痛の5人の患者の前頭筋の緊張を音刺激としてフィードバックし筋弛緩を達成させ，その結果頭痛の大幅な軽減を得ている。このように，筋電位のBFはふだんは随意コントロールしにくい微細な筋緊張や，筋弛緩，また筋緊張の絡んだ各症状の改善のために用いられる。

(3) 脳波のバイオフィードバック研究

カミヤ（1968; Nowlis & Kamiya, 1970）は脳波と心理状態の関連を検討し，脳波変化に被験者は気づくことができるかどうかを調べた。彼は，実験中にベルを鳴らし，被験者に，いまα（アルファー）波が出ていたと思うかを答えさせた。カミヤはそれに対して正しいか誤りかの「結果の知識」を与えた。この弁別訓練の結果，被験者はかなりの正答率に達した（たとえば2時間後には正答率60%，3時間後には75〜80%の正答率）。続いてカミヤは被験者が自由に自分のα活動を増やしたり減らしたりできるかどうかを検討した。α波が出たら音が鳴るような装置を用い，被験者にその音を意識的にコントロールするよう指示した。その結果，被験者はα活動の増加と減少をうまく変化させることができた。また被験者は，α活動が増加したときには安静で心地よい状態だと報告した（α経験）。このことは，禅僧やヨガの行者が瞑想状態でα波やθ（シータ）波を優勢に出現させる（たとえば，Kasamatsu & Hirai, 1966）ことから，脳波BFで随意的にα波を増加させることができれば，瞑想時に近い心理状態が得られるのではないかと期待を高めた。しかしその後の研究では，少なくとも坐禅やヨガの瞑想とα経験は似て非なるものであり，α波の増大も実験室的には訓練前閉眼安静時の水準を越えるものではないという指摘（たとえば，Plotkin, 1978）もある。

3 現在のバイオフィードバック

(1) 臨床的応用

　BF研究の初期には，前述のようにBFにより目標反応が修正される理論に関心が向けられた。つまり，反応は直接条件づけられるのか，あるいは他の反応系（骨格筋系や認知系など）を介しているのかということである。この問題を解決するには，BF訓練において他の反応系媒介を取り除く必要がある。しかし，特に人間の場合，認知的媒介（イメージや記憶，言語，そこから誘発される感情など）を取り除くことは不可能である。また，理論的検討とは異なり臨床応用場面では，逆に媒介反応を積極的に利用することも多い。このような事情から，現在ではBF研究において細かな媒介論議は行われなくなった。

　BFの最近の臨床的応用について，シュワルツとアンドラシック（Schwartz & Andrasik, 2003）は次のようなものをあげている。頭痛（筋緊張性頭痛・偏頭痛を含む。たとえば筋電位BF, 皮膚温BF, 血管運動性BFを使用。以下「たとえば」は省略），顎関節症（筋電位BF），レイノー氏病（皮膚温BF），本態性高血圧症（皮膚温BF, 血圧BF, 筋電位BF, 皮膚電気反応BF, 呼吸性洞性不整脈（RSA）BF），ADHD（脳波BF），リハビリテーション分野における神経筋の再教育や歩行訓練（筋電位BF），さらに種々のBF適用が工夫される尿失禁，便失禁，耳鳴り，過敏性大腸症候群など，またリラクセーション目的のBFを行う糖尿病への対応などである。領域でいえば心身症を扱う心療内科領域，リハビリテーション領域，精神科領域，教育関連領域などがあり，スポーツ心理学領域にも応用（不安対策，最適覚醒水準の維持，注意のコントロールなど）されている。これらのBFには，症状や目標反応へ直接的効果を及ぼそうとするものと，リラクセーションをつくり出し全般的な効果をねらうものがある。また，BF訓練は自分で自分の反応や症状をコントロールし調節することを学習するものなので，途上で心身相関についての気づきや理解が深まり，自己効力感が増し，自らの健康維持への関与感が引き出されるなど，意義がある。

　さて，次に，最近注目を集めているいくつかの目新しいBFについてふれよう。

(2) 共鳴周波数心拍バイオフィードバック

共鳴周波数心拍 BF (resonant frequency heart rate biofeedback) は，心拍変動性 BF (heart rate variability biofeedback) や呼吸性洞性不整脈 BF (respiratory sinus arrhythmia biofeedback; RSA biofeedback) とも呼ばれる。健康な人の心拍率は，呼吸の周期や血圧の変化により速くなったり遅くなったりという揺れ（変動）をもつ。この揺れの成分のうち，「高い周波数成分」は副交感神経系のはたらきを反映し，「低い周波数成分」は血圧を調整する圧受容器反射のはたらきを反映するとされる。この高い周波数成分は自分の呼吸率を変化させることで変わることが知られている。呼吸をほぼ10秒間に1回（0.1Hz）近辺に下げることにより，高い周波数成分と低い周波数成分の周波数がほぼ同じになり，共鳴し，心拍率の変動が大きくなるという現象が生じる（Gevirtz & Lehrer, 2003）。このことは結果として自律神経系のホメオスタシスを回復させるといわれる。この BF では，心拍の変動成分をフィードバックし，呼吸率を随意的に低めさせ，心拍率の変動幅が一番大きくなる共鳴周波数を探し，それを維持できるように訓練を行う。その結果，高血圧症患者の血圧低下が得られたり，喘息患者の肺機能が高まったり，不安症状の軽減がみられるとする（Gevirtz & Lehrer, 2003）。今後の研究が期待される分野である。

(3) 脳波バイオフィードバックの臨床的応用

最近では，臨床応用を志向する脳波の BF を，特にニューロフィードバックと呼ぶことがある。これは，ある特定の異常行動を支配すると推定される神経学的基盤の状態を変化させることを意図する脳波 BF 訓練のことである。以下にそのいくつかをあげよう。

① ADHD（注意欠陥多動性障害）へのニューロフィードバック

ADHD の子どもはおおよそ中頭，前頭部に強い徐波活動がみられ，また代謝活動も低下しているとされる。そのため，前頭部から中頭部の θ 波（4-8Hz）を抑制し β（ベータ）波（13-21Hz）を増加させることができれば症状が改善されるのではないかと考えられる。ルーバー（Lubar, 2003）は，θ 波量÷β 波量の比率に基づいたフィードバック信号を用い，ADHD 者の行動や学習の改善，学業成績の改善，自尊心の増加，大人による行動評定の得点上昇

などが得られ，効果の持続も長いと報告している。こうしたニューロフィードバックは，今後 ADHD 治療の強力な補助技法として期待されよう。

②気分障害へのニューロフィードバックの可能性

右前頭葉は不快感情と，左前頭葉は快感情との結びつきが強いといわれている。デビッドソン（Davidson, 1995）は，抑うつ感情の強い人は正常な人に比較して前頭部の脳波に左右の非対称性（偏側性）がみられ，左半球より右半球の賦活が強いと報告した。また，映像によりポジティブ感情やネガティブ感情を誘発したところ，ポジティブ感情映像は左前頭部の賦活を強め，一方，ネガティブ感情映像は右前頭部の賦活を生じさせた（Wheeler et al., 1993; 山口・大澤, 2000）。さて，この知見からすれば，BF 訓練によって，抑うつ患者の前頭部の偏側性（右前頭部の賦活）を緩和できれば，抑うつという気分障害を改善できそうである。ベールら（Baehr et al., 1999）は 6 人の抑うつ患者にこの BF 訓練を行い，前頭部脳波の偏側性の改善と抑うつ感情の大幅な改善を観察し，最終的に 6 人中 3 人が服薬を必要としなくなったことを報告した。しかしこの種の BF 訓練にはまだ十分なコントロール研究が欠けており，今後の検討が必要である。

③その他のニューロフィードバック

モナストラ（Monastra, 2003）やラベイク（La Vaque, 2003）によれば，てんかん発作の抑制や不安障害，外傷性脳損傷（traumatic brain injury：TBI）にニューロフィードバックが応用できるとし，多くの研究が行われている。モナストラ（2003）は，特にてんかん発作抑制のニューロフィードバックは「かなりの効果」が考えられる段階に達しているとしている。

④ Q-EEG（Quantitative EEG）

Q-EEG とは，ある集団の脳波データを複数部位からデジタル記録し，その集団の脳波データベースを作ろうとするものである。典型的には年齢別に，ある集団（正常群や臨床群）について脳波の種々の側面（部位，振幅，周波数，コヒーレンスなど）のデータが集められ，統計的に標準データ化される（Cantor, 1999; Thatcher, 1999）。この作成された各データベースは，個人脳波データとの逸脱度や類似度を判定する基準として用いられ，診断に役立てられる。また正常群の Q-EEG 値は，BF 訓練において，患者の最も逸脱している部位脳波

に対する訓練目標値として使用できる。そのため，Q-EEG とニューロフィードバックの組み合わせは，脳波への随意的コントロールの可能性を広げるものと期待されている。

4　バイオフィードバックと感情

最後に，BF 研究と感情の結びつきについて考えてみたい。BF はそもそも生理反応を随意的にコントロールしようとする技法なので，直接感情統制を目標としているわけではない。しかし，たとえば自律神経系の反応を BF 訓練により随意コントロールする際，認知的媒介として，記憶やそこから誘発される感情を利用することがある。そのとき被験者は，BF 訓練を通して心身（たとえば「感情」と血圧）の相関に気づくことになる。また，BF 訓練の目標が，たとえば筋弛緩によるリラクセーション状態をつくり不安や怒りを抑制することに向けられることも多い。この場合，筋電位 BF 訓練は結果として感情をコントロールする訓練になる。またすでに述べたように，「気分」障害（抑うつ）の治療に前頭部偏側性 BF 訓練を用いることが有効だと考えられる報告があり，この場合は，より直接的に感情の随意コントロールを獲得させる訓練となろう。今後，BF と感情を絡めた研究が増えていくことを期待したい。

5　おわりに

当初華々しい脚光を浴びた BF の熱はいったんさめ，けっしてそれが魔法の杖（たとえば，α 波 BF は悟りの境地を簡単に手に入れるための道具）ではないことがわかった。しかし，その後の地道な研究と臨床応用の努力の結果，最近では BF は科学的検証に耐えうる代替医学の重要な一手段に位置づけられるようになってきた（Moss et al., 2003）。特に，現代はストレス関連疾患や成人病などの慢性疾患が問題になる時代だけに，心身のセルフコントロールや生活習慣の改善は緊急の課題である。心身のセルフコントロール技法の一つである BF は，ふたたび心理学や心身医学の世界で脚光を浴びていくものと思われる。

第8章

感情調節と認知

　本章では，ポジティブ感情が認知機能と相互作用しながら感情状態を調節する過程に主として注目する。はじめにポジティブ感情が認知の柔軟性を増し，ストレスへの対処を助けるという主旨の理論を紹介する。次にポジティブ感情を体験しやすいパーソナリティとして刺激欲求性に注目し，この特性が高いストレス耐性に結びつくことを示す。最後にポジティブ感情を生み出す認知的メカニズムについて言及する。

1　ポジティブ感情への注目

　感情の調節が問題となるとき，その対象は「不安」「怒り」「抑うつ」などのネガティブな感情に向けられることが多い。ネガティブ感情が人の認知，行動，および身体に対して望ましくない影響を与える場合があることは広く知られている。心身の健康を志向する心理学にとって，ネガティブ感情を適度な水準に調節することは重要な課題である。

　ネガティブ感情の性質が精力的に究明されてきたのに比べると，その対極に位置するポジティブな感情がこれまで十分に注目されてきたとはいいがたい。ポジティブ感情はネガティブ感情のように目立った身体反応をともなうことが少なく，感情のもつ機能についてはいまだ不明な部分が残されている。

　ネガティブな色彩にかたよった感情研究を補完する動きとして，近年になりポジティブ感情のはたらきに注目する研究がみられるようになってきた。これ

らの研究はポジティブ感情が認知機能に対して独自の影響を与えることを明らかにしている。さらにはネガティブ感情を調節したり，ストレスに対処するうえでもポジティブ感情が重要な役割を担っていることが解明されつつある。

ところでポジティブ感情の定義は研究者のあいだで一致をみていない。フレデリクソン（Fredrickson, 2001）は，その機能に基づき「楽しみ」「興味」「満足」「愛」「プライド」を異なる感情として区別している。「楽しみ」は「遊ぶ」，「興味」は「探索する」，「満足」は「現状を味わう」，「愛」は「上記の諸行動を相手と共有して再生産する」，そして「プライド」は「自分の達成を他者に伝え，さらに大きな達成を追い求める」などの行動をおもに生み出すと仮定されている。一方，感情の体験を少数の次元にまとめようとする研究は，情動と気分とを明確に区別することなく，「活気」「喜び」のような高い覚醒感をともなう快感情を「ポジティブ・アフェクト」と呼んで一括している。「ポジティブ・アフェクト」の体験頻度が多い人は抑うつの傾向が低いことから，感情調節に果たすその役割が注目されている（宮崎・畑山，1998; Watson & Tellegen, 1985）。多様な定義が存在することを考慮して，本章では快体験をともなう感情を広くポジティブ感情と呼ぶことにしたい。ただし同じようにポジティブ感情という名称で表現されていたとしても，その内実が研究のあいだで大きく異なる可能性がある。そこで本書では先行研究を紹介するときには，ポジティブ感情の種類や誘導法を具体的に記述するよう心がけた。

2　認知への影響

ポジティブ感情は認知にさまざまな影響を与えるが，感情調節との関係で特に注目されるのは認知の柔軟性・創造性を増すことである。これらの効果は視覚的注意，単語連想，カテゴリー化，創造的思考，意思決定などの多様な領域で認められている。たとえば単語連想課題において喜劇映像を見てポジティブ気分に誘導された被験者は，ほかの人が思いつかないような奇抜な言葉を連想するようになる（Isen et al., 1985）。また同様の喜劇の映像を見たり，実験参加に対する感謝の気持ちとしてプレゼントをされた被験者は，ダンカー（Duncker）のロウソク課題や遠隔連想検査という創造性を測定する課題の正

答率が増す (Isen et al., 1987)。さらに同様のプレゼントによりポジティブ気分に誘導された外科医は，仮想的な診断場面において自分の見立てに固執することなく，見立てと矛盾する情報を歪めたり無視することが減るという報告もある（Estrada et al., 1997）。このようにポジティブ感情は，人が思考の固着に陥ることを防いでくれる。

　ポジティブ感情の生態学的意義について，進化論的な考え方は一つの説明を提供する。感情は，もともと生体が環境に適応するために備わったプログラムと考えることができる（戸田，1992）。「不安」「恐怖」「怒り」などのネガティブ感情は，生体にとって何らかの脅威が環境の中に存在するときに発動するプログラムである。各感情プログラムは注意を脅威の対象に固定するのと同時に，それぞれ「監視」「逃走」「攻撃」という行動の準備状態をつくり出す。いかなる行動をとるべきかを考える時間が十分にない状況では，注意の対象や思考の内容が拡散することを抑制し，脅威に対処する行動を速やかにとることにより生存の可能性が高まるためである。

　ネガティブ感情が思考と行動のレパートリーを特定の種類に制限するプログラムであるのに対して，ポジティブ感情はそれとは対照的なはたらきをする(Fredrickson, 2001)。ポジティブ感情は，生体にとって安全な状況で発動するプログラムである。この感情プログラムは生体の注意を多様な環境刺激に向けさせて，遊びや探索活動を積極的に行わせる。安全な環境下での遊びや探索には行動のレパートリーを広げて，生体の発達をうながす機能がある。ポジティブ気分のもとで認知の柔軟性・創造性が高まることも，思考と行動のレパートリーを広げようとするプログラムの一部であると解釈できる。

3　ストレス対処における役割

　ポジティブ感情は，人がストレス状況に適応することを助ける。ストレス状況においてポジティブ感情が役立つ点は少なくとも2つある。一つはネガティブ感情を直接的に調節することである。ポジティブ感情は，それ自身は明確な身体反応をともなわないことが多い。ただしネガティブ感情と近接して生じたときには，ネガティブ感情により引き起こされた自律神経系の興奮を緩和して

くれる。実際に実験場面においてネガティブ感情につづけてポジティブ感情を生じさせると，不快な体験が弱まるのに加えて，増加していた心拍数も速やかにベースラインにもどる。この結果は映像刺激により「恐怖」から「楽しみ」「満足」などへ感情状態を操作した場合でも（Fredrickson & Levenson, 1998），イメージ誘導法により「悲しみ」から「リラックス」へ操作した場合でも認められる（宮崎・畑山，2000）。

　もう一つの効果はストレス対処のレパートリーを広げることである。前節で述べたとおり，ポジティブ感情は認知の柔軟性・創造性を増す。それによりストレスフルな出来事をさまざまな視点から柔軟にながめて，複数の対処法を考案することができるようになると考えられている。この仮説はフレデリクソンが提唱するものであり，それを支持する知見が蓄積されつつある。たとえばストレスへの対処法を時系列的に測定した質問紙調査では，5週間前の時点におけるポジティブ感情の体験頻度と5週間後のストレス対処の内容とに相関がみられた。具体的にいうと「ポジティブ・アフェクト」を多く体験していた人は，5週間後に「状況から一歩下がって客観的になる」「問題を扱うための異なる方法を考える」などの対処を行うことが多かった。この結果は，ポジティブ感情が思考と行動のレパートリーを広げたためであると解釈されている（Fredrickson & Joiner, 2002）。

　ポジティブ感情の機能は抑うつの防止という点からも注目される。ストレス状況では，抑うつ気分が認知のバイアスを生み出すことがある。ここでいうバイアスとは，抑うつ気分により不快な記憶を想起しやすくなったり，出来事を悪い方向に解釈しやすくなることである。認知的バイアスは抑うつ気分をさらに強め，その結果として認知的バイアスがさらに強まる。このような気分と認知の悪循環は抑うつを重篤化させていく（Teasdale, 1988）。認知的バイアスとは，言い換えれば記憶や思考のレパートリーが制限されることである。それとは逆にポジティブ感情には認知のレパートリーを広げるはたらきがある。柔軟で創造的な認知は抑うつの悪循環を断ち切ることにも役立つものと期待される。

4 ポジティブ心理学と刺激欲求性

　ポジティブ感情の研究が盛んになってきた背景として，ポジティブ心理学の存在を無視することができない。ポジティブ心理学は心理学の幅広い領域にまたがる考え方であり，それまでの心理学の研究対象が人間心理の病理的な側面に偏っていたことを省み，「希望」「知恵」「創造性」「未来志向性」「勇気」「スピリチュアリティ」「責任」「忍耐」などのポジティブな側面に注目していくことの重要性を提唱する（Seligman & Csikszentmihalyi, 2000）。ポジティブ心理学の発想は，これまでネガティブ感情のみに注意が向けられてきた問題を別の視点からながめる手助けをしてくれる。そのよい例として，ここでは刺激欲求性（Sensation Seeking：SS）というパーソナリティに注目してみたい。

　SSとは最適な覚醒水準を維持するために強い感覚や新奇な体験を希求する特性である（Zuckerman, 1979）。先行研究の多くがSSのネガティブな側面に注目しており，SSの強さを測定する質問紙（SSS）の高得点者は衝動性，あるいは攻撃性が高いことを示している（たとえば，Joireman et al., 2003）。さらにSSはさまざまなリスクテイキング行動に結びつきやすいということで多くの注目を集めてきた。SSの強い人は喫煙，飲酒，薬物乱用，ギャンブル，危険な運転，および無謀な性行動にたずさわりやすいことで知られている（Zuckerman & Kuhlman, 2000）。

　一方，この特性のポジティブな側面に焦点を当てると，これまでとは異なるSSのイメージが浮かびあがってくる。ポジティブ感情を体験しやすいという姿である。質問紙調査によると，SSS高得点者は低得点者よりも身体的な快を体験しやすい（Loas, 1996）。身体的な快とは，食べること，触れること，感じること，性行動，温度，運動，匂い，そして音などにより生み出される快である。快を体験しやすいという特徴は，より複雑な状況下でも認められる（宮崎，2004）。大学の文化系クラブ・サークルを対象にした質問紙調査の結果，SSS高得点者はクラブ活動中に「活力感」に代表されるポジティブ気分を体験しやすかった。SSの強い人は，クラブ活動中に自分の知識や技能が向上する自己成長の体験が多く，それがポジティブ気分を生み出す一因となっていた（図8-1）。自己成長の体験が，新しい体験を積極的に希求するSSの特性により生

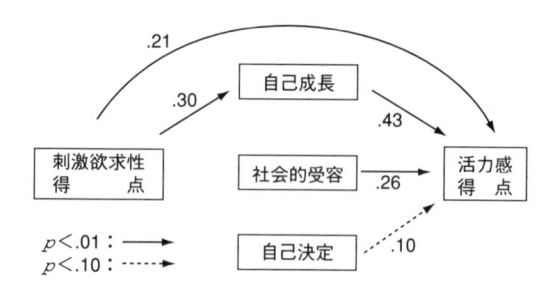

図8-1 刺激欲求性，サークル活動の認知，ポジティブ感情のパス解析 （宮崎，2004 を改変）

み出されていることは容易に推測できる。

　SS の強い人はある種のストレスに対する耐性も高い。たとえば，アメリカでの運動クラブに所属するハイスクール学生を対象にした質問紙調査は，運動に関連したライフイベント（例：コーチとの対立，試合で重要な役割を与えられる）をストレッサーの指標に，運動に起因する健康上の理由により練習を休んだ日数をストレス反応の指標にして，両者の関係を調べている（Smith et al., 1992）。その結果，SSS 低得点者はストレッサーの増加にともない欠席が増えるのに対して，SSS 高得点者にはそのような特徴が認められなかった。このストレス緩衝効果がポジティブ感情を介したものであるのかは明らかにされていないが，SSS 高得点者は「心配をすることが少ない」「緊張を緩和することができる」「プレッシャーの中でも全力を出せる」などのストレス対処スキルが高いことを同調査は見いだしている。この結果は，ポジティブ感情がストレス対処のレパートリーを広げるという仮説とも矛盾しない。

　新奇な体験を求める SS の特性はリスクテイキング行動を生み出すが，生活上の変化に対しては高いストレス耐性をもたらす。リスクテイキング行動と高いストレス耐性は，いわばコインの表と裏のような関係にある。したがって SS というパーソナリティを「良い」「悪い」という二分法に当てはめて判断することは適切ではない。リスクテイキング行動を防止することは重要な課題であるが，そのためにも SS の望ましい資質を積極的に評価して育むことを志向する発想が求められるであろう。

　二面性をもつという特徴は，実験室でポジティブ気分に誘導された被験者に

もあてはまる。視覚的注意への影響を例にあげて説明すると，スライド刺激によりポジティブ気分に誘導された被験者はさまざまな刺激に対して注意が拡散しやすくなる。そのため新奇な色の刺激を無視して，これまで提示されてきた色の刺激に注意を向ける課題では成績が低下してしまう。ところが状況が変わり，これまで注意を向けてきた色の刺激を無視して，新奇な色の刺激に注意を向けなおす課題では成績が向上する（Dreisbach & Goschke, 2004）。注意が拡散しやすくなるということは，見方を変えれば認知の柔軟性が増すことでもあり，それが新たな認知的構えの学習をうながすことにもなる。拡散性と柔軟性のどちらが表に現われるかは，それを引き出す状況しだいである。

5　加齢とポジティブ感情

　全体的な傾向として高齢者は若者ほど強い刺激欲求性を示さない（Lubin et al., 1988）。SSがポジティブ感情を生み出すのであれば，高齢者はポジティブ感情を体験する機会が減ってしまうのであろうか。

　高齢者を対象にした研究からは互いに矛盾するような結果が得られている。ある横断的な質問紙調査によると，60歳以上の高齢群は18〜29歳の若齢群や30〜50歳の中間群よりもSSの得点が低かった。たしかに同調査の中で，高齢群は「興奮」などの強いポジティブ感情を若いころに比べて体験しなくなったと答えていた（Lowton et al., 1992）。それとは異なりポジティブ感情全般を広く測定した質問紙調査では，高齢者がポジティブ感情を体験しづらくなるという結果は得られなかった。それどころか年齢の高い人ほど，ひとたびポジティブ感情が生起すると，その状態が持続しやすい傾向があった（Carstensen et al., 2000）。「高齢者は感情が乏しい」というステレオタイプ的な考え方を，実証的な研究は必ずしも支持しないようである。

　矛盾してみえる先行研究の結果は，ポジティブ感情を生み出す仕組みが複数あると考えることによりうまく説明することができる。ポジティブ感情を生み出す要因の一つに刺激の新奇性や強度がある。SSの強い人が危険を冒してまでこの種の刺激を求めることからわかるように，目新しい状況や強い感覚刺激は「興奮」などのポジティブ感情をもたらす。ただしSSの弱い人はこれらの

刺激を避ける傾向がある。そのためSSが弱まる高齢者が「興奮」を体験しづらくなることは十分に予想される。しかしながらSSの弱い人があらゆるポジティブ感情を体験しづらくなるわけではない。新奇で強い刺激がなくとも、ポジティブ感情が生み出される場合があるからである。

　ポジティブ感情を生み出すいま一つの要因として自己や状況に対する意味づけ、すなわち認知的評価をあげることができる。セリグマンとチクセントミハイ（Seligman & Csikszentmihalyi, 2000）は、この種の感情として「enjoyment」というものをあげている。「enjoyment」とは、芸術活動、運動、会話などにおいて、人がホメオスタシスの限界を超えて自分を高めたときに体験されるポジティブ感情である。たとえば自分の知識や能力が向上したことを自覚したときに、人は「満足感」や「有能感」を体験することができる。これは自己の成長を認知することにより生じる感情といえる。

　自己や状況の認知により生み出されるポジティブ感情は「enjoyment」のほかにもある。「周囲の人が自分を受け入れてくれる」という社会的受容を認知することは、サークル活動中の「活力感」を増す（図8-1）。注目に値するのは、社会的受容の認知はSSの影響を比較的受けづらいということである。新奇で強い刺激を追い求めなくとも、自分が社会的に受容されていることを自覚することによりポジティブ感情は体験される。高齢者が豊かな感情体験を有しているとすれば、その一部は、これらの認知過程により生み出されているのではないだろうか。

　これまで述べてきたように、ポジティブ感情にネガティブ感情を調節する効用があることはかなりわかってきた。ただし同時にポジティブ感情を生み出す仕組みが明らかにされなければ、その効用を広く享受することはできない。特に認知過程がポジティブ感情を生み出す仕組みについては、いくつかの先駆的な研究が存在するものの（たとえば、Ellsworth & Smith, 1988; Seligman et al., 2004）、体系的な理解は遅れている。感情研究が心身の健康維持に寄与していくためにも、ポジティブ感情と認知との相互作用の性質が今後ますます解明されていくことを期待したい。

第9章

表情の表出と認知

　感情が社会的機能を果たすためには，感情状態の表出がなされることと，それが適切に認知されることが必要である。しかし，意図的に表情を隠したり，別の表情を示すこともある。本章では，顔に表われる表情の表出と認知に関する知見について紹介する。

1　感情と表情

　電子メールなどの文字情報のやりとりにおいて，しばしば顔文字が用いられる。(^^)や(^o^)などの顔文字を付け加えることによって，そのメッセージが喜びの感情から発せられたものであることを示すことができる。
　感情が社会的機能を果たすためには，相手にわかるように感情が表現されることと，表現された感情が適切に理解されることが必要である。感情が表現されたものが表情（expression）である。
　表情は顔に表われるだけでなく，動作によっても示される。動物においてはおもに身体動作として表わされるが，霊長類やヒトにおいては顔の動きによって表わされることが多くなる。
　本章では，顔に表われる表情について説明するため，表情という語を顔面表情（facial expression）に限定して用いることにする。

2 表情の表出

(1) 表情筋のはたらき

顔には46の表情筋（顔面筋）があり，表情筋の収縮によって顔表面の皮膚が歪むことにより表情がつくられる。表情筋は比較的少数の神経によって支配されているため，繊細な動きが可能である。表情筋に対する神経支配は少々特異的で，顔の上部においては同側支配と反対側支配が半々で，下部に向かうに従い同側支配の割合が低下し，顔の下部においてはすべて反対側支配となる。発話活動を行うために，口領域には表情筋の過半数が集まっており，より繊細な変化を示すことが可能となっている。

片方の眉だけを上げる動作は，コーカサイド（白人種）では約半数の人ができるのに，日本人では男性で27%，女性で12%の人しかできないという（香原，1995）。反対側支配が明瞭でない顔の上部の筋活動においては，人種差や個人差が大きくみられるようである。

表情筋の活動によって，眉間に皺を寄せたり，口角を横に引いたりといった顔面の動きが生じるが，表情は単一の表情筋の活動によって表出されるのではなく，複数の表情筋が協同的に活動することによって表出される。

(2) 表情表出の生得性

生後間もない新生児が，口もとを水平にわずかに動かし，しかめ面のような微笑みを見せることが知られている。このような顔の動きの出現時期は，二卵性双生児よりも一卵性双生児でより一致する（Freedman & Keller, 1963）。また，先天盲児においてもこのような微笑みがみられる（Clark, 1967）。感情との関係は明らかではないが，生得的な表情筋活動が存在すると考えられる。

アイブルーアイベスフェルト（Eibl-Eibesfeldt, 1973, 1974）は，微笑み，笑い，苦痛，怒り，泣き，眉をひそめる，驚きといった表情が先天盲聾児でも観察できると報告した。笑い，微笑み，泣き，怒りについては，盲児と健常児とで顔面筋活動に差異がみられない（Thompson, 1941）。また，生後1〜2日の新生児でも幸福，驚き，悲しみの表情の模倣が可能である（Field et al., 1982）。これらのことから，少なくともいくつかの表情の表出については生得的なもの

であると考えられる。

　さらに，表情を顔に表わすことを禁止した状態で顔の筋電位を測定すると，表情が表出されなくても，怒った状態や楽しい状態の想起によって，怒った顔や笑顔に関連した表情筋の活動がみられる（Schwarts et al., 1974）。以上は，感情の生起と表情筋活動との間に直接的な関係があることを示している。

　しかし一方で，怒りの感情が生起しても相手の前でそれを表に出さない，おもしろくなくても笑ってみせるなど，われわれは意図的に表情表出をコントロールすることもできる。ストレスを生じさせる映画を日米の学生に見せた場合，一人で見る場合には表出される表情に違いがみられないものの，他の人と一緒に見る条件では，アメリカ人学生に比べて日本人学生は微笑むなどの表情を示して，不快感が表に出ないようふるまうという（Ekman & Friesen, 1975）。

　このように表情表出には生得的な面もあるものの，われわれが所属する文化が許容する表情表出のきまり（表示規則）を獲得していく面もある。盲人では表情が左右非対称になりやすく，緊張も強く，怒りのように抑制すべき表情の表出がうまくできないという。表情が社会的シグナルとして適切に機能するためには，視覚的な学習を欠くことができないといえる。

(3) 自発的な表情と意図的な表情

　社会的シグナルとしての表情には，生起した感情にともなって生じる自発的な表情と，何らかの意図をもって表出する意図的な表情の両者がある。

　乳児の笑顔や泣き顔は左右対称的であるが，幼児が意地悪をするようなときには口を左右に歪めることがみられる。エクマンら（Ekman et al., 1981）は，自発的な笑顔は左右対称的であるが，意図的な笑顔においては顔の左側の動きがより強く出ると報告している。

　一般に，感情に起因した自発的な表情は左右対称的であり，意図的な表情においては左右の対称性が崩れやすいといえる。

3 表情の認知

(1) 表情認知の発達

　表情から感情を認知する前提として，表情の違いを認知できることが必要である。前述のフィールドらの結果は，生後1～2日の新生児でも幸福，驚き，悲しみの表情の区別ができることを示している。刺激に対して飽きさせたあとで別の刺激を見せて，飽きからの回復が生じるかを調べる馴化脱馴化法を3か月児に用いた実験では，幸福顔と怒った顔との区別ができることが示されている (Barrera & Maurer, 1981)。表情の異なる2つの顔を並べて，どちらの顔をより長く見るかを調べる選好注視法を4か月児に用いた実験では，怒った顔や真顔に比べて喜んだ顔をより好むことが示された (LaBardera et al., 1976)。表情識別の発達では，幸福顔と驚いた顔や怒った顔との識別が最初に生じる。しかし，幸福顔と悲しい顔との識別は困難である。

　ただし，生後3か月程度の乳児の視力は非常に弱く，顔の部品を十分に知覚することは困難である。幸福顔における歯の露出など，顔部品の変化を手がかりにして識別を行っていると思われる。

　表情を識別できることと，その表情が表わす意味を理解していることとは区別して考える必要がある。生後7か月ごろになると，表情と音声に表われる感情とが不一致な顔よりも一致した顔をより好む反応がみられる (Phillips et al., 1990)。また，7か月の乳児では穏やかな幸福顔と極端な幸福顔といった表情表出の強度が異なっていても，同じカテゴリーに属する表情として反応するようになる (Ludemann & Nelson, 1988)。これらのことから，生後7か月ごろに表情が示す意味の理解が成立すると考えられる。

　しかしホンカバーラ (Honkavaara, 1961) は，5～6歳児では悲しみの表情をした赤い色の服を着た人について，楽しそうと判断することがあると報告している。低年齢児では服の色などが表わすイメージと表情の意味との混乱がみられることから，表情の意味の理解の完成は児童期以降と考えられる。

(2) 表情の認知

　表情筋のはたらきによって非常に多様な表情の表出が可能であるが，表情の

第9章 表情の表出と認知

読み取りはどうであろうか。

エクマンらは，表情写真を見せてそれに対応した感情語を選ばせるなどのさまざまな実験を，異なる文化圏の人々に行った。その結果，怒り，嫌悪，恐怖，喜び，悲しみ，驚きといった6種類の表情については，文化を越えた普遍性があると結論づけ，これらの表情を基本的表情カテゴリーと考えた。

表情の中には，困惑したような笑い顔のように，単純なカテゴリーに分けることができないようなものもある。基本的表情カテゴリーを考える立場では，基本的表情が混合してこのような複雑な表情が生じると考えるが，表情をカテゴリーのような離散的なものとしてとらえるのではなく，何らかの次元上の連続体としてとらえる立場もある。混同しやすい表情や混同が生じない表情など，表情間には類似性の違いがみられるが，表情を連続体としてとらえることはこのような違いの説明にも有用である。

ラッセル（Russell, 1980）は，「快－不快」「覚醒－眠り」の2次元で表現される平面上に，感情や表情は円環状に並んでいるとする円環説を主張した。図9-1のように，彼のモデルでは類似した表情は円環上の近接した位置に布置

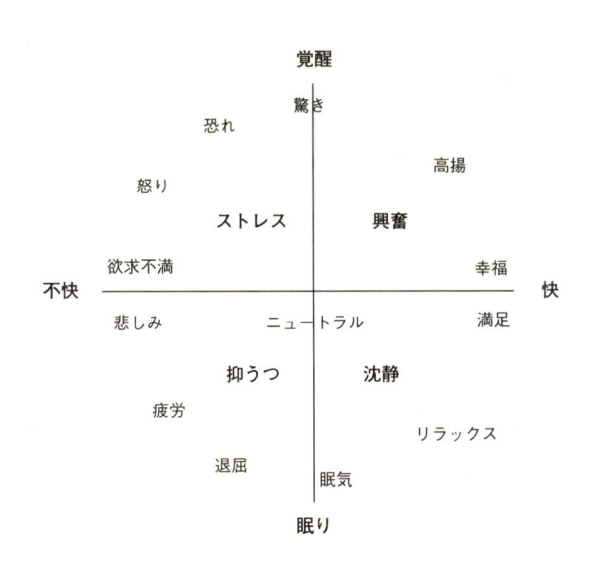

図9-1 「快－不快」次元と「覚醒－眠り」次元による平面上における表情の位置づけ（Russell & Fernandez-Dols, 1997）

されることになる。

　基本的表情カテゴリーについては，混合表情や表情認知における文脈の効果などの点から疑問も投げかけられている。嬉しさのあまり泣き出すということは日常生活でも経験できる。表情認知における文脈の影響は軽視できない。

(3) 表情認知の手がかり

　表情は本来動きをともなったものである。小さな光点をつけた顔を暗室で撮影した動画であっても，光点の動きから表情の区別が可能である。一方，顔文字のような単純な線で構成された顔でも表情を読み取ることができる。また白黒が逆転したネガ写真でも表情を認知することはさほど困難ではないことから，表情の認知においては陰影情報よりも形状情報のほうが重要であるといえよう（図9-2参照）。

　表情の認知が，全体としての顔によるものか，目や眉，口といった部品の知覚に基づいてなされているのか，十分な検討がなされているわけではない。

　顔の下半分の情報よりも，目や眉を含んだ顔の上半分の情報のほうが表情の認知において重要とする報告がある（たとえば，Puce et al., 1996）。しかし表情によって顔部品の重要性は異なると考えられる。怒り，悲しみ，恐れでは顔の上半分の重要性が明確にみられるのに対して，幸福顔では顔の上半分の重要性は明確でないという（de Gelder et al., 1998）。幸福顔の認知においては，口角が引かれるなどの口領域の情報も重要である。

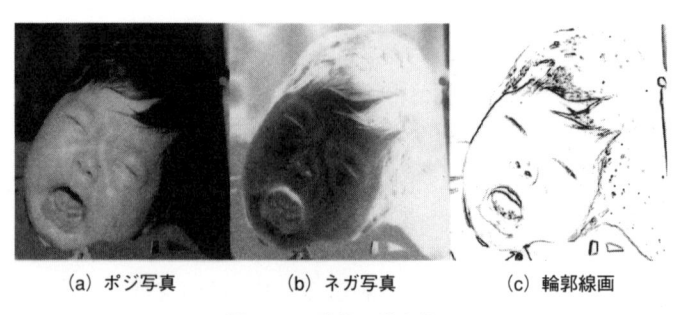

(a) ポジ写真　　　(b) ネガ写真　　　(c) 輪郭線画

図9-2　乳児の泣き顔

倒立提示した顔では人物同定が著しく困難になることが倒立効果として知られているが，表情の認知も困難になる。倒立提示された顔では全体的布置（configuration）情報が損なわれると考えられていることから，表情認知においても顔の全体的な情報が重要であると考えられる。桐田（1993）は線画顔を用いた実験で，悲しみ顔よりも幸福顔で倒立効果がより大きいことを報告しており，全体情報の重要性についても表情によって異なると考えられる。

刺激の作成や統制上の理由から，これまで多くの研究では，意図的に表出した表情の静止画像である写真が用いられてきた。しかし，動きといった表情の動的側面を無視することはできない。蒲池ら（Kamachi et al., 2001）は，モーフィング技法を用いて中立顔から表情を表出した顔の中間顔を作成し，画像内容を変化させずに表情変化の速さを変化させる実験を行った。表情変化の速さは表情認知の正確さや表情の強度の認知に影響を及ぼしており，悲しみはゆっくりとした変化で，幸福や驚きは速い変化で認知されやすく，表情によって適切な変化の速さが異なることが示された。動きを含めた表情認知の研究はようやく端緒についたところであり，今後の研究が期待される。

(4) 表情の認知しやすさ

多くの研究で，幸福顔の認知が最も容易であり，恐怖の表情が認知しにくいという結果が示されている。幸福顔は正答率を指標とした場合でも反応時間を指標とした場合でも認知成績がすぐれているだけでなく，瞬間的な提示時間でも他の表情に比べて正確に認知することができる。また，低空間周波数領域に幸福顔を特定する情報が含まれていることも示されている。

これらのことからわれわれの認知システムは幸福顔や笑顔に対して敏感であると考えることができる。未知人物顔の再認実験において，笑顔で記銘すると再認成績が向上するという報告もあり（Yoshikawa, 1991），笑顔はわれわれにとって「特別」な表情であるといえよう。

顔を単独提示した場合には，幸福顔や笑顔の認知が優位であることが示されているが，複数の中立顔に混じった表情の認知においては，幸福顔よりも怒った顔のほうが検出されやすい（Fox et al., 2000）。

笑顔や幸福顔は他者との友好的な人間関係を形成するうえで有効な社会的シ

グナルであり，怒った顔は自分に危害を加える可能性がある人物をすばやく発見するという意味で社会的に有効なシグナルなのだろう。

4 表情の応用

(1) フェイス・スケール

表情は単純な線画顔でも表現することができ，非常にわずかな変化であっても差異を感知することができる。このような表情の性質を利用して，痛みの程度のように言語化しにくい情報を，笑顔から苦痛でひどく泣いている顔まで図顔で示したフェイス・スケールが医療分野で用いられている（図9-3参照）。患者は自分の苦痛の程度と最もよくマッチした図顔を示すことで，苦痛を表現するのである。

(2) 表情フィードバック仮説

表情筋からのフィードバックが感情を規定する要因の一つであるとする表情フィードバック仮説が提案されている。この仮説によれば，表情を表出することによって感情を変化させることができると考えられる。抑うつ的な感情状態の患者に対して，笑顔表出時と同じ表情筋活動を行わせることで感情状態の改善ができると期待される。

また，ディンバーグ（Dimberg, 1982）は幸福顔写真を提示すると認知者の頬骨筋の筋電位活動が増加することを報告している。このことは，表情を見ることによって同じような表情を表出してしまうという模倣傾向の存在を示唆している。表情フィードバック仮説と合わせると，ネガティブな感情状態の人に笑顔で接することは，ポジティブな方向へと感情状態をシフトさせることに影

図9-3　小児用フェイス・スケール（Wong & Baker, 1988）

響を及ぼすことが期待できる。

(3) 顔に障害のある人の表情表出

　顔は社会的相互作用において重要な情報源であり，われわれの認知システムは人間の顔に対して非常に敏感にできている。そのため，顔に何らかの障害を負った場合，社会的な行動に大きな影響が出る。障害の中には，顔面麻痺のように顔の表情表出に直接影響を及ぼすものもある。

　本章では，顔面表情について説明したが，表情は顔面にのみ表出されるものではないことに改めて注意をはらう必要がある。表情は，頭部や手の動き，姿勢，視線，声のトーンなどでも表出することができ，われわれの対人認知はこれらすべての情報を統合したものとして成立している。

　顔に障害をもった人々へのイギリスの支援団体チェンジング・フェイシズ（Changing Faces）のリーフレットには，「あなたが示すすべての印象がまさに重要なのだ。人々は，顔だけでなく，あなたがどう見えるかによってあなたを判断をしている」とあり，顔に障害があって顔面表情の表出がうまくできない場合でも，その部位を手で隠したり，うつむいたりしないようにと述べている。

　対人関係において顔面表情は重要であるが，それがすべてではないことを忘れてはならない。

第10章

人が笑うとき

　言語や文化にかかわらず人は笑う。笑いは日常生活に満ちあふれている。それでは，なぜ人は笑うのだろうか。一見，簡単に思われる問いだが，よく考えてみると，答えに窮する。おかしいから笑う。楽しいから笑う。しかし，その一方で，転んでも笑うし，叱られても笑う。さらに，くすぐられて不快を感じつつもなお笑い続ける。谷（1994）はこうした笑いの多面性を「変化自在で……ぬえのような……正体」と言い，ブラック（Black, 1984）は「カメレオン特性（chameleon nature）」と呼ぶ。笑いの多面性を敷衍（ふえん）することはたとえ紙幅の制約がなくとも不可能に思われる。そこで，ここでは，笑いの社会的側面に議論の範囲を限定したうえで，これまで心理学的研究の俎上（そじょう）にのることがまれであった社会的相互作用場面における笑いに焦点を当てて，笑いの断片をみることにする。

1　笑いの理論

　笑いとは何か。この命題をめぐって，古来，多くの哲学者がその本質を求めて思索を重ねてきた。その経緯は，モリオール（Morreall, 1983）の著作において概略的に知ることができる。彼に従えば，笑いの理論は優越理論（superiority theory），不一致理論（incongruity theory），解放理論（relief theory）の3つに分類できるという。それぞれの事例として，他人の失態やあわてぶりを見て優越感を感じて笑う，落語の思いがけないオチを聴いて笑う，間一髪電車に間

に合い安堵して笑うなどをあげることができる。これら3つの理論は笑いの異なる側面に焦点を当ててはいるものの，それらに内在する共通の枠組みを指摘することができる。すなわち，笑いにはそれを引き起こす原因があり，笑いはその結果として生じるとする因果論的枠組みである（Glenn, 2003; 谷，1987）。

2　人はどのような状況で笑うのか

　それでは，人は実際にどのような状況で笑うのだろうか。桐田と遠藤（1999）は女子学生30名を対象として，日誌法を用いて，自分が笑ったそのたびごとに，その状況や理由，エピソードなどを5日間記録させ，笑いの表出状況と当人の理由づけについて検討している。得られた1,419の笑いの記録を，表出状況や笑いの誘因によって分類したところ，まず，友人と会話するなどの社交的な状況における笑いの記録数が最も多く，全体の67%を占めた。一方，一人でいる場合の記録数は13%で，その誘因のほとんどがテレビなどのメディアであった。笑った理由についてみてみると，「おかしくて」あるいは「おもしろくて」という理由づけが全体の22%で最も多く，続いて「失敗を見聞きして」が8%，「変なことを見聞きして」が3%となった。また，「びっくりして」「くすぐったくて」「つられて」「恥ずかしくて」「あきれて」「かわいくて」「嬉しくて」「恐くて」「叱られて」といった理由もあげられたが，それぞれが全体に占める割合は1%前後とかなり小さい。その反面，理由が明確に記載されなかったために，「その他」として分類されたものが60%にも上った。

　「おもしろくて」「おかしくて」，あるいは「失敗を見聞きして」笑うという事例は，3つの笑いの理論のうち，不一致理論や優越理論を裏づけるものである。また，それぞれ記録数は少ないものの，「びっくりして」「恐くて」「嬉しくて」といった理由は笑いの情動表出的側面を示している。しかしながら，ここで注目すべきことは，笑いと特定の情動との一義的な関係を見いだせないこと，そして，笑いの事例の6割もが笑った当人もその理由を見いだせないまま残されていることである。こうしてみると，3つの笑いの理論の守備範囲は存外狭いことがわかる。そして，このことは，笑いの研究は社交的状況における笑いにこそ，その焦点を当てる必要があることを示唆している。

3 笑いに及ぼす社会的要因

　一人でいるときはテレビでも見ていない限りはめったに笑わないが，友人と一緒に過ごしているとたわいもないことでも笑う。いったい，他者と過ごしていると頻繁に笑うのはなぜだろう。

（1）ラフトラック

　アメリカのいわゆるシットコム（sitcom: situation comedy）と呼ばれるテレビドラマには，視聴者の笑いをねらう場面に，あらかじめ録音しておいた笑い声，すなわちラフトラック（laugh track）を挿入する技法が用いられることが多い。挿入される笑い声は，「缶詰めの笑い（canned laugh）」とも呼ばれている。はたして，このラフトラックにはどのような効果があるのだろうか。

　チャップマン（Chapman, 1973a）は，2つの被験者群を用意し，一方の群には録音した10個のジョークにラフトラックを挿入したものを，もう一方の群にはラフトラックを挿入しないものを聞かせた。そして，それぞれのジョークが終了したあとで，被験者にそのジョークに対するおかしさの評定を求めた。また，実験者は被験者のジョークに対する反応をそのつど評定した。その結果，ラフトラックをともなったジョークを聞いた被験者は，ジョークだけを聞いた被験者よりも頻繁に笑うことが明らかになった。ただし，ラフトラックにはジョークに対するおかしさの評定を上げる効果はなかった。

（2）社会的促進

　なぜラフトラックが笑いを促進するのか。ここでは，社会的促進（social facilitation）という観点からその過程について考えてみる。

　社会的促進とは，比較的単純な作業をするとき，他者の存在が作業効率を上げる現象を指すが，チャップマン（1973b）はこの要因がラフトラックの効果の背景にあると考えている。彼は，子どもがユーモア話をヘッドフォンを介して聞く際に，一人だけで聞く条件（単独条件：alone），他の子どもが同席して別のヘッドフォンで同じ話を聞く条件（共行動条件：co-action），他の子どもが同席するがヘッドフォンの故障でその子は話が聞けないという条件（観察

条件：audience）を設定し，それぞれの条件における被験者となった子どもの笑いや笑顔の表出頻度を測定した。その結果，笑いや笑顔の表出頻度は，共行動条件，観察条件，単独条件の順で高いことが明らかになった。チャップマンは，単独条件より観察条件で笑いの表出頻度が高くなったことに関して，ザイアンス（Zajonc, 1965）が提唱した「他者の単なる存在（the mere presence of others）」という要因が被験者の動因を高め，笑いを促進すると考えた。

したがって，ラフトラックが視聴者の笑いを促進するのは，それによって「観客が視聴者とともに存在する」という状況が演出され，さらに観客と視聴者が同じタイミングで笑う「共行動状況」が形成されるから，ということになる。

(3) 笑い検出器

これに対してプロヴァイン（Provine, 1992）は，あくびが伝染する（contagion）のと同じように，笑いには他者の笑いへと伝染する性質があることを指摘している。そして，社会的促進といった高度な説明概念を持ち出さなくとも，他者の笑い声は笑いを触発する刺激（releasing stimulus）であり，生物学的にこれを検出するしくみ（laugh detector）を仮定することで説明できると考えている。

4 社会的相互作用における笑い

これまで，心理学の領域では主として笑いをジョークやユーモアに対する反応，あるいは特定の情動（たとえば，喜び）の表出とする観点から研究が進められてきた。社会的相互作用場面における笑いに検討が及ぶことがあっても，それは，チャップマンの一連の研究のように，あくまで「原因（ユーモア）→結果（笑い）」という図式に加える変数を検討することであった。また，逸話的な事例に基づいた社会的機能の羅列にとどまっていることも多い。たとえば，フット（Foot, 1997）は笑いの社会的機能として，①反抗としての笑い，②社交的な笑い，③無知を隠す笑い，④逸脱を回避する笑い，⑤言い訳の笑い，⑥不安からの解放の笑い，⑦あざけりの笑い，⑧快の表出としての笑い，をあげている。しかしながら，これらの機能は，先の3つの笑いの理論のように，

その原因が明らかな笑いを分類しているにすぎない。

　ポヤトス（Poyatos, 1993）も笑いの機能をいくつかあげているが，その中で，「相互作用におけるランダムな笑い（random interactive laughter）」に言及している。これは，われわれが他者と相互作用する場面で，自分でも理由がわからずに笑う現象を指している。実は，桐田と遠藤（1999）が示したように，この「ランダムな笑い」が日常生活の笑いの半分以上を占めているのだが，そのことに気づいている心理学者は少ない。心理学者よりはむしろ会話分析を研究手法とする社会学者が社会的相互作用場面における笑いには注目している。そこでは笑いは，非随意的，あるいはランダムに生起する受動的な表出ではなく，意図的で，統制可能であり，システマティックに行われる能動的な行為であることが示されている（Glenn, 2003）。

(1) 会話における笑い

　ジェファーソン（Jefferson, 1979）は，会話の詳細なトランスクリプトを作成し，会話に現われる笑いの組織立ったはたらきについて検討している。彼女によれば，発話の直後に表出される笑いには，その直前に話された内容が笑うべきもの（laughable）であると聞き手に提示し，聞き手の笑いを誘うはたらきがある。一方，聞き手は話し手の誘いの笑いに対しては，それに応じて笑うか，あるいは笑うことを拒否するが，拒否の仕方には沈黙するか，提示された話を深刻なものと受け止めて返答する，のいずれかの仕方があるという。実際の会話の事例（桐田，2004）でそのようすを見てみよう。［事例1］は面接場面で，面接者（I）が被験者（S1）に危機的な体験話を求め，被験者が車の事故について語る場面である。

```
［事例1］*
1  I  ：なんかありますか？
2  S1 ：恐かったこと ┌ (1)              ん:
3  I  ：             └ 恐かったこと
4  S1 ：車をぶつけたこと hahaha ┌ (.) hahaha
5  I  ：                        └ え, hahaha やっちゃいました。
6  S1 ：事故っちゃったり hhh
   *トランスクリプト中の記号の意味は次の通り。(.) は短い空白を，(1) は1秒の空白を表わす。コロン : は母音の延長を，ブラケット [ は発話の同時性を，そしてイコール = は発話の連続性を表わす。また hhh は呼気音を，(h) は音節の帯気化（笑いながら話す）ことを表わす。
```

この事例では，被験者（S1）がライン4において「車をぶつけたこと」を話題として提示しているが，発話に続いて笑い，「車をぶつけたこと」は深刻な事態ではなかったことを表現している。面接者は被験者の発話内容について一瞬躊躇するが，次の瞬間にはその発話意図を察して被験者とともに笑い，被験者の状況設定を受け入れている。

次に，被験者の笑いによる状況設定を拒否する事例を見てみよう。［事例2］も［事例1］と同様の面接場面である。

［事例2］
1　S2　：ん：と，家の（.）あの（.）車庫のところの（.）ここにこすって＝
2　　　　＝サイドミラー壊したりとか hahaha
3　I　：あ，じゃあ，車庫入れするときに（.）
4　S2　：あと（.）隣の車にちょっと（.）ぶ（h）つ（h）け（h）て（h）
5　I　：それって自分のうちの？

この事例では，被験者（S2）がライン2で「サイドミラーを壊した」という発言に続けて笑い，またライン4では「隣の車にちょっとぶつけた」という発言を笑いながら語っている。被験者は，話す内容をそれほど重大な事態ではなく笑うべきこととして提示しているが，聞き手の面接者は，被験者とともに笑うことはせず，事故の具体的な状況を尋ねる形で会話を進めている。

このように，会話のトランスクリプトを分析すると，笑いが会話を進行するうえで重要な資源になっていることがわかる。オドネル＝トゥルヒジョとアダムス（O'Donnell-Trujillo & Adams, 1983）は，会話における笑いの調整機能として，①会話の順番取りの手がかり，②聞き手に対する発話内容の聞き方の教示，③聞き手の聞き取り方の表明，④発話内容の精緻化のうながし，⑤親密さの資源，をあげている。

(2) 笑いながら話すとき

ところで，会話場面で特有に現れる笑いがある。すなわち，笑いながら話すことである。プロヴァイン（Provine, 1996）は，笑いながら話すこと（laugh speak）はテレビのホスト役が場を盛り上げるために行う例外的行為であると

考えている。ところが，［事例2］のライン4に見られるように，会話分析のトランスクリプトには笑いながら話す場面が頻繁に現われる。ジェファーソンはこの現象を"within speech laughter"と呼び，そのはたらきを発話直後に現われる笑いと同様に，誘いの笑いとみなしている。ただし，話し手は笑いながら話すことによって，発話内容を笑うべきこととする手がかりを早く聞き手にもたらすことになり，これによって聞き手が笑う時点，すなわち認知点（recognition point：Jefferson, 1979）が早まることがある。次の［事例3］にそのようすを見ることができる。この会話の直前に面接者は被験者に葛藤体験を話すよう求めている。

［事例3］
1　S3　：この (.) 前の土曜日で ⌈：
2　I　：　　　　　　　　　　　⌊え：え：え：
3　S3　：実家の方へ帰ったんですけど ⌈：
4　I　：　　　　　　　　　　　　　　⌊え：あ連休だったんです ⌈よね。
5　S3　：　　　　　　　　　　　　　　　　　　　　　　　　　⌊はい。
6　I　：え：え：え：
7　S3　：妹といっつも喧嘩し (h) ⌈て (h) い (h) る (h) ん (h) で (h) す (h) よ (h)。
8　I　：　　　　　　　　　　　　⌊ahahahaha

被験者はライン7において妹とのけんかという事態を笑いながら話すことによって，それを笑うべきことであると面接者に提示し，面接者は被験者の意図を理解して，被験者が笑いながら話しているその途中から笑い始めている。

さらに，笑いながら話すことには，笑いを誘うこととは別の機能が潜んでいることも示されている。谷（1987）は，笑いながら話すことに関して「発語に笑音を上乗せする現象」として言及し，これを話し手の発話内容と真意が乖離するときにそうした「二重自己的存在様態」を聞き手に伝える行為であるとしている。これに対して，桐田（2004，2005）は，会議，授業，講演，面接，酒場など，さまざまな場面で発話を観察し，笑いながら話すことには，発話内容の強度的修辞機能と発話内容に対する感情および態度的修辞機能があることを示唆している。

5 おわりに

　社会的相互作用，とりわけ会話事態における笑いのシークエンス（連続）を詳細に観察することによって，初めて，笑いが会話を進めるうえで重要な資源となっていることが明らかになった。しかも，そこでの笑いは多くの場合，意識的に表出されているのではない。笑う当人にもその理由はわからない。にもかかわらず，笑うという行為はけっしてランダムにではなく，能動的に，そしてシステマティックに行われているのである。ただし，会話における笑いの機能を羅列したところで笑いを理解したとは言い難い。笑いは，すくうそばからその網の目をすり抜ける。まさに「ぬえ」のように変化自在である。

第11章

感情とイメージ

1 はじめに

　イメージは知的な思考過程だけでなく，感情とも密接な関わりをもっている。たとえばイメージは感情喚起の原動力になる。野心，嫉妬，不安，怒りといった感情の多くが，実際にはないものを想像することによって生み出されることは誰もが経験的に知っている。イメージはまた現実体験の代用としての機能をもつ。山深い温泉地，白いお湯があふれ出る紅葉露天風呂。われわれはそこに浸かる自分を想像するだけで，実際に温泉に浸かったときのようなリラックス感と開放感，身体感覚の変容をともなうある種の癒しに満ちた快適な感情状態を多少なりとも味わうことができる。この種のイメージ体験では，情景の単なる視覚イメージだけでは十分ではなく，肌に触れるお湯の感触，硫黄の匂い，お湯の中で弛緩した身体の感覚，こうしたすべての感覚モダリティのイメージが動員されることで，大きな感情効果をもたらすものと思われる。このようにイメージは現実体験のシミュレーションの機能をもっており，そのイメージの経験には実際の経験に匹敵する感情がともなってくるのである。
　本章では，こうした感情とイメージの密接な影響関係についてみていくことにしたい。

2 イメージ研究と感情

　本章でイメージとは「現実に刺激対象がないときに生じる疑似知覚的経験」（たとえば，Richardson, 1969）を指す。イメージは視覚的経験に限定されるものではなく，音や香りのイメージや運動感覚イメージなど，視覚以外にもそれぞれの感覚モダリティに対応したイメージが存在する。さらにすべての感覚をともなう体験そのものの再現やシミュレーションとしての「イメージ体験」がある。感情とイメージとの関わりを研究するうえで重要になるのは，この「イメージ体験」の視点である。

　従来，イメージと感情の問題は，臨床心理学や精神医学の分野で扱われることが多かった。そこでは治療場面におけるイメージ利用がはかられ，イメージによる感情の制御の有効性が経験的に確認され，それが心理生理学的な基礎研究によっても追認されてきた。一方で認知心理学の分野では，おもにイメージの知覚的側面が研究の対象とされ，イメージと感情との関わりはほとんど扱われてこなかったといってよい。しかし近年「温かい（warm）認知」研究に対する関心の高まりとともに，感情と認知の関係性が注目されるようになり，ここで紹介する研究のように，感情とイメージに対する認知心理学的アプローチを志向する研究も増えてきた。

3　イメージの感情喚起：現実体験のシミュレーションとしてのイメージ体験

　想像上の体験はどの程度，実体験と同様の感情反応を引き起こすことができるだろうか。われわれはイメージによってある程度は現実経験に匹敵する感情が喚起されることを経験的に理解している。そうした体験の主観的側面だけでなく，イメージのもたらす感情効果は，心拍，皮膚電気反応，筋電図などの心理生理学的な指標を用いた基礎的な研究によっても確認されてきた。感情を喚起する状況のイメージ想起は，おおむねその状況に見合った感情を生み出すだけでなく，イメージによって喚起される感情が異なれば，それに応じて各種心理生理学的指標も異なるパターンを示すことが確かめられている。

こうした感情を喚起するイメージの心理生理学的効果に関しては，シェイクとクンゼンドルフ（Sheikh & Kunzendorf, 1984）に詳細な展望がある。ここではいくつかの研究例をあげておこう。たとえば不快感情のイメージ想起でいえば，自分が氷の中に手を入れるところをイメージすると，直接体験させたときと同様に心拍数が上昇する（Craig, 1968）。恐怖場面をイメージ想起したときの心理生理学的反応パターンは，直接経験におおよそ一致し，心拍数や皮膚伝導度が上昇する（Grossberg & Wilson, 1968）。その際，恐怖場面にいる自分を外から観察するようなイメージより，その場にいる自分の視点を通したイメージ想起のほうが，皮膚伝導度の上昇が大きいようである（Bauer & Craighead, 1979）。また，ネズミ恐怖をもつ学生にネズミがいる場面をイメージさせると，中性場面をイメージさせた場合に比べて，ベースラインからの心拍数と皮膚電気反応に大きな変化が現われることも確認されている（Acosta et al., 1988）。

快感情に関しては，バルナら（Varna, 1993; Witvliet & Varna, 1995）が，喜びとリラックスという2つの快感情を誘発する場面のイメージが，感情の主観的体験，身体反応，そして顔の表情表出に関連する筋活動にどのような影響をもたらすかを検討している。それによると，喜び場面のイメージはリラックス場面のイメージよりも心拍数を増加させること，リラックスと喜びのイメージは両方とも眉をひそめるといったしゅう眉筋の活動量を減少させ，喜びのイメージは笑顔をつくり出す大頬筋の活動量を増加させることが確認された。つまり喜びやリラックスといった快場面のイメージは，それぞれの感情の特徴に応じて，身体的覚醒と顔面の表情筋の活動に変化をもたらしたのである。われわれは楽しい場面をイメージするだけで，思わず笑顔になったり険しい表情が緩んだりしてしまうのである。

このように，われわれのイメージ上の経験は，実体験に匹敵する感情喚起効果をもちうることは確かなようである。しかし注意しなければならないのは，こうした感情的なイメージ体験は不安定なところがあり，必ずしもいつでも誰にでも同じような効果をもたらすわけではないということである。イメージがもたらす感情効果の強さにはいくつかの要因が関与していると考えられるが，その一つがイメージを想起し体験する能力，すなわちイメージ能力の個人差で

ある。イメージ能力には，鮮明性，イメージ統御性，イメージ経験への没入性，の3つの次元がある。この中ではイメージ鮮明性が最もよく研究されている。一般に，強い感情がともなうイメージ想起時の心理生理的反応は，イメージをいかに鮮明に経験できるかという能力にかなり依存する（Miller et al., 1987）。没入性も重要であり，イメージの体験的な迫真性との関連がしばしば指摘されている。イメージ能力のほかにも，あとで述べるように，イメージ体験への意味づけ，身体反応への注意の向け方も効果を大きく左右する要因となってくる（Lang, 1979）。

4　感情がイメージに与える影響

　前節ではイメージが感情を喚起する場合をみてきたが，この両者は交互作用があり，感情は単にイメージによって喚起されるだけではなく，逆に感情がイメージに影響を与える側面も重要である。

(1) イメージの鮮明性に影響を与える要因：感情経験と人格特性

　一般にポジティブ感情をともなうイメージは鮮明に想起され，ネガティブ感情をともなうイメージの鮮明性は抑制される傾向がある。たとえば，自分の過去の経験をイメージしたとき，楽しい場面の視覚イメージは鮮明に想起され，怒りや不安をともなう場面の視覚イメージは鮮明度が低くなる傾向がある。行動療法の系統的脱感作法では，恐怖対象に慣化させる際に，実際の対象の代用としてしばしばイメージが用いられる。その場合，たとえばネズミ恐怖をもつ人にネズミをありありとリアルに思い浮かべさせることはなかなか難しいことがあり，こうしたネガティブ感情の認知的回避（cognitive avoidance）による治療の失敗がしばしば問題となってくる（Foa & Kozak, 1986）。

　人格特性の面からは，抑圧（repression）傾向とイメージ鮮明性との関係がしばしば取り上げられる。ここでの抑圧とは，脅威が生じたときに防衛的に不安を低減しようとする反応を指すが，一般に抑圧傾向の強い人ほどイメージの鮮明性が低くなることが確かめられている。また抑圧傾向の強い群の人たちでは白昼夢の経験頻度も少ないことが報告されている。クンゼンドルフ

(Kunzendorf, 1985-86) は, 抑圧傾向の高い群の人でも, 催眠状態に陥るとイメージ鮮明度の上昇がみられることから, 高抑圧群の人たちのイメージ鮮明性が低いのは, 通常の覚醒状態では催眠時に解除されるようなイメージへの抑制的なチェックがはたらいているためではないかと考えている。抑圧と同様に, 個々人の不安傾向とイメージ鮮明性の関係についても検討されており, そこでは不安の強い人ほどイメージは抑制的になり, 彼らのイメージ鮮明度は全般に低くなることが報告されている (Euse & Haney, 1975)。しかし, 高不安者は自己の不安に関連する経験や状況に対して, 特異的にイメージ鮮明度が高まるという指摘もある (Martin & Williams, 1990)。こうした人格特性とイメージ鮮明度との関連性については, 以下にみていくように, イメージ喚起における状況要因も考慮した検討が必要であろう。

(2) イメージに対する人格特性と感情の効果：イメージの気分一致効果

感情がイメージ想起に与える影響は, イメージのもつ感情内容や人格特性だけでなく, そのときどんな感情あるいは気分の状態にあるかによっても異なってくる。記憶を想起するとき, われわれは楽しいときには楽しい出来事やものごとをよく思い出し, 悲しいときには悲しい出来事やものごとがよく思い出される。このようにある特定の気分状態のときに, その気分と一致する内容の記憶が想起されやすい現象は「記憶の気分一致効果」として知られている (Bower et al., 1981)。

マーチンとウイリアムズ (Martin & Williams, 1990) は, 抑うつ傾向の高い人など, 特定の人格特性をもつ人では, 気分状態に一致した感情価をもつイメージの鮮明性が選択的に昂進される「イメージにおける気分一致効果」があることを確認している。彼らの実験では, 2つの人格テスト (ベック抑うつ性尺度：BDI, アイゼンク人格検査：EPQ) をあらかじめ受けている被験者が, 実験室でコンピュータのスクリーン上に提示される手がかり語の反応として過去の特定の記憶を思い出してもらう, といった課題を行った。手がかり語は, 中性手がかり語として, 家, 学校, 会議など10項目, 感情手がかり語には喜び, リラックスなどのポジティブ感情語5項目, 失望, 怒りなどネガティブ感情語5項目であった。被験者はこの課題を, 中性の気分状態と誘導された抑うつ気

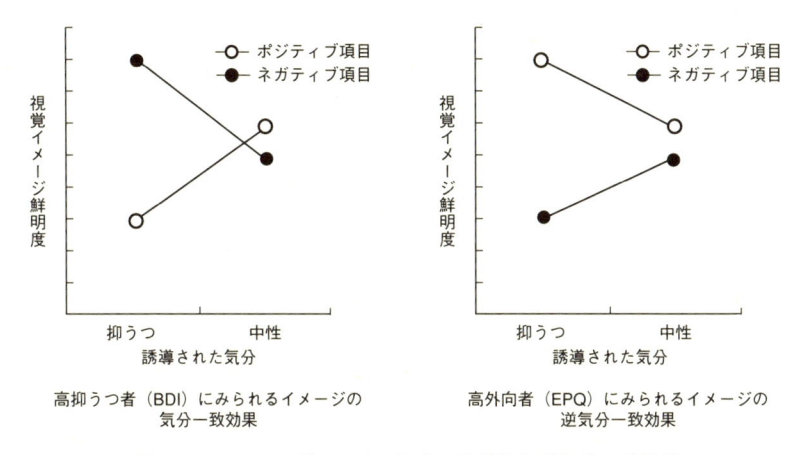

図 11−1 イメージにおける気分一致効果と逆気分一致効果
(Martin & Williams, 1990 より作成)

左：高抑うつ者（BDI）にみられるイメージの気分一致効果
右：高外向者（EPQ）にみられるイメージの逆気分一致効果

分状態の2条件で実施した。被験者は提示された手がかり語から浮かんだ出来事の記憶について，その視覚イメージの鮮明性，感情の鮮明性そしてその記憶の全体の鮮明性を0〜100の尺度で評定するよう求められた。

　この実験では，誘導された気分に一致する感情項目のイメージが一致しない感情項目のイメージに比べてより鮮明に想起されるという一般的傾向は認められなかった。その代わりにある特定のグループの人たちでは，イメージ鮮明性に対してきわめてはっきりとした気分一致効果が認められた。すなわち，抑うつ傾向の高い群では，抑うつ気分が誘導された条件ではネガティブ手がかり語に対するイメージの鮮明度が高くなり，ポジティブ手がかり語に対するイメージの鮮明度が低くなることが確認されたのである（図11-1）。同じようなイメージ−気分一致効果はEPQで測定された神経症的傾向の高い群でも認められた。さらに興味深いことに，EPQの外向性が高い群では，「逆気分一致効果」とでも呼べる効果が認められた。この群では先の2つの群とは逆に抑うつ気分状態でネガティブ・イメージを弱めてポジティブ・イメージを強めるような効果が得られたのである（図11-1）。この実験結果の意味するところはきわめて重要である。ネガティブなイメージは抑うつ傾向の強い人たちでは抑うつ気分によって選択的に昂進してしまい，それがこの人たちの抑うつ状態をさらに

悪化させ，それがまたネガティブ・イメージを昂進させる，という悪循環をもたらすからである。一方で外向性のもつ反応様式は，抑うつ傾向の高い場合とは逆に，このサイクルに入り込んでしまうのを防ぐはたらきをもつ可能性を示している。

5 感情的側面を組み込んだイメージ体験に関する包括モデル

情動をともなったイメージ体験が，いかに迫真性に富み「リアルに」感じられるかは，視覚や聴覚といったイメージの知覚的側面の明瞭度や鮮明度だけでなく，そこにどれだけ身体感覚，心理生理学的活動，運動反応，さらに主観的な感情認知が関わってくるかによって影響される。したがって，情動をともなうイメージに関する理論的考察では，そうした諸要因をどのように統合的に考慮していくかが研究上の論点となっている。ここではそうしたイメージ体験の包括モデルをいくつか紹介しよう。

(1) 情動イメージに関する理論モデル

ラング (Lang, 1979) は行動療法の心理生理学的な基礎的研究に基づいて，情動イメージに関する生体情報処理モデル (Bio-Informational Model) を提出した。このモデルにおいてイメージ体験は，①刺激命題（状況や刺激の特徴），②反応命題（生理反応を含む諸反応），③意味命題（刺激や反応に対する意味づけ），の3つの命題からなり，これらの命題が意味ネットワークを構成していると考える。イメージを経験させるときには，どの命題要素を強調するかによって，そのイメージによって賦活される生理的反応の強さが変わってくる。特に反応命題に焦点づけさせる教示は，イメージ内容に見合う生理的覚醒を高めるのに効果的であることが実験によって確かめられている。たとえば，ネズミ恐怖者にネズミのイメージを想起させるときに，ネズミの視覚的イメージを浮かべるだけでなく，そのイメージ想起をともなうと思われるドキドキしたり逃げ出したくなる自分の身体反応に注意を向けることで，そのイメージ経験はより迫真的なものになるのである（図11-2）。

アーセン (Ahsen, 1984) は自ら開発したイメージ療法の知見に基づいて，

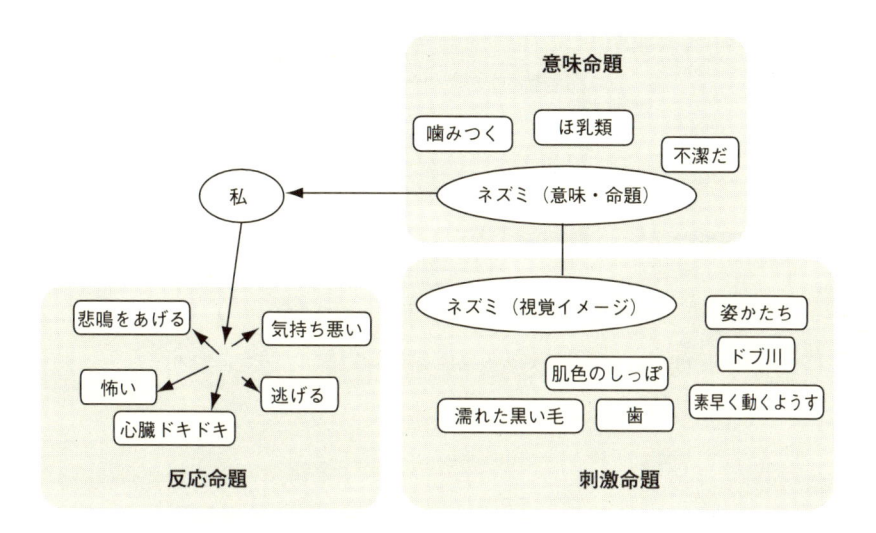

図11−2 ネズミ恐怖者における命題ネットワーク (Lang, 1985のモデル図を改変)

イメージ体験が，①イメージ (Image)，②身体反応 (Somatic response)，③意味 (Mean) の3つのコードに符号化されているとする3重コードモデル (ISMモデル) を提出した。このモデルにおいて感情をともなったイメージ体験の鮮明性は，単に対象の感覚的イメージだけでなく，身体反応コードや意味コードの関与の程度によっても決まってくることになる。たとえば，翌日の研究発表会での自分の報告場面をイメージするような場合，自分にとってその発表がどれだけ大切なものであるかという意味判断があり，緊張状態で生じる心臓の鼓動や呼吸の速さ，身体のこわばりといった身体反応をともなうときに，それはきわめて鮮明で迫真性に富むイメージ体験になるのである。

(2) イメージ体験の現実感生成モデル

菱谷 (Hishitani, 1995) は，イメージの感覚的側面と感情的側面を統合的に検討するために，イメージ体験がどれくらい現実の体験に近いかを表わす「イメージ現実感」という概念を導入し，イメージ現実感の生成過程に関する情報処理モデルを提案している (図11-3)。それによれば，まずイメージ対象の

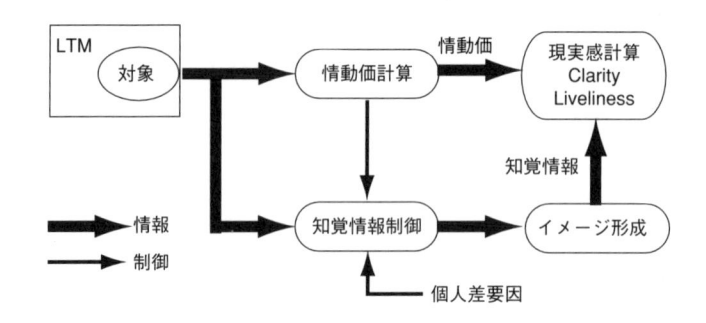

図 11-3 イメージの現実感生成過程のモデル（菱谷，2000）

　情動価が計算され，その計算に基づいてイメージ生成のための知覚情報の流れが制御される。不快な知覚情報は抑制され，快適な知覚情報は促進される。知覚情報の流れの制御には情動価以外の個人差要因（鮮明度，使用傾向など）も関与する。最終的に知覚情報と情動価によってイメージ現実感が決定されるというものである。このモデルによれば，現実感をともなうイメージ体験は，各感覚モダリティの知覚情報が豊富に含まれ，あわせてその経験に対応する情動情報が組み込まれているときに形成されることになる。
　宮崎と菱谷（1999）は，こうしたイメージ現実感を構成する要因の構造モデルの検討を試みている。彼らは，被験者に過去に体験した最もネガティブあるいはポジティブな情動を喚起する場面をイメージさせ，そのイメージのさまざまな知覚的，情動的な特徴について評定を求め，その評定値をもとに共分散構造分析によるモデルの検証を行った。その結果，ポジティブ情動をともなうイメージとネガティブ情動をともなうイメージでは，イメージ現実感を構成する潜在変数の構造モデルが異なるという興味深い知見を得た。図 11-4 のように，ポジティブな場面でのイメージ現実感はイメージのもつ類知覚情報，情動的情報，過去経験情報の 3 つの潜在変数から構成されるのに対して，ネガティブなイメージでは独立した情動的情報の潜在変数の関与がみられない。その理由として，彼らは，強いネガティブな情動を喚起するようなイメージを想起する際には，情動を感じるために必要な計算機構が機能不全を起こす可能性を指摘している。こうした分析から，われわれが自分にとってきわめて不快な体験をイ

第11章 感情とイメージ

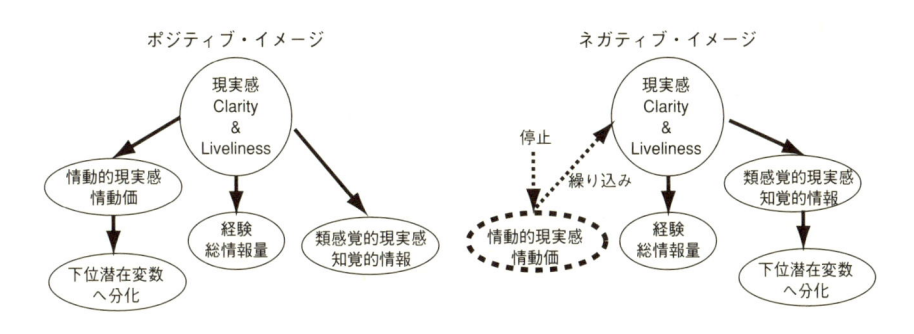

図11-4 共分散構造分析によるイメージ現実感の構造モデル（菱谷，2000）

メージするようなときには，そのイメージの現実感の構造はより未分化なレベルにとどまってしまい，結果として現実感の希薄なイメージ体験になることが予測されるのである。

6 おわりに

　イメージと感情の関連性に関する研究は，イメージがもっている実体験のシミュレーション機能のメカニズムを明らかにするうえで重要であり，感情をコントロールするうえで，いかにイメージを有効利用するかといった応用的課題にも基礎的知見を提供するものである。最近，ウィリアム（William, 2000）は，感情知能（emotional intelligence）を超える人間の知性として「イマジンテリジェンス：Imagintelligence」（すなわち想像知能）という造語をつくって，イメージをいかに活用するかが，長く人類のアキレス腱となってきた感情コントロールのキーポイントになると指摘している。このように感情とイメージの問題は今後，基礎的・認知的アプローチと臨床心理的アプローチを統合する心理学の最も重要な研究テーマの一つになってくるであろう。

3 部
感情体験のモディファイアー

第12章

感情とスポーツそして健康

1 はじめに

　現代社会においてスポーツは非常に身近な活動である。学校でのクラブ活動から，地域のスポーツクラブ，地方自治体によるスポーツ教室，商業的なフィットネスクラブまで，スポーツに参加する場はいたるところにある。一方，スポーツに関する情報もわれわれの周囲にあふれており，マスコミを通して，地域の大会から国際レベルの競技会まで，われわれは日常的にスポーツ情報にさらされている。またテレビでは数多くのスポーツ中継があり，競技場に行かなくとも，さまざまなスポーツ競技の観戦が可能である。このように，「する」対象としても「見る」対象としても，スポーツは非常に身近な活動となっている。
　スポーツは身体的運動を基盤とする，競争と遊びをおもな要素とする人間的な活動で，本来，自由かつ主体的，創造的な活動である。スポーツは，それをする場合も見る場合も，感情体験をともなう。競技者として，練習や試合中の競争の過程で，またその結果として得られる勝敗や記録にともなって，われわれはさまざまな感情体験をする。また，観客として，単に素晴らしいプレイを見るだけでなく，競争と勝敗にハラハラドキドキし，応援するチームや選手と一体になって喜怒哀楽を味わうのである。このようにスポーツは感情と切っても切り離せない関係にある。本章では，生活の中で非常に身近な活動となっているスポーツと感情，そして健康との関わりについて，いくつかの点から考えてみたい。

2 スポーツの楽しさ

　スポーツは楽しい。それをするのも見るのも楽しい。逆に言えば、われわれは楽しさを求めてスポーツに参加し、それを見るのである。それでは、スポーツをすること、見ることにともなう快感情はどのような構造をもち、どこから生じるのであろうか。

　初めに、スポーツをする楽しみについて考えてみよう。その要素はいくつか考えられるが、まず第一にあげなければならないのは身体運動である。スポーツの基本要素は身体運動であり、身体を動かすことは人間の基本的欲求の一つである。身体を動かすこと自体が楽しいのである。第二は、遊びとしてのスポーツに関係する。スポーツは本来、気晴らし的な活動で、日常の勉強や労働から解放され、主体的かつ創造的に行うことができる活動である。毎日くり返される日常的活動から離れて気晴らしや気分転換ができることが楽しいといえる。第三は、競争としてのスポーツに関係する。スポーツに限らず競争場面に身を置けば、誰でも勝ちたいと望むだろう。勝つことによって自尊心が高まり、自分に満足できるのである。競争の結果得られた成功がもたらす喜びがスポーツの楽しみの一つである。第四として、鍛錬を通しての自己の精神的・身体的向上があげられる。試合に勝つことだけでなく、その過程にも楽しみは存在する。練習を続けることによって、体力が向上する、より高度な技術・技能が身につく、精神的にたくましくなるといったことがあるが、これらを通して自分がより向上した、より有能になったと感じることができることもスポーツを続ける楽しみの一つとなっている。最後に、スポーツの中の協同や競争を通しての社会的関係の構築をあげることもできる。われわれはさまざまな集団のメンバーとして、おのおのの集団の中で特定の地位と役割をもって生活している。学校や会社などと比べ、スポーツなどの余暇活動の集団が異なるのは、後者が少なくとも共通した興味関心をもった人々が自由に集まる集団であるということである。そこでは、おのずから学校や会社とは質的に異なる人間関係の構築が可能となろう。このように、スポーツをする楽しみは多面的な要素から構成されているといえる。

　一方、スポーツを見る楽しみはどうであろうか。スポーツを見る楽しみの要

素の第一として，スポーツの「見世物」という性格がある。特にプロスポーツは「非日常」の世界であり，われわれは，いわば超人的なプレイを楽しむためにスポーツを見る。それは，曲芸やサーカスを見ることと共通する。超人的なプレイを目の当たりにして感動を覚えるのである。これがスポーツを見る楽しみの一つなのである。第二は，スポーツに含まれる結果の不確定性である。スポーツは「筋書きのないドラマ」と言われる。結果は，競技が終了するまで誰にもわからない。この不確定性が，スポーツ観戦において興奮を生む要因の一つとなる。新記録が樹立されるかどうか，自分の応援するチームが勝利を収めるかどうか，観客は結果への期待と不安を抱えつつ，競技の成り行きを見守る。こうした感情体験はスポーツ観戦の大きな楽しみの一つである。もっと手軽にテレビで見ることができるにもかかわらず，競技場へ足を運ぶ人がいるのは，単に競技を直接見たいということよりも，他の観客とともにハラハラドキドキの感情体験を味わいたいということなのではないだろうか。もちろんテレビ観戦の場合も同様の体験は可能だが，競技場では他の観客の存在によってそれが増幅され，より強い感情体験をすることができ，われわれはそれを求めて競技会場へ向かうのだろう。第三は，スポーツのドラマ性に関係する。スポーツは，われわれに人生ドラマを見せてくれる一級の娯楽である。マスコミを通して，競技内容だけでなくチームや選手に関する情報が多く提供され，それらは，われわれがスポーツという人生ドラマを楽しむうえで，欠くことのできない情報となる。マスコミによる人生ドラマの演出といってもよい。それが，結果的により多くの人をスポーツにひきつけるのである。われわれは，そこに一つの人生の縮図を見，過酷な練習とその克服，勝敗にともなう栄光と挫折を知って，それに感動するのである。同じような人生ドラマは，テレビや映画でも見ることができるが，スポーツは，それが虚構でない，そして筋書きがないという点でより優れているといえる。第四は，ファンとしての楽しみである。テレビで放映されるスポーツ中継は競技レベルが格段高いものだけではない。高校野球を例に考えれば，それは明らかであろう。それではなぜ，多くの人がレベルの高くない競技をテレビで見るのだろうか。ここでは，ファンの心理ということを考えなければならない。われわれはスポーツを見世物や人生ドラマとしてだけ見ているわけではない。それと同時に特定のチームや選手の「ファン」とし

て見ているのである。スポーツファンは，ひいきのチームや選手に自分を同一視し，その勝敗をあたかも自分自身のことであるかのように感じ，自分では果たしえない夢をひいきのチームに託すのである。文字通りチームや選手と一体となって競技の過程や結果に一喜一憂する，これがスポーツを見ることの大きな楽しみの一つなのである。国際大会などで自国のチームが勝ったり負けたりしたときの，国民の歓喜や落胆のようすを見れば，ファンとしてスポーツ観戦をする場合の感情体験の強さが容易に想像できるだろう。ここまで述べてきたように，スポーツをする楽しみ，見る楽しみにはいくつかの要素があるが，その多くが感情体験と密接な関係をもっているということができる。

3　感情とスポーツパフォーマンス

　日本のスポーツ界では，しばしば「心・技・体」の重要性が説かれる。つまり，体格・体力と技術に加えて精神的条件が整わなければ，高いパフォーマンスは望めないということである。スポーツパフォーマンスに影響を及ぼす精神的要因の中で，ここでは，不安と覚醒，そしてあがりについて考えてみよう。

　不安は情動の一種であり，「知覚された脅威」と定義することができる。スポーツ場面では，うまくプレイできないこと，試合で負けることなど，否定的な結果を予期することが不安につながる。こうした予期は，特に自尊心が低い選手，自信がない選手，過去に成功体験をもたない選手にとっては，自己の評価に対する脅威となりやすい。不安の喚起には，過去の失敗経験，目前の試合の重要性の評価，自分と対戦相手の競技レベルの評価，コーチや周囲の人々のコメントなど，さまざまなことが関わる。競技直前に選手が吐き気をもよおすことがあることが知られているが，これは極度の不安の徴候であり，高い不安は選手にとって望ましいものではない。不安はモーターパフォーマンスに有害な影響を及ぼし，運動の協応を阻害するという実験的な報告もある（Weinberg & Hunt, 1976）。不安は競技の結果に関する不確定性に起因するが，それがどのように評価されるかによって不安が喚起されるかどうかが決まる。直面する状況から失敗が予期され，それが選手の自尊心に対する脅威と認知されれば，不安が高まる。それに対して，同じ状況が選手にとっての「挑戦」と解釈され

れば，それが発奮材料となり，パフォーマンスを高めることもありうる。不安を克服するためには，成功体験を重ねることが重要である。そのためには練習を通して自分の能力に自信をもつことが基本であろう。同時に，不確定な状況に対して，動機づけを高めるように認識するような肯定的な態度も必要である。不安をコントロールすることは，高い競技力を達成するために必要不可欠な条件といえる。

　覚醒水準は，睡眠－極度の興奮を両極とする精神的状態である。一般的に，覚醒水準とパフォーマンスとの間には逆U字型の関係があることが知られる（図12-1）。スポーツ場面においても，状況を十分に把握し，的確に判断し，十分な速さで反応するために，極端でない最適な覚醒水準が存在する。それに対して，覚醒水準が極度に高い，あるいは低い状態では，高いパフォーマンスは望めない。また，最適な覚醒水準は，競技の種類や必要とされる技能によって異なる。短距離走，重量挙げなどの全身的な運動をともない短時間に強い力を必要とするような課題では，より高い覚醒水準で高いパフォーマンスが得られ，逆にアーチェリー，バスケットボールのフリースローなど，精密で微細な運動を必要とする課題では，より低い覚醒水準が適している（Oxedine，1970）。

　スポーツパフォーマンスを阻害する現象としてしばしば取り上げられるものに「あがり」がある。あがりの症状は，①生理的なもの（脈拍が速くなるなど），

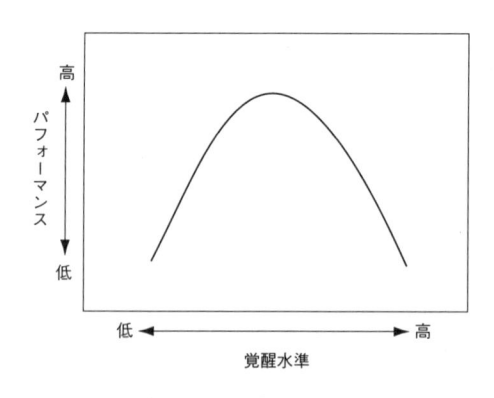

図12-1　覚醒水準とパフォーマンスの関係

②認知的なもの（何も考えられなくなるなど），③情動的なもの（落ち着かなくなるなど），④運動に関わるもの（手足が思うように動かないなど），などさまざまであるが，いずれも選手の能力を十分に発揮することを妨げるような影響を与える。あがりの原因もさまざまである。内的な原因としては，自信の欠如，失敗に対する恐れなどをあげることができる。また，外的な原因として，観客の存在がある。これまでに経験したことがないほど多くの観客の前で競技をする場合にあがりを経験したと報告する選手は多い。観客の中に，選手の近親者あるいはプロのスカウトなど，選手にとって大切な人が含まれる場合も同様である。あがりを防ぐためにはどのようにすればよいのだろうか。誰でも行える方法としては，まず練習によって能力を高め，自分の競技力に自信をもつことが考えられる。そのほかに，試合と同じような状況の中で練習することによって試合場面に慣れること，縁起をかつぐことでうまくいくと自分に言い聞かせることなどがあろう。一方，専門的な手法としては，試合場面での自分の動きを頭の中で思い浮かべてみるようなイメージトレーニング，自律訓練法などによるリラクセーションの訓練などがある。

4 スポーツと健康

　健康とはどのような状態を指すのであろうか。健康の定義はさまざまあるが，最も一般的なのは，「病気でない状態」というものである。また世界保健機構（WHO）が示した定義（世界保健機構憲章前文，1946）では，「単に病気でないというだけでなく，身体的，精神的，社会的によい状態」というものがある。このようないろいろな意味での心身の望ましい状態は，自然のままで達成維持されるわけではない。われわれの生活の中には，健康を阻害する要因が数多く存在する。皮膚ガンの原因といわれる紫外線，熱中症を引き起こす極度に高い気温などは，自然の中に存在する健康の阻害要因である。また，成人期以降の加齢にともなって，われわれの身体的・精神的能力は低下し，それが特に老年期における健康的生活の障害になりうる。これも健康の阻害要因といえる。一方，現代社会の生活様式に起因する阻害要因も数多く指摘されている。過度の栄養摂取や運動不足は過度の肥満状態をもたらし，それが心臓血管系の病気な

ど，さまざまな病気を引き起こす原因となることが知られている。また，現代生活に特徴的なものとして，心理的・社会的ストレスをあげることができる。家庭，学校，職場での人間関係の問題，勉強や仕事における競争の激化，時間に追われながらの生活など，ストレスを引き起こす原因は日常生活のいたるところにあり，強いストレスが長期間にわたって続くと，心身両面において非健康的な状態をつくり出す。精神的な原因で身体的な症状が現われる心身症はストレス病の代表例である。

　このように，われわれは健康を阻害しうるさまざまな要因にさらされながら生活している。したがって，阻害要因に対抗するための何らかの方策がとられなければ，健康な状態を保つことはできない。そうした方策の一つとして，スポーツあるいは定期的な身体運動の有用性が近年叫ばれている。特に，社会の高齢化にともなって，高齢者の心身両面での健康を維持増進することは，現代社会の大きな課題の一つとなっている。この課題との関連においても，スポーツは重要視されている。それでは，スポーツはわれわれの健康に具体的にどのような効果をもたらすのであろうか。以下では，身体的健康と精神的健康に分けて，日常の定期的身体運動も含めてスポーツの効果について考えてみよう。

　まず，身体的健康に対するスポーツの効果についてみると，定期的な身体的運動は成人病の予防に効果があり，特にジョギングなどの有酸素運動は心臓疾患の予防に有効である。一般的に，定期的な運動が体力維持や免疫機能，自律神経機能，内分泌機能などに望ましい効果を与えることが広く知られている。また，基本的体力は健康を支える条件の一つである。中年期以降，体力や運動機能は低下するが，定期的な運動によって，そうした機能を維持することが可能である。この意味でも，定期的な運動を行うことは健康な状態を維持する手段として重要である。特に老年者の場合，自立した生活ができるためには，ある程度の体力，運動機能がなければならない。また，転倒などの事故を防ぐためにも，身体のバランス，柔軟性などの運動機能がある程度十分にはたらくことが必要である。この点でも，定期的な運動を通して体力や運動機能を維持することは高い生活の質を保証するために欠くことができないといえる。以上のように，定期的な運動は病気の予防と体力・運動機能の維持改善の2つの面で健康増進に役立つといえる。

一方，スポーツは精神的健康にも望ましい効果をもつ。たとえば，運動をすると気分が晴れることは多くの人が経験することである。運動をすることは，たとえそれが定期的なものでない場合でも，精神状態にプラスにはたらき，精神的ストレスや緊張感の低減によるリラクセーション，気分の改善，不安や抑うつ感の低減に効果がある（North et al., 1990）。また，スポーツは，うつ病や不安神経症などの治療法としても注目され，実際に心理療法や抗うつ剤治療と並行して運動療法が行われている。抑うつ患者にカウンセリングとジョギングを併用した治療を行った結果，カウンセリングのみの場合に比べて，抑うつの程度が有意に改善されたとの報告もある（Harris, 1987）。このように，スポーツをすることは，われわれの精神的健康の維持増進にプラスの効果をもたらすといえる。

　スポーツがわれわれの身体的・精神的健康に寄与しうることを述べたが，ここで留意しなければならないことがある。それは，場合によっては，スポーツは健康を損ねることもあるということである。たとえば，スポーツにケガはつきものである。プロスポーツの選手の場合，特定の身体部分の酷使によって障害が生じることが多くあることはよく知られている。野球の投手のひじや肩の障害はその典型例である。一般人でも，たとえば成長過程にある少年の場合には，過度の負荷は障害を引き起こしやすいし，正常な身体発育に害を及ぼす恐れもある。また，高齢者の場合も，体力と運動機能の低下のために障害が起きやすいといえる。いずれの場合も，体力と運動能力に合ったプログラムを考えることがスポーツ障害を防ぐために重要となる。一方，スポーツは精神的健康を害する原因にもなりうる。スポーツをして楽しく感じる，精神的にリフレッシュできるのは，スポーツを気晴らし，息抜きとして行う場合である。プロスポーツや高校・大学などの体育会系のクラブで，成績向上を目指して競技として毎日のようにスポーツを行う場合には，スポーツ活動自体がストレスを引き起こす原因となりうる。極端な場合には，バーンアウト（燃えつき症候群）として知られるように，極度の身体的・精神的疲労状態に陥ることもある。それを避けるためには，スポーツをすることの意味，どこまで打ち込むかなどについて考えながらスポーツをすることが重要である。

　現代生活の中で，スポーツは身近な活動であると同時に，そこは非日常の場

であり，われわれにさまざまな感情体験を提供する。それを見る場合もする場合も，われわれは感情体験を求めてスポーツに参加するのである。また，スポーツはわれわれの精神的・身体的健康の維持増進に大きく寄与する可能性をもっており，ストレスをはじめとするさまざまな健康を阻害する要因に囲まれて生活する現代人にとっては，健康的な生活を実現するうえで欠かせない活動といえる。

第13章

緊張場面で起こること

1 はじめに

われわれは人生のさまざまな局面において，緊張感の高まりを経験する。重要な試験や面接に臨むとき，あるいは危険をともなう作業では，極度の緊張感を体験する。日常生活においても，初対面の人との対話など，軽度な緊張感を感じる局面は少なくない。緊張感が喚起されると交感神経系の活動が促進されるため，心臓がドキドキし，汗が出てくる。また心の平静を保つのが困難になり，本来の実力が発揮されないこともある。一般に緊張感の高まりは一過的であり，やがて平静な心の状態に復帰する。しかしながら，対話場面で失言してしまうような失敗を経験すると，その局面に対する恐怖感が条件づけられ，対人恐怖症といった病理的な問題を引き起こす原因ともなりうる。

われわれはどのような場面で緊張するのであろうか。また緊張感が喚起されると，われわれの心理過程や行動パターンはどのように変化するのであろうか。本章ではこれらの話題に関する興味深い研究を紹介し，緊張感のもつ機能と意義について考える。

2 緊張感の喚起

ここでは緊張感をもたらす要因について考える。本章では緊張感を「心身ともに興奮性の高まった状態」という大きな枠組みでとらえている。類似概念で

ある「ストレス」や「不安」などを対象とした研究についても，この枠組みに合致するものについては区別なく引用した。

　緊張感をもたらす要因は多岐にわたるが，特に研究が進んでいるのは，広義の「報酬」と「罰」の影響である。研究では古くから，良い成績に対して金銭などの報酬が与えられる場面や，悪い成績に対して電気刺激などの罰が与えられる場面において，緊張感が高まることが指摘されている。報酬や罰は必ずしも金銭などの物理的な刺激とは限らない。スポーツ競技やステージ上では，他者からの賞賛や批判が報酬や罰となる。われわれは他者との相互関係の中で生活しているため，これらの社会的な報酬や罰は，日常生活において緊張感をもたらす大きな要因となる。最近では報酬や罰に反応する脳の仕組みについても多くのことが明らかになり，特に前頭葉に位置する前帯状皮質や，側頭葉に位置する扁桃体の役割が注目されている。

　スポーツ競技やステージ上では，報酬や罰に気をとられずに心の平静を保つことが，実力発揮のために重要と思われる。しかしながら，日常生活において報酬や罰に対して過度に無関心になることは，問題行動の原因となるかもしれない。一般に，実験課題を遂行中に自分が失敗をしたことがわかると，その70ミリ秒後に脳波活動が記録される（エラー関連電位：ERN）。これは以後に失敗しないように行動を修正するための機能と考えられている。しかしながら，犯罪などの問題行動を抑制できない人は，失敗に対して罰が与えられる条件でミスをしても，ERNの振幅が小さいことがわかった（Dikman & Allen, 2000）。すなわち，彼らは罰に対して鈍感であるといえる。この結果は，罰への恐怖で生じる緊張感が，われわれの行動を適応的にしている可能性を示している。

3　無意識下で知覚される刺激による緊張感の喚起

　クモが苦手な人がクモに遭遇したとき，恐怖感から極度の緊張に襲われる。この緊張感は，本人がクモの存在に気づくことで初めて喚起されるように思われる。しかしながら実際には，クモの写真を本人が気づくことができないほど瞬間的に提示した場合でも，無意識下でクモの写真が知覚され，緊張感が喚起される（Öhman & Soares, 1994）。以下はその実験である。

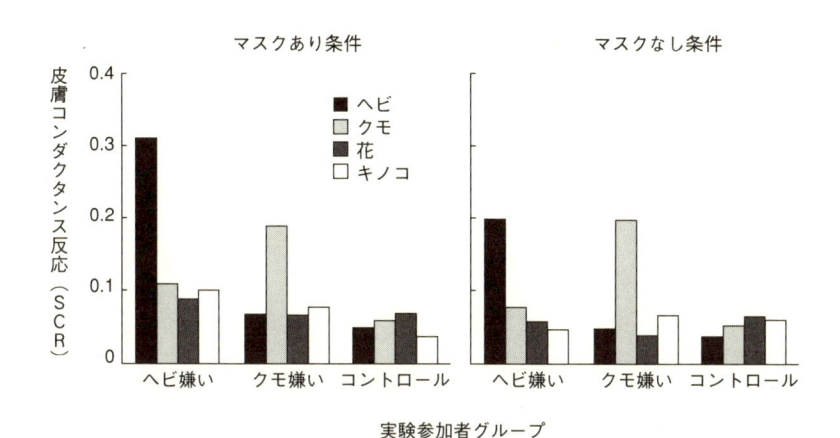

図13−1　マスキング実験の結果（Öhman & Soares, 1994をもとに作成）
SCRの値が大きいほど高い緊張感が喚起されたことを示す。

　実験参加者群はヘビ嫌いの人，クモ嫌いの人，どちらも嫌いでない人（コントロール）の3グループであった。ヘビ，クモ，花，キノコの計4種類の写真を用意し，それぞれマスクありとマスクなしの条件で参加者に提示した。マスクあり条件の場合，写真を30ミリ秒提示した直後に中性的なマスク刺激を100ミリ秒提示した。この条件ではマスク刺激の影響により，写真の内容を認識することができない。一方，マスクなしの条件では写真のみを130ミリ秒提示した。この条件の場合，写真の内容をほぼ正確に認識できる。緊張反応を測定するため，指先の発汗量（皮膚コンダクタンス反応：SCR）を測定した。われわれは緊張すると手のひらに微量の汗をかく（精神性発汗）。SCRは発汗にともなう電気的反応であり，発汗量が多いほど（すなわち緊張感が高いほど）その振幅が大きくなる。

　結果は図13−1のとおりとなった。マスクあり・なしの両条件において，ヘビ嫌いの人はヘビの写真に対してSCRの振幅が大きくなり，クモ嫌いの人はクモの写真に対してSCRの振幅が大きくなった。この結果から，緊張感を喚起させる刺激がたとえ無意識下で提示されたとしても，身体はそれに対して緊張反応を示すことがわかる。

4 緊張場面における注意バイアス

　大事な試験の直前は試験のことで頭がいっぱいになる。これは緊張場面において，関連する情報に対して選択的に注意を向ける特性によるものと考えられており，注意バイアスとよばれる。

　注意バイアスの実験では以下のような課題を用いる。コンピュータの画面上に，緊張場面に関連する単語（緊張関連語）とそうでない単語（中性語）のいずれか（あるいは両方）を提示する。たとえば試験直前なら「合格」や「失敗」などが緊張関連語に当たる。実験では，緊張関連語に対して注意を向けることで成績が左右される課題を用いる。たとえば提示する単語に色をつけ，その色名をできるだけ素早く回答してもらう情動ストループ課題では，単語の内容に対して過度に注意が向けられると，色の処理に対する注意が抑制され，回答が遅延する。この課題を用いた研究によれば，早急に色名を回答しなくてはならないという時間的プレッシャーによって緊張感を高められた実験参加者は，緊張関連語を提示した場合に色名の回答が遅延した（Sharma & McKenna, 2001）。この結果から緊張場面では緊張関連語に注意が向けられていることがわかる。

　別の研究では，大事な試験を間近に控えた学生を実験参加者とした。提示された単語が消えた直後にドットを提示して，ドットにどれだけ早く反応するかを調べた。この早さを緊張関連語に対する注意の大きさの指標とした（MacLeod & Mathews, 1988）。その結果，緊張関連語の提示位置にドットが提示された場合に反応が早くなり，逆に中性語の提示位置にドットが提示された場合には反応が遅れることがわかった。これは緊張関連語の提示位置に注意が向けられた結果，それに近接するドットへの反応が促進され，逆に遠い位置にあるドットへの反応が遅延したと解釈できよう。

　この注意バイアスは一過性の緊張場面だけでなく，不安症や恐怖症など，慢性的な緊張状態に陥っている人でも顕著である（Williams et al., 1996）。また，治療によって恐怖症が改善するにつれて，恐怖刺激に対する注意バイアスが軽減されることもわかっている。このことから，病理的な緊張状態と注意バイアスとの間には密接な関連があるといえる。

5　緊張場面における動作方略の変化

　試合で過度に緊張してしまい，実力を発揮できないスポーツ選手がいる。その原因の一つとして，過度の筋緊張といった身体的な要因をあげることができる。しかしそれとは別に，動きを制御する脳のシステムそのものが，緊張場面では動作方略を変えてしまうために実力を発揮できなくなることも考えられるのである（Higuchi et al., 2002; Ramnani & Miall, 2003）。

　われわれが日常生活のさまざまな環境において常に目的の動作を遂行できるのは，動作の柔軟性によるところが大きい。たとえば机の上にある物に手を伸ばすとき，物に手が届く直前に物の位置が動いても，それを瞬時に知覚して手の軌道を修正できる（Heath et al., 1998）。おもしろいことに，本人は物が動いたことに気づいておらず，その修正は無意識下でも遂行可能なようである。

　ところが緊張場面においては，柔軟な動作よりも，常に一貫した動作を志向するようである。ここではバッティング動作の疑似課題を用いた研究を紹介する（Higuchi et al., 2002）。実験課題は，回転レバーを操作して画面上のバットをコントロールし，ボールをタイミングよく打つことで，的の中心を狙う課題であった（図13-2a）。実験参加者はバックスウィングをした後でボールを打った。参加者はこの課題を，30試行を1ブロックとして全5ブロック行った。第5ブロックでは緊張場面を作り出すため，3試行連続して的を外した場合に電気刺激を与えた。各ブロックにおける動きの一貫性を測定するため，バッティング動作を特徴づける5つのイベントを設定し（図13-2b），各ブロックにおけるイベントの発生時間の相関係数を算出した。もし試行間で動きの一貫性が高いならば，各イベントはいつも常に同じタイミングで発生するため，相関係数は高くなる。一方，もし動きが柔軟に変化するならば，各イベントが発生するタイミングは常に異なるため，相関係数は低くなる。

　結果は表13-1のようになった。まず，的当ての成績が向上した第2ブロックにおいて，相関係数が高くなった。その後，徐々に相関係数が低くなり，緊張場面である第5ブロックにおいて再び相関係数が高くなった。この結果は次のように解釈された。第2ブロックで相関係数が高くなったのは，学習初期には動きを柔軟にコントロールできないことから，一つの正しい動作を正確にく

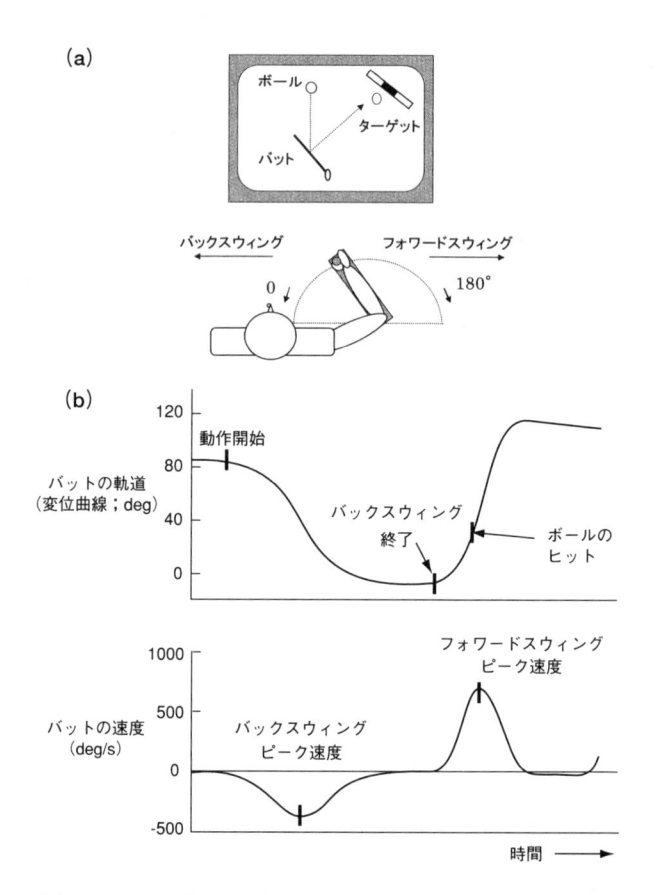

3部 ● 感情体験のモディファイアー

図13-2 (a) バッティング課題 (b) バッティング動作を特徴づける5つのイベント
（Higuchi et al., 2002 より転載）上がバットの軌道（変位曲線），下が速度曲線。

り返すことで目的を達成しようとするためである。第3, 4ブロックで相関係数が低くなるのは，動作の習熟にともなって柔軟な動作に移行するためである。これにより，たとえばバックスウィングの結果を見てフォワードスウィングを修正するといったことが可能になる。ところが緊張場面では，筋緊張などによって柔軟な動作遂行が困難になるため，目的の達成に寄与すると思われる運動軌道を一つ選択し，それを正しく再現しようとする。

このような動作方略の変更は，課題の難易度が高い場面においてもみられることから（Sidaway et al., 1995），動作遂行が困難な場面における共通の方略

表 13-1 各ブロックにおけるバッティング動作の主要イベント間の相関係数
第 5 ブロックが緊張感を喚起したブロック

相関係数	Block				
(Z 得点)	1	2	3	4	5
	0.49	0.71	0.63	0.62	0.69

であると考えられる (Higuchi et al., in press)。しかしこのような方略の場合,環境の変化が起こった場合に柔軟に対処できないというデメリットがあり,それが試合で実力発揮を妨げる一つの要因になっているのかもしれない。

6 結びに代えて

　一般に,極度に緊張した状態は不快な状態であり,日常生活においてはあまり歓迎されるものではない。しかし多くの研究者は,緊張感がもつ機能とその意義について次のように強調する。緊張感は,現在の状況が重要な状況であることを知らせるシグナルの役割を果たし,また同時に,その状況で適切に行動するための心身の準備状態をつくり出している。たとえば緊張を喚起させる刺激に対する注意バイアスや無意識下の知覚処理は,重要な情報を確実に処理するために必要な機能である。また発汗などの自律神経系のはたらきは,危機回避のための素早い行動に寄与しており (山崎,1998),再現性の高い動作方略の選択も,失敗の可能性を最小にする防衛的機構と考えられる。

　このように,本来状況に対して適応的にはたらくはずの緊張感が,恐怖症といった不適応を引き起こす一つの原因は,報酬や罰を過大に評価してしまうことにあると思われる。常に理想的な自己を追い求める完璧主義の人にとって,理想的なプロポーションの実現は報酬となり,それに対して過度に固執することで摂食障害に陥る危険性がある (Ruggiero et al., 2003)。また現代社会は競争社会であり,賞賛や批判といった社会的な報酬と罰に日常的にさらされるため,多くの人々が心身をすり減らしてしまう傾向がある。現代社会において緊張感とうまくつき合うためには,報酬や罰のレベルを適切に認識し,過剰な反応を避ける術を身につけていくことが大切であろう。

― 第14章

ヒューマンファクターズにおける感情

　本章では，ヒューマンファクターズ（Human Factors）と呼ばれる研究分野において，感情の演じる役割について考えてみたい。ヒューマンファクターズとは，「人々の能力や限界に適合するように機器，作業，そして作業環境を設計・改善するための学問分野である」と定義されている（行待，2004）。すなわち，サービスや製品の設計およびその製造・管理などのプロセスにおいて，心理学的な知見や研究手法を応用・適用する研究分野ととらえられよう。この研究分野は，産業心理学，安全心理学，人間工学などのさまざまな呼称が与えられるが，ここではヒューマンファクターズを最も広義にとり，これらを包括する呼称として用いることとしたい。

　本章では，ヒューマンファクターズにとっての最も重要な研究課題である「ヒューマンエラーの根絶」を取り上げる。そして，作業場面における感情のコントロールとヒューマンエラーとの関係に焦点を当てながら，感情について考察を加えたい。

1　感情をコントロールするとはどういうことか，なぜ必要なのか

　ヒューマンファクターズにおいては，作業上の判断・行動に影響を与える人の諸要因を作業形成因子（Performance Shaping Factor：PSF）と呼び，いかに，悪玉のPSFを減らして善玉のPSFを増やしていくかが重要な課題とされている。これらのPSFは，そのときの作業内容によってさまざまなバリエー

表 14-1　意識フェーズの分類と誤操作率 (橋本, 1984)

フェーズ	状態	注意力	誤操作率
0	睡眠・脳発作	ゼロ	—
I	疲労 単調・いねむり	Inactive	1/10 以上
II	定例作業時 休息時	Passive (内的)	1/100 〜 1/10000
III	積極的活動時	Active (外的)	1/100000 以下
IV	慌て・パニック	判断停止	1/10 以上

ションをもつが，感情との関連を考えるとき，橋本（1984）の提唱した意識フェーズがほぼすべての PSF に影響する概念であるといえる。

　橋本（1984）は，人の意識フェーズを5段階（フェーズ 0, I, II, III, IV）に分類し，それぞれのフェーズにおける人の誤操作（ヒューマンエラー）率の変化を表 14-1 のようにまとめた。この分類によると，人が作業を行う際にはフェーズIIIが最良の状態であるとされ，フェーズIIIのレベルを保つように作業者個人を教育・訓練し，その個人の能力が発揮できるように作業内容や作業環境を構築することが求められる。この意識フェーズという概念は，心理学でいうところの覚醒水準やヤーキス・ドットソンの法則などと同義であると考えられる。いずれの説も，中庸のレベルにおいて最も高いパフォーマンスが発揮され，それよりも高い，もしくは低いレベルにおいては，パフォーマンスが低下することを示したモデルである。

　焦りや怒り，怖れ，緊張などの情動の喚起は，覚醒水準を適度なレベル（フェーズIII）に保つはたらきを阻害し，その結果として，ヒューマンエラーなどを引き起こす不安全行動につながる危険性を高めると考えられる。したがって，これらの情動を喚起させないような環境の構築と，これらの情動が喚起された場合でもそれらをうまくコントロールする個人の能力とが，ヒューマンファクターズとしては重要になるのである。

2 どのようにコントロールするか

　これらの環境をどのように構築し，感情のコントロール能力はどのように獲得することができるだろうか。本章では，次に示す2つのアプローチでこの問題を解決する糸口を考察する。一つは，個人レベルでのコントロールであり，作業者個人に感情のコントロールテクニックを獲得させるというボトムアップ的なアプローチである。また，もう一つは，社会レベルでのコントロールであり，組織もしくは社会のシステムが，いかにして個人の努力を援助するかといったトップダウン的なアプローチである。これら2つのアプローチのいずれが欠けても，ヒューマンファクターズにおける感情のコントロールは達成されがたいことになる。

(1) 個人レベルでのコントロール

　個人レベルでのコントロールにおいては，まず，作業者自身が個々のもつ能力・特性を的確に把握することがその出発点となろう。いわゆる作業適性検査などの心理アセスメントが，この特性把握にあたる。

　丸山（1980）は，交通場面における無事故者の特性を詳細に検討した結果，次に示す4つの特性が交通事故と関連のある特性（事故親和特性）として重要であることを示した。すなわち，「軽率（拙速）」「軽信（見込みのあまい人）」「カッとなる（興奮性）」「自分本位（独りよがり）」である。これらの事故親和特性はすべて，感情のコントロールに関連しているといえる。また，黒田（1988）が，事故の発生に関連する"情緒に関わる因子"として「あせり」「おごり」「いかり」の3つをあげていることからも，これらの感情に関わる特性をコントロールすることが重要であるといえよう。

　それでは，作業に悪影響を及ぼすような感情，すなわちフェーズⅢから逸脱するような心的状態をどのようにコントロールしたらよいだろうか。ここでは，感情体験発現モデルの一つであるジェームズ・ランゲ説と心理療法の一つである行動療法の考え方に基づいて，実践的で効果的な感情のコントロールを考えてみたい。

　ジェームズ・ランゲ説とは，身体的反応からの求心性フィードバックによっ

て感情体験が発現すると考える理論である。たとえば,「悲しい」という体験の結果として「涙が流れる」という身体的変化が引き起こされるのではなく,状況を認知した結果としてまず「涙が流れる」という身体的変化が生じ,その末梢活動のフィードバックを受けた大脳皮質で「悲しい」という感情の認知が生じると考える。また,行動療法は,人の不適応状態の治療に学習理論を応用した心理技法で,不適応状態の原因となる心の状態を直接に変化させるのではなく,それと関連する行動を変化させることによって間接的に心の状態を改善しようとする。

いずれの理論も,感情の喚起を含む心の状態は,行動的側面からコントロールできることを示している。これらの理論からヒューマンファクターズとしての感情のコントロールを考えると,個人が自らの感情をコントロールする方略がみえてくるだろう。すなわち,実体のない心を直接コントロールするのではなく,心の現われとしての行動をコントロールすればよいことになる。

たとえば,怒りや怖れなどの感情によって心が過度に緊張した状態にあるときは,骨格筋系の身体的な緊張もまた同時に生じていることが多い。それならば,骨格筋系の緊張をほぐすことによって,心の緊張をほぐしてやればよい。丸山(2004)は,"激情の始末"として「しゃべって,おどけて笑う」ことを提唱しているが,これはまさに,身体的な緊張をほぐすことによって感情をコントロールすることを指南するものである。「しゃべる」ことで緊張を和らげ,「おどけて笑う」ことで悲しみや怒りの悪循環を断ち切るのである。

このような行動を媒介とした間接的な方法で心の緊張が緩和されることは,バイオフィードバックなどの研究においても実証されており(第7章参照),科学的な裏づけをもつ効果的な感情のコントロールの一つといえよう。

(2) 社会レベルでのコントロール

前項では,感情心理学や臨床心理学的な知見を参考に,作業者個人が自らの感情をコントロールする方法について述べた。しかし,個人のみの努力においてヒューマンエラーを防ぐことは困難である。作業者個人をとりまく環境,すなわち,組織や社会のシステムが整備されてこそ,個人の努力が醸成され,獲得された能力が生かされて,ヒューマンエラーを防ぐことができると考えられ

る。

　このような個人の努力の醸成と感情との関わりを考えると，組織や社会には個人の意欲・動機づけ（ヒューマンファクターズにおいてはモラール（morale）と呼ばれる）を向上させ，維持させるはたらきが求められる。すなわち，組織や社会が個人の動機づけをうまくコントロールすることこそが，ヒューマンエラーの防止につながるといえよう。

　組織における作業員の動機づけ管理に関する研究の歴史は，1900年代初頭にテーラーによって提唱された「科学的管理法（Scientific Management）」に端を発する（Tayler, 1911）。科学的管理法は，金銭的待遇の改善のみが生産性を高めるとする考え方で，人間を「取り替え可能な歯車」としてとらえる機械的な組織論であり，作業者の動機づけは金銭的待遇面によってのみ維持されると考えるものであった。

　しかし，1920年代にアメリカ東部の電気会社の工場において行われたいわゆるホーソン実験によって，金銭的待遇や物理的環境の改善よりも人間関係を中心とした職場環境の整備こそが動機づけを高めるはたらきをすることが見いだされた（Rothlisberger, 1941）。この一連の研究によってテーラーの科学的管理法は否定され，職場における人間関係の構築こそが動機づけの要因と考えられるようになる。

　その後，ハースバーグがおもに会計士を対象とした綿密な面接調査に基づいて提唱した「動機づけ－衛生理論」によって，新たな視点が提供されることとなる（Herzberg, 1966）。この理論は，作業（仕事）の内容に直接的に関わる要因（達成，承認，仕事そのもの，責任，および昇進）のみが作業への動機づけを誘発するとして，これを「動機づけ要因（motivator）」とし，作業の環境（会社の政策と経営，監督，給与，対人関係，および作業条件）は不満の発生を抑制するという予防衛生的な役目しかもたないとして，これを「衛生要因（hygiene factor）」と名づけている。動機づけ－衛生理論は，ホーソン実験以降重視されてきた人間関係の構築の重要性を低め，作業に関わる要因を2つに整理する役割を果たした。

　このように，作業員の動機づけを高める要因については，金銭面の待遇から人間関係の構築へとシフトし，さらに，仕事そのものに関わる要因へと変化し

てきた。これらの変遷は，それぞれの時代における社会情勢等によって，動機づけの対象が変化してきた結果であるとも考えられる。したがって，動機づけや意欲の低下によって発生するヒューマンエラーが多い現代においては，不満の発生を抑制するはたらきをもつとされる衛生要因の充足こそが，動機づけの維持や向上にとって重要な要素と考えられよう。そして，衛生要因の充足には，作業者の属する組織における対策の立案および実施と，それらの組織と消費者・ユーザの集合体である社会における安全意識の醸成が重要であるといえるだろう。前者は企業文化（Corporate Culture: Deal & Kehhedy, 1982）や組織文化（Organizational Culture: Shein, 1985），後者は安全文化（Safety Culture: INSAG, 1986; 小松原，2003）と呼ばれる概念に対応する。

これらの2つの文化を考えるうえで，2002年8月に発覚した東京電力（株）の原子力発電所炉内構造物等の自主点検記録に不正な報告が含まれていた事件は，重要なヒントを提供する事件といえる（原子力安全・保安院，2002）。

東京電力ではこの事件が発生する以前から，法令遵守意識の醸成をはじめとしたさまざまな取り組みを行っていた。1977年11月には「東京電力企業行動憲章」を制定し，1998年10月から「風土改革検討委員会」を設置し，さらに1999年4月と2000年5月には「風土改革キャンペーン」を実施している（岡部ら，2003）。これらは，組織としての社員の動機づけ維持という感情のコントロールを含む組織文化構築の試みであり，ハースバーグのいう衛生要因の充足にも一定の効果をもつ対策であったと考えられる。

しかし，これらの取り組みにもかかわらず，不正行為は行われていた。東京電力の報告書が組織の風土を抜本的には改革できなかったと指摘するとおり（東京電力，2002），より効果的な対策の立案や実施の徹底が必要だったことはいうまでもない。とはいえ，この事件を一組織の怠慢や無策としてとらえるだけでは問題の根本的な解決にはならない。一つの組織が単独で組織文化を変革させることの困難さを表わしていると考えるとき，組織を包含する社会の役割がみえてくる。報告書は不正行為の背景として「国に対するトラブル報告を行うと発電所の停止期間が予定より長くなってしまうという不安感が強かった」ことをあげているが，これは，日本の社会が安全に対する正しい認識をもっていないこと，すなわち，安全文化の醸成が遅れていることを遠因として考える

べきであろう。

　このような組織文化の構築や安全文化の醸成の必要性は，原子力事業のみに限られることではない。医療産業や食品産業，鉄道産業などで発生する数々の隠蔽や改ざん事件の背後に存在する，個々の作業者や組織の動機づけを阻害する要因を減少させるためには，安全を最優先させる意識を醸成することが不可欠なのである。

　作業者の動機づけを維持する社会システムの構築に関連して大橋（2005）は，サービスサイクルという概念を提唱している。この概念は，サービスの提供－享受という二分法的な考え方を排除し，社会（ユーザ）も一定の責任を担うサイクルこそが，よりよいサービスを提供しようとする（隠蔽や改ざんを行わないような）作業者個々の動機づけを高めるために重要であると考える概念である。たとえば医療業界においては，医療機関や医療者のみが医療現場における安全確保対策を実行するのではなく，患者自身も自らの安全を守るための努力をする必要があるという。個々の作業者が自らの感情をコントロールする努力を援助するためには，社会における安全意識の醸成が重要であるといえよう。

　ヒューマンエラーの防止対策は，個人の責任追及から脱し，誰しもエラーを起こしうるという前提で組織としてのシステムづくりにシフトしつつある。しかし，さらに，組織を超えた社会システムを構築することこそが，感情のコントロールをその重要な要素として含むヒューマンエラーの防止対策にとっての最終的な目標である。

3　まとめと今後の研究課題

　本章では，ヒューマンファクターズにおける感情について，ヒューマンエラーの防止と感情のコントロールの関係に焦点をあてて考察した。まず，ヒューマンエラーの防止における感情のコントロールの重要性を，意識フェーズ（覚醒水準）との関連において位置づけた。次に，作業者個人が自身の感情をコントロールすることによって，ヒューマンエラーを防止する方策について述べた。感情そのものをコントロールするのではなく，感情と密接に関連する「身体的変化をコントロールする」ことにより最適な覚醒水準とされるフェーズⅢを保

つ方法である。また，個人の努力に対する「動機づけ感情を維持し，高める」という感情的側面からは，組織，さらには社会のシステムづくりの重要性について考察した。

しかし，社会レベルでのコントロールについては，現時点では概念や理念の提唱にとどまっていることを忘れてはならない。組織文化や安全文化の研究は数多いが，それらのほとんどが具体的方策を提供しておらず，概念の定義やその測定手法の開発に終始している。ヒューマンファクターズにおける感情について考えるとき，この理念を実践に結びつける具体的方策についてのいっそうの研究が必要であろう。

第15章

化粧と感情・健康

　目覚まし時計に起こされる。顔を洗う。ドアの閉まりかけた電車に飛び乗る。資料を作ってコピーする。コーヒーを飲む。髪を洗おうとしたらシャンプーが切れていたことに気づく。ビールの栓を抜く。歯を磨く……。人それぞれに内容に違いはあっても，われわれの一日は，たいがいがこんなありふれた行為で満たされている。

　そんなありふれた日常であっても，ささやかな出来事が感情を高ぶらせる。そして同様に，ささやかな行為が気分転換の役割を担ってくれる。個人的な事例だが，非常に頻繁に資産運用のためのマンション購入の勧誘電話がかかってくる。なかには非常識なしつこい電話もあり，どうにかこうにか電話を切った後も不快な興奮が続く。そんなとき，たまたま目にした自動販売機でふだん飲まないコーラを衝動買いし，ごくごくと一気に飲み干してしまった，というような経験も，そんな例の一つである。

　日常生活の出来事を，それがストレッサーとなる「いらだち事（daily hassles）」か，それともストレス緩和に寄与する「気晴らし（daily uplifts）」か，という視点で調査を行ったところ（阿部，2002 の図 61），食事の支度や掃除はやっかい事としてとらえる人が多く，逆に入浴や睡眠は気晴らしとしている人が多かった。また，人によって評価が分かれる洗濯のような，個人差の大きい行為もあった。

　本章では，こういった日常行為の一つである化粧が感情や健康に与える作用について整理し，その背景として想定される自意識と化粧の関係を検討する。

第15章 化粧と感情・健康

1 化粧の心理生理学的効果

　一般に「化粧」という用語は、メーキャップだけを指すこともあれば、時にはスキンケアなどを含むより広範な行為を含むこともある[注]。筆者は、自らの体表の健康を維持増進する目的の「慈しむ」化粧（スキンケア・ボディケア・ヘアケアなど）と、外見・印象をデザインする「飾る」化粧（メーキャップ・ヘアメーク・フレグランスなど）を区別し、これらの総称として「化粧」を用いることを提案している（阿部、2001a）。本章ではこれに準じて、化粧という用語を、慈しむ化粧と飾る化粧の総称として用いる。

> 注：歴史的に「化粧」はメーキャップを意味する用語であり、スキンケアはメーキャップの下準備として明確に分化せず「化粧下」などの呼称があてられていた。元号が平成になったころ、スキンケアが日常習慣として定着したことでスキンケア・メーキャップの呼称が分化し、化粧はこれらの総称となった（阿部、2001b）。
> 　2004年12月、中国の呼和浩特・西安・成都・蘭州において20～30代の女性計9名に面接調査を行ったところ、中国でスキンケア習慣が急速に広まりつつあることが確認された。そしてスキンケアには「護膚」、メーキャップには「彩粧」という語があてられるようになり、もともと漠然とメーキャップを指していた「化粧」は護膚と彩粧の総称に変化しつつあるようだ。男性通訳によれば、2002年もしくは2003年頃から顕著になってきた用語法だという。「化粧＝メーキャップ」から「化粧＝スキンケア（護膚）＋メーキャップ（彩粧）」への概念・用語の変遷が、日本と中国で若干の時代差をもって生じたことが興味深く、ここに記録する。

　さて、化粧は女性を中心として、きわめて一般的な日常習慣の一つであるが、その行為には多少なりとも感情の変化が付随している。
　たとえば、慈しむ化粧のスキンケアは、朝には一日の活動開始に弾みをつけるような感情を、夜には一日の疲れを癒すような感情をともなう。
　スキンケアの一種であるエステティックマッサージについては、いわゆるリラクセーション効果を有することがくり返し報告されている（織田・阿部、2002）。このとき、主観的にはエネルギー覚醒・緊張覚醒の低下が認められ、生理的には心拍の連続的な低下と施術終了時の若干の復帰（relaxation and refreshment curve：Abe, 2004）を特徴とする交感－副腎髄質系の鎮静化が観察される。そしてコルチゾール濃度の変化からはHPA系（hypothalamus-pituitary-adrenal（cortex）axis）の鎮静化が示唆される（阿部、2002）。交感－副腎髄質系とHPA系はストレス反応の2大連絡経路であり、エステティックマッサージでは、両方の経路での鎮静化が観察されたことになる。
　一方、飾る化粧であるメーキャップを行ったときの心理的変化としては、

リラックス感・安心感の増大，気分の高揚，積極性の上昇（宇山ら，1990），あるいは実験室場面における不安の低減，自信の向上（余語ら，1990）などが報告されている。さらに，メーキャップによる生理的な影響として，唾液中コルチゾール濃度の低下や（柘植ら，2000），唾液中の免疫指標（Ig-A：イムノグロブリンA）の増大が観察されており（Kan & Kimura, 1994），HPA系の抑制と免疫系の活性化が示唆される。

　慈しむ化粧も飾る化粧も前述の洗濯と同様に，いらだち事か気晴らしかの評価の分かれる個人差の大きな行為である（阿部，2002）。すなわち，気晴らしとして万人に明確に自覚されるような行為ではない。しかしそれは無自覚のうちに鎮静化と活性化，両方向への感情変化を生じ，暮らしの中での感情調整作用に寄与しているように思える。そして交感－副腎髄質系・HPA系に対する抑制的な作用が生じている。

　現代社会において，ストレスは健康を阻害する重大な要因である。このストレスが交感－副腎髄質系・HPA系の促進をともなう生体の反応であるのに対し，化粧は抑制的に作用している。化粧は自らを慈しみ，飾る行為であると同時に，感情調整を通じてストレスを緩和する行為として健康に寄与していると考える。

2　化粧と健康

　化粧の健康への寄与を積極的に利用する試みはメーキャップを中心に盛んに行われており，たとえば，うつ病，統合失調症，老人性痴呆の患者（浜・浅井，1993），顔面神経麻痺患者（Kanzaki et al., 1998），入院中のがん患者（野澤，2004）などへの適用などが報告され，それぞれ好ましい成果が認められている。

　ゆえに「化粧療法」という呼称すら見かけるようになったが，まだ療法と呼ぶに足る「体系だった一連のプロセス」を備えていない（伊波，1999）。化粧を日常における健康増進の一助として活用しようとするとき，さらには療法として確立しようとするとき，まず必要になってくるのは，化粧と健康の関係の理論的記述である。

　上記の感情調整を通じた交感－副腎髄質系・HPA系の抑制によるストレス

緩和という説明もその試みではあるが，これだけでは十分ではない。たとえば，前述の顔面神経麻痺患者への適用例では，表情の左右対称性を改善するメーキャップを覚えたことで，矢田部ギルフォード性格検査の得点が変化し，社会的適応性が向上したことが示唆された。すなわち，何らかの社会心理学的な影響があったことが想定される。また，化粧による交感−副腎髄質系・HPA系の抑制に関しても，なぜそのような作用が生じるのかについて，もう一つ前段階の仕組みを明らかにする必要があろう。

3　感情調整作用を通じた化粧のストレス緩和効果

　阿部（2002）は，化粧と自尊感情・私的自意識・公的自意識の関連に注目し，化粧の感情調整作用に関するモデルを提案している（自尊感情：self-esteemとは自己に対する肯定的な意識のこと。私的自意識と公的自意識については次節で説明）。これは化粧と健康の関係についての理論的記述の試みでもある。要約すると，化粧は自尊感情や私的・公的自意識の顕在化を通じて肯定的な感情を生じ，それが生理状態を変え，ストレス反応を緩和する，というものである。そしてラザルス（Lazarus et al., 1980）の指摘したストレス対処過程における日常的な気晴らしの好ましい影響の枠組みに照らして，化粧は自らを慈しみ，飾ることで，「ストレッサーから注意をそらし，人生の肯定的な側面に気づかせ」「休養をもたらし」「ストレス過程にいる者の対処動機を維持させ」「個人的資源の再補給と新たな資源獲得を促進」すると整理した。
　すなわち，化粧は自尊感情・私的自意識・公的自意識を介して感情の切り替えを行う，日常に埋め込まれたストレス緩和装置であるとまとめられる。

4　化粧と自意識

　フェニッヒシュタイン（Fenigstein et al., 1975）によれば，私的自意識（private self-consciousness）は外界と切り離して自己の内面に注目する自意識，公的自意識（public self-consciousness）は自らを社会的対象としてとらえる自己意識である。また，公的自意識は「他人から見られている自分の行動やしぐさ，

容姿に注意を向けて自己を意識しやすい傾向」（押見，2002）でもある。

　慈しむ化粧は他者との関わりなく個人レベルでの健康管理なので，私的自意識と関連しているように感じられる。飾る化粧は他者の視線を仮定する外見や総合的印象の向上を目指すものであり，公的自意識との関連が想像される。社会人としての立場を確立するタイミングでメーキャップの習慣化が促進されるのに対し，スキンケアではそういう傾向がない（阿部，1998）ことからも，これらの想像ははずれていないように思える。

　しかし，2つの化粧（慈しむ化粧・飾る化粧）と2つの自意識（私的自意識・公的自意識）の関連性については，1対1にその対応関係を単純化するのは難しいようである。

　たとえば，メーキャップ化粧品の使用品目数が多い女性は私的自意識が高い（岩男ら，1985；松井ら，1985；菅原ら，1985）という結果は，飾る化粧と私的自意識の関連性をうかがわせる。しかし，「他人の目が気になる」から行うか，「自分自身のためにやっている」か，への回答と化粧品使用品目数の関係をみると，メーキャップを自分自身のためにやっている女性ではメーキャップの使用品目数・スキンケア化粧品の使用品目数がともに多く，スキンケアについて同様の態度の女性はスキンケア化粧品の使用品目数だけが多い（阿部，2002）。慈しむ化粧・飾る化粧の微妙な違いがうかがえるとともに，両者が私的自意識と関係していることがうかがえる。

　また，先に述べた化粧の感情調整作用に関するモデルにおいては，私的自意識と慈しむ化粧・飾る化粧両者との関連と，公的自意識と飾る化粧との関連が強調されている。

　ここで，異なる切り口から2つの化粧と2つの自意識の関係をあらためて検討してみたい。

5　敏感肌と自意識

　近年，自らの肌が敏感であると自覚する女性が多い。2003年8月の郵送調査（回答者は東京近郊の15～78歳女性700名。平均年齢34.9歳，SD13.1）では，「非常に敏感だと思う」「敏感だと思う」「やや敏感だと思う」「安定している」

の4つの選択肢について，順に7.6％，17.3％，36.7％，38.4％の該当率となっており，6割以上は何らかの敏感症状の自覚があることがうかがえる。

敏感肌の自覚がある女性であっても，肌状態を実測するとそのほとんどが健康な肌だということも多いが，敏感症状を明確に自覚する女性80名と，肌の敏感度を選択条件としないで募集した一般の女性300名について，自意識，並びにいわゆる「おしゃれ意識」の比較を行った。

自意識に関する結果を，図15-1に示す。私的自意識については差がないが（$t = 1.57, p>.10$），公的自意識は敏感肌の女性のほうが高い（$t = 3.80, p<.01$）。また，おしゃれ意識に関する項目（「まったく感じない」を0，「多少は当てはまる」を1，「その通りだ」を2とする3段階評価）については，「おしゃれするのが好き」「新しい服を買うと誰かに見せたくなる」「肌の美しさは大事」「肌のお手入れをするのが好き」「メーキャップをするのが好き」「真っ黒な肌は美しいと思う」「メーキャップをすると元気になる」「肌のお手入れをすると安らぐ・ほっとする」「肌のお手入れをすると元気になる」という項目については敏感肌の女性のほうが有意に高く同意しており（$p<.05$），「おしゃれより他の

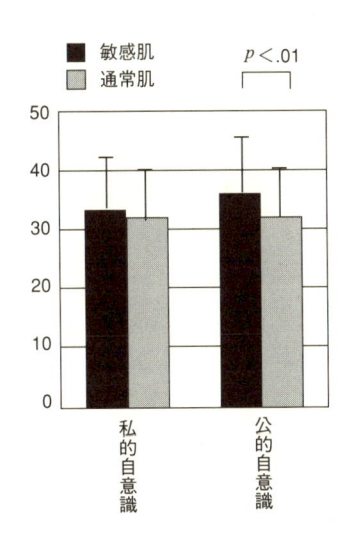

「敏感肌」：首都圏在住の敏感肌症状を明確に自覚する女性20代44名，30代30名，40代4名，50代2名，計80名（平均年齢30.4歳，SD6.5）に対する郵送調査（2001年5月）の結果。

「通常肌」：首都圏在住の20代〜40代，各年代100名，計300名（平均年齢34.4歳，SD8.5）に対する郵送調査（2000年3〜4月）の結果。

質問紙は，菅原（1984）の21項目を用い，「まったくあてはまらない」を0，「非常によくあてはまる」を5とする6段階評定を求めた。最高点は私的自意識50，公的自意識55点。

図15-1　敏感肌と通常肌の自意識

ことにお金を使いたい」「白い肌は美しいと思う」「鏡をよく見る」「メーキャップをすると安らぐ・ほっとする」という項目については差がなかった。
　この結果からは，敏感肌の女性は公的自意識が高く，他者の視線に鋭敏な意識をもっていることがうかがえる。
　この理由については，①敏感肌によって生じた「肌あれ」などの視覚的変化が，自らの外見の評価を低下させ，他者の視線を過大視させることで公的自意識が高まっている，②公的自意識の高い女性は自らの外見に注意を向けて自己を意識する傾向が高く，ささやかな肌の変化に過大に注目することで敏感肌だと自覚する，という異なる方向性の解釈ができるのではないかと考えられる。菅原（1986）の指摘する，公的自意識が，賞賛されたい欲求・拒否されたくない欲求の双方と結びついているという指摘との関連性がうかがえる結果である。
　化粧と自意識の関係については，いまだ結論にいたっておらず，もう少しデータを集めてあらためて論じたい。

6　化粧と心理学

　今回ふれなかった感覚・知覚研究への刺激の提供を含め，化粧は多様で広範な心理学的題材を提供してくれる。特に，今回述べた感情や健康との関わりについては，ストレス反応といった生理心理学的な観点とともに，自意識などの社会心理学分野の関心についても好適な材料を提供してくれる。
　感情研究は，生理心理学から社会心理学にいたる広範な視点からのアプローチが必要であり，その意味で化粧という研究対象は，感情研究にとって重要な意味をもつのである。

第16章

香りと環境

1 生活を潤す香り

　心地よい香りは心を和ませ生活に潤いを与えてくれる。かつて，アメリカ・コネチカット州に数か月滞在したことがある。滞在先近くは民家がほとんど見当たらない緑豊かな丘陵地で，その一角にカプリランドという大きいハーブ農園があった。5月初旬の日曜日，広々とした園内には，香りとくつろぎを求めて散策する多くの人を見かけた。庭園全体が芳醇な香りを放ち，歩くだけで和んだ気分を享受できる。当地ではポプリ作りが盛んで，これは歴史的には悪臭対策の知恵である。このように香りは人の気分を改善する潤滑油として，自分の描く主観的な環境世界を修正するはたらきをもつと考えることもできる。

　香りは日常生活の中に取り込まれて人々に受け入れられてきたにもかかわらず，香りも含めて嗅覚体験の世界は比較的最近まで，科学の世界ではあまり注目されることはなかった。生物科学の分野だけでなく，哲学においても匂いは19世紀末には近代科学のパラダイムでは本質的なものではなくなったから（Classen et al., 1994）というのがその理由である。匂いの役割や生活上での価値を全面的に否定する欧米文化圏での当時の考え方は，今日では信じがたいことである。2004年は文字通り嗅覚復権の年となった。ノーベル医学生理学賞が動物の嗅覚系の研究に対して贈られることになったからである。朝日新聞も「脳全体の理解という次の大きなフロンティアに道をつなげる受賞」との識者のコメントを掲載した。また同時に，こうした嗅覚系の機構探求が感情の性質

3部 ● 感情体験のモディファイアー

を明らかにする重要な糸口となる可能性にも期待が寄せられるようになった。本章では香りの嗅覚体験の特徴が生理学的な機構に依拠しながらも，人の生活体験や置かれている状況の影響を受けて，いかに変わるかを述べてみたい。

2　嗅覚体験の役割

　四足歩行の動物には鋭い嗅覚があり，彼らの行動はそれにかなりの程度支配されていると考えられている。人の場合，直立歩行により鼻の位置が地表面から離れることによって匂いを追跡することが困難になって，嗅覚の役割は低下したというような指摘がある。つまり，行動に果たす役割は視覚などの他の感覚系に取って代わられたとする。しかしこのような考え方には疑問がある。たとえば，コロンビアのアマゾン熱帯雨林に住むデサナ族は，匂いを生活上の重要な手がかりとして用いているのである。匂いで人や動物や植物を分類し，部族臭をもつ（Classen et al., 1994）といわれる。匂いはこうした人々の生活にとっては情報的価値が高くきわめて重要な社会的適応上の意味をもつわけで，嗅覚体験には社会的な生活習慣などが思いのほか複雑に絡み合っていることを示唆している。今日の技術文明社会で嗅覚にほとんど関心がもたれてこなかったのは，そうした社会的あるいは適応的意義が希薄であるという認識に関係している。しかし，嗅覚体験は日常生活場面で人の適応に大いに役立っていることは次のようなことからも明らかであろう。

①識別できる匂いの数は，人間では 3,000 から 1 万（菊池，1972）ともいわれるほどきわめて多い。これに比べて味覚のほうはごくわずかである。風邪をひくなどすると食べ物の風味が落ちるのは嗅覚がマヒするためで，嗅覚は風味の形成に大いに貢献しているのである。
②嗅覚系の皮質や伝達路が脳への強い打撲や脳内の腫瘍によって損傷を受ける場合にみられる，嗅覚損失の影響は大きい。匂いを感じにくくなることでガス漏れに気づくことができなくなったり，味覚が変化するだけでなく，気分など感情系も損なわれ，ふだんの行動にも支障をきたすことが推定できる。

③大脳は，匂い自体よりも匂いの「心理学的」特性に応答しているとされる。たとえば，快さやくつろぎ感が高く感じられる香りに対して脳波には徐波化の傾向がある（Martin, 2003）。よい空気に心地よい香りを加えた快適空間が，作業効率を高めたり会議を円滑にすると考えられているのは，こうした脳の応答の特徴に基づいている。

④森林浴の効能が説かれる（宮崎，2003）のも，木々がもたらす独特の香りと無縁でなく，ストレス状態から生じる緊張の緩和が期待されるからである。

⑤どの地域にもそこに特有の匂いや香りがあり，それらは自然や文化・生活が一体となって作り上げている環境の一部である。地域環境に組み込まれた香りが古い記憶をよみがえらせたり，安堵感を喚起させる理由がここにある。人が時に故郷への思いを募らせるのは嗅覚系のはたらきによるところが大きいであろう。最近ではこうした環境を積極的に守っていこうとする動きもみられるようになった。「かおり風景100選選定委員会」（環境省，2002）の取り組みなどはその例といえよう。

このように嗅覚体験はわれわれの生活と深く関わりをもつとともに，われわれをとりまく環境や場面，さらには一人ひとりの生活史が嗅覚体験を豊かにしているのである。これらは言い換えれば，嗅覚体験が文脈の影響を受けて変わることを意味している。どぎついと思われる香水の香りも，使っている人や状況が変われば程度の差はあるものの感じ方に違いを生じさせる。そして，香りは「身を装い，自己を表現する手段や，リラクセーションを促進し快的空間を生み出す手段として利用されるだけでなく，アロマテラピーへの適用も積極的に考えられるようになるなど，オシャレや癒しに効果的な手段として現代社会になくてはならないもの」（大坊，1997などからの示唆）といわれるまでになっている。そこでまず，嗅覚系の特徴を大略述べておくこととしたい。

3 嗅覚系の生理心理的特徴

(1) 嗅覚系の構成

　脳内に嗅覚と関連すると想定される部位は広く分布しているため，嗅覚系の構成については異論もみられる（元木澤，1998）が，主要伝導路は次のようなものである。嗅覚の受容器を構成する嗅細胞から出る嗅神経が，嗅球でニューロンを換えて一次嗅覚皮質と呼ばれる梨状皮質，扁桃核，および視床下部に直接的に連絡している神経伝達路である。これらの脳組織は大脳辺縁系の一部とみなされ，感情や自律神経活動の調節に関わりが深い。嗅覚は他の感覚系と異なり，大脳皮質への情報伝達に視床を介さない特徴をもつ。大脳辺縁系という系統発生的に古い脳組織との結びつきが深いことは，嗅覚系が即座に動機づけ行動を場面に応じてうながす信号系としての役割を果たしていたことをうかがわせる。

　また，嗅覚に関連するといわれる脳の部位のいくつかは，匂いの有無にかかわらず，嗅ぐ行為と関係している。その他，中脳網様体にも嗅覚情報が伝えられていて，脳の興奮水準を高めるはたらきもある（元木澤，1998）。

　このように嗅覚に関連する脳領野は多様であり，実際に匂い刺激と反応との関係は単純ではない。坂井ら（2003）は，脳内での嗅覚刺激に対する応答を，脳機能の画像化技法（fMRI）を用いて検索したところ，著しい個人差のあることを見いだしている。つまり，脳内での活性化部位は，視覚や体性感覚系の応答の場合と異なり，個人による違いが顕著であることを指摘した。こうした知見から考えられるのは，嗅覚は感覚の一種でありながら，感情や動機づけのカテゴリーに入る性質を備えていることである。したがって，人の場合は感情喚起に認知的な情報処理が重要な役割を果たしていることから，嗅覚系にも認知的な評価や知覚が大きい影響を及ぼしているのではないかと推定できる。そうだとすると，こうした認知的な要因は，過去の経験や状況の違いに基づいて形成され，匂い刺激に対する人の応答の仕方に微妙な違いをもたらしているはずである。

(2) 香りの感覚的表現

　匂い体験を適切に表現できれば，それは心理学的な匂いの分類の試みでもある。しかしながら，もし匂い分子の分子構造をもとに匂いの分類ができれば，嗅覚体験は分子構造に依存することになり嗅覚の性質の解明はかなりしやすくなるに違いない。この分子構造に対応する受容器レベルでのインパルスを詳細に検索すれば嗅覚体験は予測可能になると考えられるからである。ところが倉橋（2000）も指摘するように，分子側鎖のわずかな違いが，極端に異なる匂いを産出することが知られている。このことは，匂い分子が嗅覚体験に特異的に結びついているわけではないことを示しているわけで，匂いの表現は体験に基づく心理学的な分類の試みからも興味がもたれてきた事情をここに見いだすことができる。

　心理学的な手法により，匂い物質をうまく少数の集合にまとめることができて，そうした同一カテゴリーに入れられる匂い群を確定できれば，その中に入る有香物質間に物理化学的類似性を検索しやすくなる（Engen, 1982）のではないかと予想できる。しかし現状では，どれとどれが似ているのか，また，数十万種と推定されている匂い物質中，何個のカテゴリーが推定できるのかなどについて十分な一致は見いだされていない。

　ところで，日常の体験からも，人はさまざまな匂いを識別しているといわれる。人々は日常的には匂いをどの程度まで表現し，分類しているといえるであろうか。実際のところ匂いの記述は，他の感覚系で用いられている言葉を借用する特徴のあることに気づく。つまり，"刺すような匂い"とか，単に"リンゴのような甘い匂い"といった具合である。要するに，匂いは言葉との直接的な連合がほとんどなく，その分類も快・不快といった簡単なものに限られているとさえいえる。

　ところが，われわれが行った形容語による研究（樋口ら，2002）では，香りを記述する感覚的評価の要素を反映した，「強さ・濃さ」「明瞭さ」「柔らかさ」の3つの因子を抽出した。これらには感情的評価の要素も含まれるものの，被験者を異にした場合でも比較的安定して抽出されるところから，香りを感覚的特徴から表現することができそうである。つまり，日常体験上の分類は基本的に快・不快といった感情的な評価の要素に限定されるが，感覚形容語での結果

を感情形容語での結果と比較検討すると，香りの表現は感覚的特徴をある程度まで反映したものになっているのである。

4　文脈効果を生み出す心理的要因

　嗅覚体験を特徴づけるのは嗅刺激の物理化学的特性といえるが，経験的には，同じ匂いが状況あるいは文脈によって別のものとして感じられたりする。これは，同一の嗅刺激が必ずしも同一の知覚体験を引き起こすわけではないことを示唆している。ただ，ここで留意したいのは，この経験的事実がけっして不安定で信頼性に欠ける嗅覚体験を示したものではなく，嗅覚機能の本質的な側面を示しているということである。実験室的な研究からわかった，嗅刺激効果を変容させる文脈関連の心理学的要因はおよそ次のようである（畑山・樋口，2004）。

①時間的要因：複数の嗅刺激を時間的に前後して提示すると，匂いの主観的強度や質の判断に影響が生じる。ジヒドロミルセノール（dihydromyrcenol）を嗅ぐと，シトラス系（レモン，オレンジなど）とウッディ系の匂い（サンダルウッド，パインなど）が混じって感じられるという。ローレスら（Lawless et al., 1991）はこれを用いて，シトラス系とウッディ系の匂いを時間的に近接して嗅がせてみた。すると，シトラス系の匂いを嗅いだ直後にはウッディな匂いと感じ，逆にウッディ系の匂いを嗅いだ直後にはシトラスの匂いと感じることを見いだしている。このような効果が生じる仕組みには嗅覚系の順応や，先行した嗅覚刺激の潜在記憶のはたらきなどが想定されている。

②心的構え・期待の要因：ラベンダーには鎮静効果があり，ジャスミンには覚醒効果があるという類の香り情報をよく耳にしていると，嗅覚体験や嗅刺激に対する印象は異なったものになるといわれている。たとえば，ラベンダーの匂いを嗅ぐ場合，「この香りには鎮静効果がある」と事前に被験者に伝えた条件では，主観的なストレス感が低下するものの，何も伝えない場合にはこの効果はみられなかった。ところが，ラベンダーの香り

を嗅ぐ前に「この香りには覚醒効果がある」と教示しても覚醒感は高まらなかったし，ジャスミンについては「覚醒効果がある」と伝えた場合よりも，何も伝えないほうが覚醒感は高まった（Higuchi et al., 2002）のである。これらから考えられるのは，事前情報の香りに対する影響は文脈だけで規定されているわけではなさそうである。嗅刺激のもつ知覚的な特徴もまた嗅覚感情体験に役割を果たしているのである。

③経験の要因：先に，嗅刺激に対する感情的反応は人の生活と深く関わりをもつことを指摘した。実際，嗅刺激に対する反応に古典的条件づけが成立する（Baeyens et al., 1996）とされ，このことから考えられるのは嗅覚体験が人独自の生活史を通してずいぶん異なっているのではないかということである。

そこで，香水を用いてこの経験的要因について筆者らが行った研究についてふれてみよう。

5　香水にみられる経験の効果

人の体験的な側面への匂い効果の一部は，すでに指摘してきたように，嗅刺激のもつ物理化学的な特性に規定されている。香水にみられる"対人印象を向上させる効果"も，そのおもな要因の一つは，香水自体のもつそのような特性に求められる。しかし，香水を愛用している人であれば，経験に基づいて香水を好ましいとして身につけるはずであるから，香水を利用することで使用者の心的状態がポジティブに変化し，笑顔が増えるなど表出行動にも変化が生じると考えることができる。言い換えれば，香水使用者の自己像に変化が生じることで視覚的な印象が向上すると考えられる。要するに，香水の対人効果には嗅覚自体の要因に加えて人独自の経験的な要因も含まれていることが予想されるのである。そこで，このような要因がどの程度まで認められるかを調べてみた。われわれの研究では，インタビュー場面を設定し香水を使用した女性とそうでない女性の表出行動をビデオ記録した。そして，再生の際にその映像を別の実験参加者に提示して，表出行動量や魅力度を比較検討した。

(a)落ち着きのないしぐさの量　　　(b)堂々と質問に答えているか

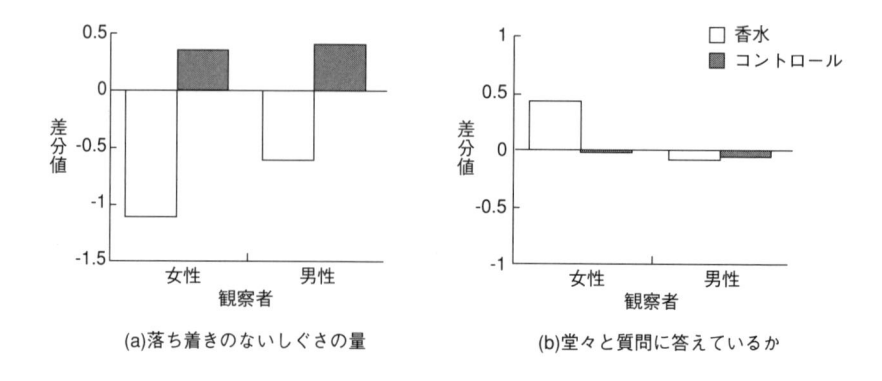

図16-1　インタビュー実験の評定結果（畑山・樋口, 2004
フレグランスジャーナル社より許可を得て転載）
縦軸は同一女性に対する評定値からベースラインの評定値を引いた値。(a) 落ち着きのないしぐさの量に対する評価。香水条件では香水使用後にその量が有意に減少した。(b) 堂々と質問に答えているかについての評価。観察者が女性の場合、香水条件の映像を堂々と質問に答えていると評価した。

　実験に参加した被験者は大学生女性31名であった。彼らは香水使用について事前に行った調査に基づいて香水に対する嗜好性が高いと判断された人たちである。実験にあたっては、被験者を香水条件・コントロール条件のいずれかに割り当て、彼らが好ましいと感じた香水を使用した。実験課題は実験の協力者である同世代の女性インタビュアーの質問に答えることであった。香水条件の参加者に対しては手首に香水（ブレスガーデン）を噴霧したが、コントロール条件の参加者には噴霧しなかった。実験後にビデオ映像を別の観察者に音声なしで提示して実験参加者の表出行動を評定してもらった。観察項目は、①笑顔の多さ、②インタビュアーと視線を合わせた時間の長さ、③落ち着きない印象を与えるしぐさの多さ（会話中に髪や腕を触ったり、回転イスを回したりする）、④全体として堂々と回答しているか、⑤全体として印象がよく好感がもてるか、の5項目であった。それぞれ7点尺度法で評定してもらった。
　実験の結果、落ち着きないしぐさの量が香水使用後に少なくなることがわかった（図16-1a）。また、観察者が女性の場合、香水使用後の女性を堂々と質問に答えていると評価することがわかった（図16-1b）。これが示しているのは、香水使用がネガティブな印象を与える表出行動を抑制していることである。

ここで，香水使用者が示す表出行動変化は，香水に対して示す嗜好性の高さと関係しているということができるであろう。香水を好ましいものとする感情反応様式は，その人独自の過去経験によるものである。香水使用の頻度や表出行動が，香水に高い嗜好性をもつ人では他者と異なるのは，そのような経験の文脈と密接に関係している。

　本章では，香りや香水の効果が人の置かれている状況などの影響を受けることを述べてきた。そして嗅刺激に対する知覚体験は，過去経験などその人の内的変数にも依存することを示唆してきた。それは感情の仕組みが効果を修正する媒介変数として機能しているからである。つまり，香水を身につけたり嗅いだりするときは，香り物質の直接的な作用だけでなく，さまざまな文脈的要因もまた作用しているのである。本章で扱った，使用者自身の嗜好性や受容度に加えて，メディアが流す情報やそれについて人がもち合わせている記憶や印象，さらには置かれている状況についての知覚なども香りの効果を変える要因ともなる。したがって，香りを嗅ぐときには，個人内のそのような諸要因が関与する心理的"フィルター"を通して，間接的な作用として嗅いでいる面のあることに留意しなければならない。

　嗅覚系のはたらきはこれまであまり知られてこなかったが，人の環境適応上の意義は視覚・聴覚系に劣るものではない。今後の研究の進展により，人間の共生や福祉の向上に有用な情報がもっと得られることであろう。

第17章

色彩と感情

　色彩にある種の感情効果があることはよく知られていることであるが，しかしそれは，われわれが直接体験する怒りや喜び，悲しみ，驚き，恐れといった情動を直接喚起するものではない。また色彩の感情効果は，それだけで憂鬱感や爽快感，不安や安心といった気分と呼ばれる持続的な感情の原因になるものでもない。つまり色彩にともなう感情は，外界に対する認識の仕方の一つである感覚にともなって体験される刺激起源の感情であり，感性感情（sensory feeling），あるいは感情調（affective tone）と呼ばれる。

　たとえば，闘牛においてマタドールが持つムレタと呼ばれる布の赤色は，牛を興奮させるためのもののように思われるが，実際のところ牛はマタドールが操るその挑発的な布の動きに角を突き立てようとするのであり，赤色はむしろ，人と牛との戦いという興奮した状況で見ている観客の興奮をより高めるための効果がある。このときなぜ観客は赤に興奮するのかというと，赤は血を連想させるからと説明される。これは，確かな科学的検証の裏づけのある話ではないが，色彩の感情効果の本質を物語っているように思われる。すなわち，色彩はそれがある形態性をもったり，天井や壁の色，あるいは文字や記号などに付随して用いられたとき，その刺激や環境のもつ情緒性を増幅したり抑制したりする効果をもつといえる。

1 色名について

　色彩のもつ感情効果は，先にも述べたように連想の結果とみなされるものが少なくないが，それは色彩の名称に現われている。色名にはまず基本色名と固有色名とがある。基本色名はすべての色を大まかに分類するための名前で，日本語では「しろ」「くろ」「あか」「き」「みどり」「あお」「むらさき」がそれにあたる。「だいだい」も基本色名の仲間に入れられることもある。「はいいろ」や「ちゃいろ」は本来固有色名に入るが，「ももいろ」と同様に基本色名に準ずる色として扱われている。基本色名の中間の色として，黄緑や青緑，青紫，赤紫などの合成色名がある。さらにその間の色を表現するために［赤みの-］［黄みの-］［緑みの-］［青みの-］［紫みの-］や，［明るい-］［暗い-］のような修飾語を付けて表わすのが系統色名である。

　固有色名は色の違いを区別するために作られた言葉で，「〜色」という言い方が多い。固有色名はその色を作る染料や顔料の名前が色名になっているものと，その色から思い浮かぶイメージによるものとの，2つに分けることができる。特に後者にはその土地風土や文化を反映するような感性豊かな色名がある。たとえば，萌黄色などは長い冬の後に春の訪れを喜ぶ気持ちが感じられる色名である。日本のように四季のはっきりした風土特有の色名であろう。福田(1991)によれば，西欧では青に至上の青，天頂の青を表わすブルーセレスト，ゼニスブルー，地平の青のホライズンブルーなど，天空に対する崇敬の念や憧れがみられるというが，その背景にはキリスト教の影響がうかがわれる。宗教といえば，黄金または黄金色はどの宗教においても多く用いられる色であるが，光を表わし，聖的なものを象徴し，信仰の心，魂や精神の純粋さ，崇高なものをあがめる心を意味する。赤は邪悪なものを祓うとともに，病気を癒す色として広く用いられている。

2 色彩の象徴性：その普遍性と独自性

(1) 文化との関わり

　色のもつ感情効果は，まず象徴性として広くまた，かなり以前から研究され

てきた。方法としては，一般に連想法が用いられる。2〜3cm角の色紙を提示したり，色名を聞かせたりして，被験者の心に浮かんだものを自由に答えさせるか（自由連想法），答える時間や数に制限を加える方法（制限連想法）がある。連想された言葉の中には具体的な事物を示すものや，抽象的な観念を意味するものがある。どちらも色との間に何らかの関連のあることを示しているが，特に後者のような色の性質を色の象徴（symbol of color）といい，このような色のもつ効果を色彩象徴（color symbolism）と呼んでいる。

　この種の研究では，一般に大人，特に大学生について調べられることが多く，デボラ・T・シャープ（Sharpe, 1974）はそれら研究結果を次のようにまとめている。千々岩と齋藤の訳書（1987）によれば，赤と黄とオレンジは，興奮や刺激，攻撃を連想させ，青と緑は鎮静や安全，平和を連想させる。黒と褐色と灰色は憂鬱や悲しみ，意気消沈を，黄色は元気や愉快，戯れを，紫は威厳や王位，悲しみを連想させる。そして，全般的な傾向として，スペクトルの暖色側（赤，黄，オレンジ色）は興奮的で刺激的であり，寒色側（緑，青）は平和で冷たく，安らぎを感じさせるとしている。

　上記の傾向は，さまざまな文化を込みにした結果であるが，千々岩（1983）は，ヴォルフ（Wolf, W.）が1943年にアメリカの学生107名に対して行った連想検査の結果と，千々岩自身が日本の美大の学生126名に対して行った検査の結果を比較した。その結果，共通して連想された言葉として，黒は死，夜，殺人，毒，男であり，白は心，平和，霊魂，裸体であった。赤は熱情，勝利，活動，力，反抗，愛情が共通し，オレンジは喜び，笑い，快楽が，黄は冗談，笑い，喜び，快楽がともに選ばれた。緑は自然，自然さが，青は息子だけが共通した。紫は嫉妬，毒，夕暮，心配が選ばれ，シャープのまとめた威厳や王位といったポジティブな価値をもつ連想語は選ばれなかった。ただ，日本の場合には情緒という言葉を美学生全体の23%が選んでいた。茶は父，仕事，職業，盗みが共通して連想された言葉であり，灰色は落胆，退屈，老人，心配などの言葉で共通していた。

　千々岩によれば，両国間で差が大きいのは青と黄の場合であるという。日本の場合，青には科学，理論，確信，理想など，知性に関する連想がみられるが，アメリカの学生では協力，献身，人を助けたい気持ち，自分個人の，調和，責

任など神や宗教，信仰などに関する連想がみられた。前述した福田（1991）の見解と一致するものである。また黄色についてはアメリカの学生が嫉妬，嫌悪，権力欲，野心，苦痛を連想するのに対して，日本の美大生は，黄色がそのような意味を内包していようなどとは考えないと述べている。

(2) 個人的体験の影響

色の特徴について，岩井（1994）は精神科医としての知見をも加えながら，色は認識のための重要な手がかりであると同時に複雑な情緒性を喚起する媒体でもあり，人間の深層心理に関わるとともに人間生活をより人間らしくすると指摘している。そして自身の手がけた症例から，「ひとりの人間にとって色は，生きてきた生活史の中の時・空体験と密接な関わりをもち，普遍性と個別性を同時に具有する」と述べている。

岩井（1994）によれば，黒はさまざまな想いをその中に包み込んでしまう色であり，純粋さだけでなく，腹黒さや，醜さや，悪などを内包しつつ，しかも毅然とした姿をあらわにして見せる色とされる。そして怒りや変質感情を意識の下に抑えこんでいるときに使われやすいという。これに対して白は，不安や穢れを知らぬ明るさを代表する色であり，神官の着衣や聖職者の僧服，花嫁の衣装が白であることから，「ものの根源」を表わす象徴的な色とされる。赤は岩井も情熱の色としながら，統合失調症の患者の症例から，狂気の色ともみている。「人間の心を奮い立たせ，ゆさぶり，時としては自己の常識の外へと人の心を運び去る色」とされる。同じ暖色系でも黄色は太陽の色，生命の色，喜びの色であり，また涅槃の色とされる。これに対して青は，黄と逆の闇に近い色であり，沈潜の色であり，拡散とは逆の収斂の色とされる。ピカソの青の時代は彼が内面に収斂した時代の色であるという。青は岩井も指摘しているように自然界の生命体にはあまり見られない神秘的な色ということもできよう。それとともにこれは不安と理知を表わす色でもある。一方緑は，特にアジア地域において安全，安定，安心の感情と結びついた安らぎの色とされ，実際に不安や焦燥状態にある人の心を癒す効果があるとみなされている。しかし，イギリス北部やアイルランドでは，緑は死や墓地と関係の深い不幸な色（unlucky color）としての扱いを受けた歴史がある（Hutchings, 2003）。岩井は紫を高貴

と下品を表わす色としながら、また狂気との関連でこの色を取り上げている。岩井は、自画像を紫だけで描いた統合失調症の患者が、死んでいる自分を描いたと説明したことを例に引いて、紫が内包する不安や恐怖の心理の奥底にあるものとして、死体の暗紫色との関係を指摘している。しかしだからといって、紫を多く用いる人が狂人であるという、"逆も真なり"の論理は成り立たないことを、坂本繁二郎の高貴でデリケートな、移ろいやすくはかない色としての紫を例に強調している。

この色彩のもつ感情性や象徴性は、カラー・ピラミッドテストやカラー・シンボリズム・テストなど、色を用いたさまざまなパーソナリティテストの開発をうながした。この種のテストに関心をお持ちの場合はシャープ（1974）と松岡（1983）を参照されたい。

3　色と形

われわれの生活において、色は形とまったく無縁で存在することはありえないように思われる。たとえば、物体色というのは物に付随した色であって、物の形と完全に切り離して考えるわけにはいかないのである。現実の物の色を対象にするなら、そこには色相（hue）、明度（value）、彩度（chroma）など、主役である色の三属性のほかにも、ツヤや物体の材質感などの脇役が存在する。形からわれわれが経験的に知っている色もたくさんある。これは記憶色（memory color）あるいは概念色（concept color）と呼ばれている（池田、1984）。この記憶色や概念色に大きく反するケースに遭遇したとき、衝撃に近い印象を受けることがある。

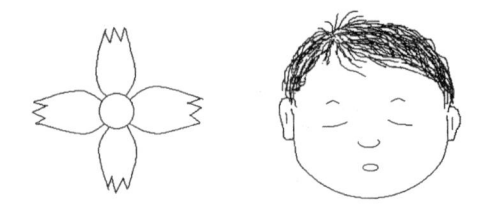

図17-1　花の絵と子どもの顔の絵に、肌色と紫をイメージで塗ってみてください。

図17-1の花の絵と子どもの顔に，ともに肌色を塗ってみたと想像していただきたい。子どもはとてもかわいく見えるが，肌色のような動物的生気をしめす色はいささか花にはふさわしくないようにも思われる。でもそれは我慢するとして，桔梗(ききょう)のような青紫やラベンダーのようなやさしい紫を両者に塗った場合を想像すると，花は美しく見えても，子どもの顔は，見るに耐えない病的なものに見え，ちょっとしたショックを受けてしまう。実際に色を塗ってみてその衝撃が思いのほか大きいものだったので，本書に載せるのを控えたほどである。紫はチアノーゼのような生体の異常を連想させるのかもしれない。とにかく常態とはいえない物と色との関係である。

4　人物の印象形成と背景色の効果

　物体色（object color）あるいは表面色（surface color）のように物にくっついた色は，われわれの認識の図となる色であり，色票パッチを用いた実験を含めて多くの研究がなされてきた。それに対して，背景となる色は認識の地であって，形態性をもたないため色の表われ方としては面色（film color）的で背後に退き，意味をもちにくい。したがって，背景色に関する感情効果はあまり関心をもたれなかったといってよい。

　筆者は，絵に描かれた女性の印象に対するこの背景色の効果をSD法によって調べた。この方法は事物や概念・思想など，さまざまな対象の意味を測定するために，オズグッド（Osgood, C. E.）らによって開発された（岩下，1983）。実験は集団実験であり，市販の色紙のうち最もその色らしく見える赤，黄，緑，青，紫，白，黒を背景とした刺激が，大型プラズマディスプレイによって提示された。被験者は平均年齢が30代の社会人男子79名，女子79名であったが，20名ごとに1台のディスプレイが割り当てられた。背景色の提示順序は全体としてランダムになるよう配慮された。19のスケールによる評定の結果，①評定に男女差がほとんどみられず，ほぼ同様の傾向を示した。②黒背景よりも白背景のほうが，よりポジティブな印象形成がなされ，特に「まじめな」「貞淑な」「賢明な」の印象が強かった。一方，黒背景では「心が狭い」「不幸な」「気短な」「ユーモアのない」「人づき合いの悪い」という印象が目立った。

③赤背景では「気短な」「でしゃばりな」「派手な」という印象が優勢で，赤のもつ高い活動性の印象効果が認められた。一方，緑背景では，全体として最も中庸を得たややポジティブな印象が形成された。④黄の効果の特徴としては，「人づきあいがよい」がいくぶん目立つ程度で，全体的に赤ほどの顕著な効果は認められなかった。これに対して青は，「賢明な」「まじめな」「正直な」「貞淑な」の印象形成がみられた。⑤紫は全体に顕著な傾向は認められなかったが，男女ともに「金持ちの」という評価がやや高かった。

男女の違いがほとんどみられなかったので，両者を込みにした158名について各背景色ごとに因子分析を行った結果，4～5の因子が抽出された。紫以外は，「他者受容的社交性の因子」と名づけられた因子が第一因子であったのに対して，紫は他の色では第二因子の「敬虔な誠実さの因子」と命名された因子が第一因子となり，第一，第二因子の順序が逆になった。この印象は人物についての印象であるが，ここにも紫のユニークさが認められた。

これらの結果は，色は背景になってもその固有の効果を図に対して及ぼすことを示している。

5 最近の研究動向

色彩の感情効果に関する心理学的研究は，色票パッチを用いた研究から，衣服の色による対人認知（池田・近江，1999）や，一色の衣服でも着用者自身の感情の研究（沼田・中川，2000）など，具体性や有用性，あるいは臨床的効果を念頭においた研究に移ってきた感がある。さらに，快・不快のような色彩の感情の領域に，物理学的手法による新しい挑戦が試みられるようになってきた。たとえば，刺激変化の中の"1/fゆらぎ"が，快をもたらしたり，痛みを緩和する効果のあることは，今ではよく知られているが（武者，1980，1994；武者ら，1985），石割ら（2001）は，色彩の混色理論を基本としたカラー画像の1/fゆらぎ特性解析法を開発し，評価の定まった日本画や洋画の1/fゆらぎ解析を行った。その結果，絵画の主題が快適性に比較的近いと考えられる作品には，1/fゆらぎが見いだされ，その主題が快適性から遠いと考えられる作品には，1/fゆらぎが見いだされなかった。また潘（1999）は，快や不快の感情

を表現した各7点の絵画に使用されている色彩を実測し，絵画において大面積比率をもつ色の特性（色相，明度，彩度などの三属性）が基本的な性質となり，面積比率の小さな色の特性はその表現に対してニュアンスや深みを与える味つけの役割を果たしていると述べている。そして「快」の表現では，明度が高く，色相は黄色を中心とした暖色系であるという。彩度については明確ではなかったが，「不快」の表現よりやや高い傾向にあるとしている。これに対して「不快」の表現では，明度が低く，色相は青を中心とした寒色系であると述べている。これらの研究は，その緒についたばかりのものといえるが，これからの発展が期待される。

6　紫の話

　これまでにもしばしばふれたが，紫（purple）は不思議な色である。物体色あるいは表面色の紫は，基本の色として重要な位置を占めているが，物体色と光源色（light source color）の双方を表わす色度図（chromaticity diagram）では，スペクトルの赤と菫（すみれ）を結ぶ線上（これを赤紫線と呼んでいる）に位置し，混色によって作り出される間色として，その扱いに苦労がみられる。

　紫に対する印象については日本と西欧では異なる面があるが，共通する点としては古くからこの色が高貴な色として扱われたということである。603年に聖徳太子によって制定された冠位十二階は，朝廷における席次を冠の色によって定めたもので，位の順序を示す色は紫が最高であり，青，赤，黄，白，黒と続く。各色には濃淡があり，計12の位が色によって示されることになる。仏教では高位にある僧侶の衣の色は紫であり，キリスト教においても同様であった。このように紫が特別な色として扱われたのには理由があって，それはこの色がそう簡単には得られない色であったからである。三千数百年前の地中海一帯では，紫はホネガイやテツボラ，シリアツブリなどアクキガイ科に属する貝のパープル腺（せん）と呼ばれる部分からの分泌物を直接布に擦りつけたり，あるいはそれに糸を浸したりして得たといわれる。この分泌物は一個の貝からはほんのわずかしか得られないため，きわめて贅沢な色であった。しかしその赤紫色の上品な優美さに加え，照明光によってその色合いを微妙に変える神秘さと，一

度染めたらけっして色褪せしない堅牢さに，時の権力者たちは，その色を禁色として，自分の身だけを飾るために貝紫を求めたのである。このようなことからこの色は「帝王紫」（チリアン・パープル）と呼ばれるようになったが，乱獲によって貝は激減し，いつしかその姿を消してしまったと思われていた。ところが20世紀の初頭になって，この貝紫の技術がメキシコインディオのミステカ族に受け継がれていることがわかり，再び日の目を見ることになった。

聖徳太子の時代における紫は，紫草の根から得られる紫根染めによるものであった。紫根染めは紫根の分量や，染汁の温度，使用する水の性質などによって，紫の発色がいろいろに変わる熟練を要する染色法であったので，きわめて高級な染色とされ，日本でも禁色の一つとなった。大岡（1992）によれば，紫は王朝時代を代表する色であり，気高さと雅やかさと艶やかさを融和した唯一の色であるとともに，紫根に含まれる色素が顕著な揮発性を有し，それが近くにあるものを染める"ゆかり"を生じる特別な性質をもつという。この紫も室町時代以降は庶民にも用いられる色となり，江戸時代には赤紫系の「京紫」に対して，青紫系の「江戸紫」が作り出され，時代が下っても代表的な日本の色となっていく（尚学図書・言語研究所，1987）。

1856年，W.H. パーキン（Perkin, W. H.）は，偶然に紫の人工染料であるアニリン染料を世界で初めて合成する幸運に恵まれた。これがすなわちモーブといわれる染料である。この後，紫はこの人工染料によって，身分や貧富の差を越えて広く使われるようになる。それとともに，それまでの高貴な色という印象もしだいに薄れていくことになった。雅の色といわれ，貴重な色であり続けた紫も，その不安定な物理的特性とともに，このような歴史的変遷によって，時には狂気の色ともいわれるような多様な象徴性をもつにいたったのである。

4部

臨床・発達と感情障害

第18章

カウンセリングと感情

　カウンセリングの過程では，知的な理解とともに感情の体験が重要な意味をもつ。カウンセリングや心理療法にはさまざまなアプローチがあるが，それぞれの立場において感情の表出や体験の意義が認められている。カウンセリングにおける感情表出は，カウンセラーと来談者（クライエント）の関係が十分に形成されているときに面接の進展において最も効果をもつと考えられる。カウンセラーによる受容や共感は，カウンセリング関係の形成や維持において中心的な役割を果たしている。共感にはいくつかの側面があるが，カウンセリングの目的や進展段階によって，それらの効果には違いがあることが示唆されている。ここではそのようなカウンセリングの過程に生じる感情の変化に焦点をあてて概観する。

1　カウンセリングにおける感情の役割

　人々がカウンセリングを求める理由はさまざまである。しかし，「気分が落ち込む」「不安が大きい」「自分に自信がもてない」など，比較的持続した否定的感情をともなう問題がきっかけとなって，来談にいたることは多い。また，他の理由やきっかけによる来談であっても，当初表面には現われていなかった感情的側面を面接過程の中で整理することにより，問題が解決されていくこともある。

　カウンセリングとは，来談者の抱えている悩みや問題の解消を目指しながら，

同時にそのパーソナリティや生き方にも目を向け、パーソナリティの変化や発展、生き方の再発見が起きることも目指す過程である（佐々木, 2002）。こうした過程での感情の役割について、河合（1970）は、来談者が悩みや問題の解決のためにその背景を語るうちに情動性をともなう新しい認知が生じ、この新しい認知が加わることによって人格（パーソナリティ）の再統合が行われると述べている（図18-1）。また國分（1996）によれば、来談者の成長への援助とは、思考、行動、そして感情の3つの側面の変容を促進することである。カウンセリングの過程では、知的な理解とともに、感情の体験が重要な意味をもつ。

2 感情を表わすことの意義

悩みのように個人的で重要な内容を他者に話すことには、はじめは抵抗感やとまどい、不安がつきまとう。しかし、思い切って打ち明けたあとには、安堵感やすっきりした感じのような肯定的感情が生じることも多い（Farber et al., 2004）。実際、大学の学生相談室を訪れる来談者の中には、大粒の涙を流しながらそれまでのうっ積した感情を吐露した後、「泣いて、すっきりしました」と笑顔で退室する女子学生も少なくない。

自分に関する個人的情報を他者に示すこと、すなわち、自己開示の効果はいくつかの研究で示されているが、たとえばペネベーカー（Pennebaker, 1997）は、多くの実証的研究から、悩みに関わる考えや感情を話したり筆記したりすることが、心身の健康につながることを見いだしている。

カウンセリングや心理療法にはさまざまなアプローチがあるが、それぞれの立場において感情の重要性が指摘されてきた（Greenberg & Safran, 1989; 岩壁, 2003）。たとえば、精神分析的アプローチでは、特にその初期においては、

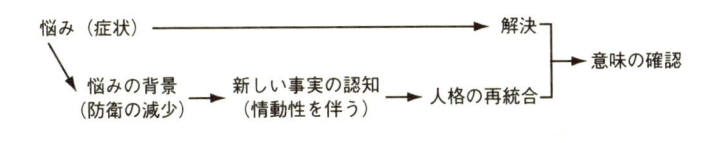

図18-1　カウンセリングの過程 （河合, 1970）

悩み（症状） → 解決 → 意味の確認
↓
悩みの背景（防衛の減少） → 新しい事実の認知（情動性を伴う） → 人格の再統合

来談者がそれまで他に受け入れられずに抑え込まれていた感情を解放すること，すなわちカタルシス（浄化）が，精神的な緊張を解き放ち治療に役立つと考えられた。近年では，過去にうまく扱えなかった感情を，より安全で好ましい条件下で再体験すること，すなわち修正感情体験により，感情をコントロールできるように学習することの効果が重視されてきている。

また，ジェンドリン（Gendlin, E. T.）によるフォーカシングなどの体験過程的アプローチでは，来談者が感情を体験すること，そしてその意味に自ら気づくこと自体が，自己を探求する機会となり，治療的な効果をもつと考えられている。

さらに，認知行動的アプローチでは，問題となる感情は不適応的な認知によって引き起こされている，または感情と認知が相互に影響しあっているとみなすため，認知を修正することが適応的な感情反応の生起につながると考える。感情の表出や体験は，それらを引き起こしている認知のあり様を明らかにするために役立つと考えられる。

このように，理論的な背景は異なるが，感情の体験やその表出がカウンセリングや心理療法の進展に効果をもつことは，共通して認められている。フィツパトリックら（Fitzpatrick et al., 1999）は，面接場面で生じた治療的変化の契機と感情との関係を，ロジャーズ（Rogers, C. R.）の来談者中心療法と，エリス（Ellis, A.）の論理情動療法について，面接場面の録音を評定しながら比較検討している。そして，両アプローチの共通点として，面接場面で重要なことがらを開示したり，洞察を深めるなどの治療的に意味のある事象が生じるときには，比較的強い感情の体験や表出をともなって，その感情がもつ意味を模索する作業が行われていることを指摘している。

3 来談者とカウンセラーの関係性と感情表出

カウンセリングにおける感情表出の効果に関しては，アプローチの違い以上に，来談者とカウンセラーの関係が重視されている。来談者とカウンセラーの関係は，信頼感や愛着のような感情的なつながりと，面接場面で行う内容やその目標に関する合意に基づいて形成されていくと考えられる（岩壁，2003）。

岩壁ら（Iwakabe et al., 2000）は，アプローチの仕方が異なる複数のセラピスト（治療者）たちの面接録音に基づいて，治療関係と感情表出の関係を検討した。アプローチの違いにもかかわらず共通していたことは，十分な治療関係を築いている場合とそうでない場合とでは，表出される感情内容とそれに対するセラピストの反応に違いが見いだされたことであった。すなわち，十分な治療関係が形成されている面接では，来談者が自らの問題について悲しみなどの感情を表出し，それに対してセラピストは，高い共感を示して効果的に介入していた。しかし，治療関係の形成が不十分な面接では，来談者は不安や欲求不満といったセラピストへのネガティブな感情を表出し，セラピストはそれらを的確に受け止めることに失敗していた。こうした結果から，来談者が感情を表出するだけでは不十分であり，表出された感情をセラピストが十分に受容することが，面接の深まりにおいて重要であると考察されている。同様に，グリーンバーグとサフラン（Greenberg & Safran, 1987）も，来談者の感情表出の最も重要な側面は，それまで誰にも受容されなかった感情が，セラピストによって受容されることであると指摘している。これはセラピストの技量が問われる部分でもある。

4 カウンセリングにおける共感

　受容や共感は，カウンセリング関係の形成や維持において中心的な役割を果たしている。来談者は，カウンセラーが共感していると感じたとき，自分が理解されたと感じ，安心して問題に向き合っていくことができる。
　共感は一般に，他人の経験を自分もまったく同じように感じたり理解したりすることという意味合いで用いられる。共感の定義はさまざまであり，他者の立場に立って理解するという認知的側面を強調する立場，同情や配慮のような感情的側面を強調する立場，両側面を含めて総合的にとらえようとする立場などがある。たとえば，デイヴィス（Davis, 1994）は，共感を多次元的概念としてとらえ，下位次元として，「共感的配慮」「個人的苦痛」「視点取得」「想像性」の4つの次元を提案している。ここでの「共感的配慮」とは他者の不幸に対して同情や哀れみを感じる傾向であり，「個人的苦痛」とは他者の苦痛に反応し

て苦痛や不快を感じる傾向,「視点取得」とは他者の立場に立って気持ちを想像する傾向,「想像性」とは小説や映画などの架空の他者に感情移入する傾向を指している。これらの次元は基本的に共感の個人差をとらえるものであるが,高校生では年齢が上がるにつれて,「共感的配慮」と「視点取得」は増加し,「個人的苦痛」は減少するなどの発達的変化があることも示されている（Davis & Franzi, 1991）。

　カウンセリングにおける共感の重要性を最も強調したのは，ロジャーズであった。ロジャーズは，「治療的変化の必要十分条件」としてカウンセラー側に求めることがらに，無条件の肯定的配慮，純粋性（自己一致）とともに，共感的理解をあげている。共感的理解についてロジャーズ（Rogers, 1957）は「来談者の私的な世界を，あたかも自分自身のものであるかのように感じとり，しかもこの"あたかも……のように"という性格を失わない」ことであると述べており，単純な同情や同一化との違いを指摘している。さらにロジャーズは共感的理解を，「クライエントへの感情移入体験とその表明」であるとし，その本質は感受性であるとも述べている。カウンセラーが来談者の体験をどのように理解したかをとらえ直してフィードバックするとき，来談者は一人で問題に取り組んでいるのではないという実感を得るとともに，自分の体験を新たな視点から見直す経験をもつと考えられる（袰岩, 2001）。

　カウンセリングの目的や進展段階による共感の効果について，グラッドシュタイン（Gladstein, 1987）は，従来の理論や自らの経験に基づいて整理している（澤田，1998; 表 18 - 1）。これによると，高い感情的共感および認知的共感が役立つのは，「自己探求」を目標とするカウンセリングの場合であり，特に開始から関係確立の段階で有用である。逆に，特定の「問題解決」を目標とする場合には，共感的態度は来談者に新しい情報を与えるものではないため，共感はあまり有用でない。また，カウンセリングが「問題確認」や「探求」の段階へと進むときには，来談者とセラピストの対決が生じる場合もあるため，認知的共感は必要であるが，感情的共感はそぐわないとされる。これらの想定はまだ十分に実証されているわけではないが，効果的な共感のあり方を考える際の，一つの枠組みを提供していると考えられる。

表 18-1　感情的および認知的共感のカウンセリングへの効果（Gladstein, 1987）

カウンセリングの諸側面	感情的共感	認知的共感
Ⅰ．目標		
自己探求	○	○
問題解決	×	△
行為志向	×	△
Ⅱ．段階		
開始	○	○
ラポート確立	○	○
問題確認	△	○
探求	△	○
行為	×	△
終結	×	△
Ⅲ．来談者の好み		
親密な感情関係	○	○
中立的な感情関係	×	△
来談者の視点をとるカウンセラー	○	○
自分自身を示すカウンセラー	×	×

○は有用，△はさほど有用ではない，×は有用でないことを示す。

5　おわりに

　カウンセリングの過程では，それまで意識されなかった感情を表現することが，その感情と結びついていた望みや気持ちに気づくことにつながり，内面の整理が行われることがある。日常の生活では，ネガティブな感情の表出は，対人関係へ悪影響が及ぶことを心配し，自らが罪悪感をもつために制御されがちである。しかし来談者が面接過程で受容されることにより，自己の否定的側面をも受け入れ，自己の感情への新しい対処の仕方を身につける準備ができていくと考えられる。

　感情は，それ自体が不適応の指標となることもあれば，変化を生じさせるきっかけともなる多様な可能性を含んだ心の状態といえる。しかし，その機能や効果には，いまだ明らかにされていない部分も多い。今後，臨床場面での積極的応用のために，多様な視点からの研究が重ねられていくことが期待される。

第19章

感情の初期発達

　人間は知性と感情の動物であり,知性が適切な感情をともなって発揮されるとき,初めてその知性は精神の安定と社会の安寧に貢献できるといえよう。
　ここでは人間の感情の初期発達について述べ,特にその表出行動としての泣きと笑いについて概観し,さらに感情の教育の意義について述べる。

1　感情と表出の発生と発達

(1) 感情の発達と分化

　新生児にも生得的に備わっている感情として,ワトソン(Watson, 1924)は恐れ,怒り,愛情をあげ,刺激を変えることによってそれを引き出すことができるとした。それに対して,ブリジス(Bridges, 1932)は行動観察から,出生時には「興奮」と興奮がない状態だけであり,それが3か月までに快と不快に分化し,さらにそれらが2歳ごろまでの間に子どもへの愛情,大人への愛情,得意,喜び,嫉妬,怒り,嫌悪,恐れなどに分化していくことを示した。ブリジスはその分化の原因やメカニズムについてはふれておらず,また,彼の提示した分化時期については最近の研究では多少の異論も出されてはいる。しかし彼の感情の発達と分化の図は有名であり,現在も感情発達の基礎資料としてよく引用されている。
　スルウフ(Sroufe, 1979)は,感情はそれ自体が単独で発達するものではなく,認知的発達や社会的発達と関連づけながら考えるべきものであるとし,ピアジ

ェ（Piaget, J.）の認知的発達およびサンダー（Sander, L.）の社会的発達と関連づけながら情緒的発達をとらえ整理している。

情緒を引き起こす対象も，子どもの認知の発達および運動機能の発達にともないより複雑で多様なものとなっていく。

(2) 気　質

人間の性格の根底にある生得的な感情傾向を気質という。トマスら（Thomas et al., 1970）は，141名の子どもを出生時から10年以上にわたって追跡研究を行った。そして，生後2・3か月のころには特徴的な気質が現われ，それが子ども時代を通してかなり一貫して続くことを明らかにした。トマスらは9項目の特徴から，子どもを「手のかからない子ども」（40%），「何をするにも時間のかかる子ども」（15%），「扱いがむずかしい子ども」（10%）の3群に分類し，残りの子どもたち（35%）はいずれにも当てはまらなかったとした（表19-1）。トマスらは環境の影響の仕方，特に社会化の側面は個々の子どもの気質によっ

表19-1　子どもの気質の特徴（Thomas et al., 1970）

パーソナリティ指標のカテゴリー		子どものタイプ		
		手のかからない	何をするにも時間のかかる	扱いがむずかしい
活動水準	活動している時とじっとしている時の割合	不定	低または中程度	不定
周期性	空腹，排泄，睡眠の規則性	非常に規則的	規則的	不規則
散漫性	どの程度の外的刺激で行動の変化が生じるか	不定	不定	不定
接近－逃避	新しい物や人への反応	積極的に反応	初期の逃避	逃避
適応性	環境の変化への適応しやすさ	非常に適応的	ゆっくり適応	ゆっくり適応
注意の持続時間	一つの行動に集中する時間および気分転換の効果	高いまたは低い	高いまたは低い	高いまたは低い
反応の強さ	反応の激しさ	低いまたは中程度	中程度	強い
感受性の閾値	反応を引き起こすのに要する刺激の強さ	高いまたは低い	高いまたは低い	高いまたは低い
気分の質	友好的，機嫌のよい行動 対 意地の悪い，不機嫌な行動	肯定的	やや否定的	否定的

て異なると述べている。

「扱いがむずかしい子ども」にしばしば親は振り回され，子どもへの適切なはたらきかけ方を見いだせず，育児に自信を失いやすい。「何をするにも時間のかかる子ども」には，新しい環境への適応のためには，それなりの時間が必要である。子どもの行動が親の子どもへの特定の感情を喚起し，それが子どもへのはたらきかけの傾向に大きく影響する。親は機嫌よく笑顔で応える子どもには愛情を抱き，積極的にはたらきかけるが，環境の変化に抵抗を示してよく泣く子どもには適切な愛情をもつことがむずかしく，はたらきかけも消極的になりがちである。子どもの気質は親の対応の仕方にも影響を与え，しばしば悪循環を生みやすい。

2　泣きと笑いの初期発達

感情表出の典型例として，泣きと笑いがあげられる。しかしそのような行動は生得的行動ではあっても，感情表出の手段としての意味合いは少なく，初期の発達過程で感情の分化にともなってしだいに感情表出手段としての意味を強くもつようになっていく。

(1) 泣き (crying) の初期発達

「産声」と言われる出生直後の「泣き」は，肺呼吸の開始にともなう発声であり，生理的現象としてとらえられる。泣くことは生得的に備わった人間の反射であるが，またそれは環境にはたらきかける手段としての意味をもつ行動となっていく。すなわち，環境に直接はたらきかけて対処することができない新生児では，泣くことにより空腹および痛みなどの身体条件の不快を訴え，周囲の大人はその信号をとらえて，意味を理解あるいは推察して，授乳行動や苦痛を取り去る行動を起こす。そのような泣きの信号が受け止められない場合には，新生児でもしだいに怒りの表出としての激しい泣きに変わる。

生後2・3か月を過ぎるころからさらに泣きの意味が分化してくる。入眠時のぐずり泣きなどの生理的不快を表わす泣きや怒りのほかに，恐怖の感情表出としての泣きが現われてくる。

このような乳児の泣きは，言語報告ができない乳児期の認知発達を調べるための指標としても注目されてきた。畑山（Hatayama, 1976）は，乳児の奥行き知覚の発達を調べる中で，乳児の心拍数の変化と泣きの行動変化から，まだ這うことのできない生後5か月の乳児にも下方の奥行き視が成立していることを示した（図19-1 a, b）。恐怖としての泣きがはっきり読み取れた。

乳幼児の泣きは，他者への基本的なはたらきかけの手段であるが，それだけに泣きの信号が受け止められない場合には，怒りの感情をともなった泣きに変わるようになる。悲しい，寂しいなどの感情に起因する泣きが生じるのは1歳を過ぎるころからである。

そのような否定的感情表出としての泣く行動が，周囲の大人から受け止められずに放置される事態が続く場合には，乳児は周囲に積極的にはたらきかける意欲を失い，学習性の無力感（learned helplessness）をもつようになり，泣くことすらしなくなる。そのような状況に長く置かれた子どもには，自分が環境にはたらきかける力をもっていると信じること，すなわち効力感（feeling of efficacy）をもつことがむずかしく，それはまた行動の意欲や自尊心の育ちにくさにもつながることが知られている。

(2) 微笑（smile）と笑い（laughter）

微笑は生後2・3日の新生児にもみられる。満腹時やまどろみの状態時にリズミカルに生じ，両口角を引いて一見笑いに似た表情を示す。しかし目は閉じたままで，外的刺激には無関係であり，自発的微笑あるいは生理的微笑と呼ばれるものである。

生後2・3か月になると人間の顔やそれに近い形の視覚刺激に対して微笑を示すようになる。顔の中でも特に目が微笑を引き起こし，水平に並べた黒い2つの丸に対しても微笑することもある。社会的微笑の始まりといえる。

高橋（1974）は，人の顔の模型に対する乳児の微笑反応の観察から，社会的微笑が生後2・3か月ごろに急速に増えることを示した。

5か月を過ぎるころから乳児は母親などの見慣れた顔によく微笑を示す。さらに8か月ごろからは見慣れぬ顔には微笑を示さないばかりか，それが近づくと「泣く」などのいわゆる「人見知り」行動を示すようになる。「人見知り」

(a) 視覚的断崖が現われた直後の笑顔の乳児

(b) 視覚的断崖に気づき、泣く乳児

図 19-1　視覚的断崖

　畑山（Hatayama, 1976）は，ギブソンとウォーク（Gibson & Walk, 1960）が実験に用いた「視覚的断崖」（visual cliff）装置に改良を加え，見かけ上の断崖が突然現われる装置を用いて乳児の行動観察と心拍数の変化を調べた。4か月児は，見かけ上の断崖に対して凝視と心拍数の減少を示したが，表情に変化はなかった。その同じ乳児に5か月時に再度見かけ上の断崖装置を提示した。当初乳児は見かけ上の断崖に気づかず，母親に笑顔を見せていた（a）。しかし間もなく乳児は断崖に気づき，下方を見つめる乳児の心拍数はしだいに増え，泣き顔に変わっていった（b）。生後5か月のこの乳児は深さを認知すると同時に，深さに対して恐怖を覚え，泣いたことがわかる。這うことができる以前の生後5か月のころから乳児には，恐怖をともなうものとして下方奥行き視が成立していることが明らかになった。

は第21章で述べる「愛着」が成立したことを示すものであり，順調な発達の指標ととらえることができる。

　乳児の微笑と笑いとは，基本的に異なる事象と考えられている。快適状態を表わす微笑から，より積極的な楽しさや喜びの表現としての笑いへの変化が乳児期の後半にみられる。発声をともなう笑いは，7・8か月の乳児の「いない，いない，ばあ」などの遊びの際によく観察される。この遊びが楽しさを引き起こすことは，その背景に顔の認知と記憶力などが発達していることを示している。くすぐり遊びのような身体的接触もまた笑いを誘う。1歳を過ぎるころから幼児はそれを好み，そのそぶりを示すだけで笑いを引き起こすこともある。これは感情の学習が成立していることを示している。

　音声刺激もまた幼児の笑いを引き起こすことがある。特に単純な音声のくり返しや，聞き慣れない単純な言葉が笑いを誘う。

　幼児は知的発達および社会性の発達とともに，会話の内容や状況を理解して笑うことができるようになる。そして幼児期後半には筋道のある物語のおかしさを理解して笑い，さらにユーモアも理解し始める。

3　感情の教育の必要性

　バック（Buck, 1988）は，多角的視点から感情研究を積み重ね，感情を動機づけと一体化して体系づけている。同時に彼は感情の教育（emotional education）の適応的意義を一貫して説いている。すなわち，人間の感情は生来備わっている感情の機構（生物学的アフェクト）を基礎として，発達過程で感情のコミュニケーションを介して学習されていくものとしてとらえている。

　人が他者と関わるとき，他者の感情の理解なしには適切な関係を築くことはできない。他者の感情の受け止めは発達の比較的早い時期からなされている。

　乳児期の半ば頃には，親などの身近な他者の感情理解のきざしがみられるようになり，親の笑顔と怒りや苦痛の表情には明らかに異なった反応を示す。1歳児では泣いている乳児におもちゃを差し出してあやそうとするなどの行為もみられるようになる。他者の感情の理解と共感の始まりといえる。大人がそのような乳幼児の感情を受け止め，その行為を受容し励ますことによって，子ど

もはそのような感情やそれにともなう行為を好ましいものと理解し，類似の場面では同じような行動をとろうとするようになる。

　このように子どもは日常生活の中で，楽しい，うれしい，苦しい，悲しいなどのさまざまな感情体験を大人とともにくり返し経験していくうちに，その場にふさわしい適切な社会的感情をもつことを学習していく。

　しかし残念ながら，近年そのような適切な感情体験をもつことがむずかしい環境に置かれている子どもたちも少なからずいる。信頼すべき家族の大人，すなわち親から虐待を受ける子どもたちの例である。虐待はその内容により，身体的虐待，性的虐待，保護の怠慢や拒否（ネグレクト），心理的虐待などに分類されるが，いずれも子どもに心的外傷（トラウマ）を残す。虐待を受けた子どもの情緒は不安定で，他者の感情の理解も自分の感情の統御もむずかしく，些細なことに興奮しやすく攻撃的であったり，また逆に感情の鈍麻があるなど，感情の生起と表出が不適切になることが多い。そのような感情発達のひずみの修復には長い時間と労力を要する。そして虐待を受けた人が心的外傷を引きずったまま大人になり親になった場合には，その子どもにまた虐待を行うなどの世代間連鎖が生じやすいことも知られている。

　文部科学省は教育のスローガンとして「幼児期からの心の教育」を掲げ，また小・中学校の道徳教育の副読本として『心のノート』を配布している。ここでの「心」とは，心理一般を意味するのではなく，感情を指している。そして感情を育てるために家庭教育の役割と道徳教育の重視を掲げ，家庭・学校・地域が連携してそれに当たる必要性を説いている。しかし学校教育の中で道徳教育の一環として感情の教育を扱うには明らかに限界があり，親の役割の重要性には遠く及ばない。

　子どもは安心とやすらぎの家庭環境の中で，楽しさやうれしさなどの多くの肯定的感情を基盤にして，苦しみや悲しみなどの否定的感情も親と共有し，その感情が親に受け入れられることによって，その場にふさわしい感情をもつことができるようになる。愛情に満ちた環境の中で多様な感情を体験し，その意味を学習していくことが大切である。そのような感情の教育を担うのが家庭の大人としての親の最も大事な役目であり，それを支援していくのが社会のすべての大人に課せられた役割といえよう。

第20章

母親の感情

1 母親の感情そのものとされる母性愛とその否定

　人間の感情は複雑で，喜怒哀楽をはじめとして種々さまざまに変化することを誰もが知っている。しかしながら，花沢（1992）が指摘しているように，母親の子どもに対する感情は，あたかもそれ以外の感情をもっていないかのように，あるいはもってはいけないかのように,母性愛という言葉で代表されてきた。
　母性愛は，精神分析学においてフロイト（Freud, S.）によって取り上げられて以来，いわば疑いようのない本能的なものと認められてきた。精神分析学の影響を強く受けた医師であるドイッチュ（Deutch, 1947）によると，母性愛の本質は，何ものも要求せず，何の制限もなく，何の遠慮もしないということである。子どもから見て，母は子どものすべての要求を満足させるための貯水池であり，子ども以外のものには，少しも関心を抱かない存在である。母が子どもから期待できる唯一の直接的報酬は，母性愛そのものの中に含まれている何ものか，子どもの存在と福利を喜ぶ気持ちである。
　イザード（Izard, 1991）は，『感情心理学（*The Psychology of Emotion*）』17章の愛において，以下のように述べている。母親の自分の子どもに対する愛情は特殊なものであり，母性愛が個体の一生にとってどれほど重要かを行動科学の証拠が明らかにしている。
　母性愛の一つの特性は，母親と乳児との間に発達してくる愛着，すなわち強い情動的な絆である。母性愛のもう一つの特徴は，子どもを安心させ，元気づ

けたりできる情動的な能力であり、さらに別の特徴は、子どもの要求に対する感受性と、そういった要求にどのくらい応えてやりたいと思うかというものである。ほとんどすべての母性愛は、子どもの側に深く永続的な信頼の感情が発達することを可能にする。

さらに、イザードによれば、母性愛には、生理学的な動因、すなわち生物学的基礎があるだけではなく、楽しさのような肯定的な情動があることは明白である。社会的な楽しみ、一緒にいることの楽しみ、子どもが成長し成功するのを見る楽しみなど、すべての小さいことがらが、絶対的な喜びをもたらすのである。母性愛のもつもう一つの成分は興味の情動である。子どもを愛している母親というものは、紛れもなく子どもや子どもの活動に対して興味をもっているものである。

このように母性愛は、よい母親の理想化されたシンボルとされてきた。そして、ボウルビィ（Bowlby, 1951）は、母性的愛情の喪失が子どもの知的能力や人格の発達に及ぼす有害な影響を主張した。そこで、子どもの適応や問題行動を取り扱う心理臨床場面などでは、母親の子どもに対する怒りや不安は、母親として当然もつべき母性愛の喪失や欠如とみなされる傾向がみられる。

なお、日本においては、母性愛は自我を捨て、子どもに無条件の愛と献身をささげるものと認識され、自分を無にして子どもに尽くす母親の愛情が子どもを励まし、支え、苦境に立ったときには何よりも救いとしての役割を果たすことが特に強調されてきたことが指摘されている（大日向、1990）。

他方、主として行動理論に基づいて本能的な母性愛を否定する立場もある。ミラーとシーゲル（Miller & Siegel, 1972）は、子どもが強力な強化の源であり、子どもに対する母親の愛情も学習されたものであるとしている。また、彼らは、フェスティンガー（Festinger, L.）の認知的不協和理論を応用することで、「子どもという不愉快な責任を受け入れてしまったという自分の行動の矛盾を、意味のあるものにするような形に変化したのが親の愛情である」と説明できるとしている。

アカゲザルを用いたハーロー他による多くの実験は、母性愛の成り立ちや欠如の問題を取り上げている実証的研究として注目される。しかし、ハーロー（Harlow, 1971）は、「母親の重要性を低くみるつもりはないが、大人の社会的

関係や性的関係に対しては，母子間の愛着よりも仲間どうしの愛着に基づく相互関係のほうが重要である」としている。アカゲザルの子は，母親ザルから隔離して育てられた場合に，情動・適応行動発達の遅れを示すが，後に仲間集団と活発で親密な相互作用をすることによってそれを回復できることも実験によって示されたからである（Harlow & Mears, 1979）。

ニコルソン（Nicolson, 1998）は，先行研究を引用して，母性愛は人間の感情であり，したがって他の感情と同じように不確かで，もろく，不完全であり，女性の性質に深く根ざしたものではないとしている。すなわち，新しく母親になった女性の新生児に対する反応についての研究は，本能的な母性愛という信念に異議を唱えているのであるが，「女性が母性愛を感じることを期待し，母性愛を感じられないときには女性が罪と自己嫌悪を経験する」という事実を通して，本能的母性愛を確信している専門家による助言の影響が逆に認められると述べている。

母性愛は，母親の感情そのものであるとされてきた一方で，それを裏づける実証的研究に一貫性があまりないという事実に対して，フェミニストの立場にたつサイコロジストは，本能的・生得的な母性愛は神話であると唱えている。しかしながら，心理学では，伝統的に幸せや愛情など肯定的な感情よりも，不安や抑うつや怒りなど否定的感情について多くの研究がなされてきたという事情も指摘できる。たとえば，マイヤースとディーナー（Mayers & Diener, 1996）は，「不幸と比較すると幸福は，社会科学者たちがあまり手をつけていない領域である」として，1967年から1994年までに *Psychological Abstracts* に載った，抑うつ・不安・怒りの論文の数が幸福・生活満足度・喜びの論文の数に比べて圧倒的に多いことを示している。

2 母性愛の欠如としての苦悩感情と子どもへの影響

母親の感情に関するおもな心理学的研究は，母親の愛情や喜びではなく，不安や怒りや抑うつを取り扱っている。つまり，当然あるべきとされる母性愛の喪失や欠如，ないしは何らかの理由で母性愛が発揮できない状況にある母親の苦悩（distress）感情についての研究が主流を占めている。したがって，母性

愛とそれが欠けている場合に起こる，怒りや不安や抑うつ以外の母親たちの人間として多様な感情はあまり注目されず，母親の個性や現実生活で彼女たちがもつさまざまな感情もほとんど問題にされない。

母親の感情に関する研究は，母親の感情表現に子どもの個性の違いによって差があることや母親のもつ不安，抑うつ，怒りなど苦悩感情が子どもに及ぼす影響について，もう一つは女性が母親となる妊娠から産褥期にかけての不安や抑うつを中心とした否定的気分の変化についてに大別されるように思われる。

ベックら（Beck et al., 2004）は，母親の感情表現と子どもの広い範囲の問題行動（たとえば摂食障害や統合失調症）との関係についての先行研究を取り上げている。そして，知的障害をもつ子どもに対する母親の感情表現が，健常な同胞に比べて否定的であることを報告している。

母親の感情が子どもに及ぼす影響についての研究は，古くからある育児不安や最近増えてきた子ども虐待の問題において，攻撃や怒りを取り上げている。しかし，大多数は，母親の抑うつ感情に関する研究，特に母親の抑うつ気分が乳幼児に与える影響についてであるように思われる。

フィールドら（Field et al., 1990）によると，抑うつ気分の母親は，感情が平面的で乳児を少ししか刺激せず，随伴的反応がより少なく，子どもは注意散漫で満ち足りた表情が少なく，むずかることが多くて活動水準の低いことが知られている。また，母親と3か月乳児との一組が遊んでいるのを観察したところ，抑うつの母親と乳児との相互交渉には統一や同調が少ない傾向がみられることを確かめた。

フレミングら（Fleming et al., 1988）は，出産後1か月と3か月で抑うつ気分の母親が，乳児に向けて少ししか優しい接触をせず，乳児の発声に声がけすることも少ないと報告している。抑うつ気分の母親は，乳児の世話をきちんとして身体的要求に応えることはするが，肯定的な感情を表わしにくく，乳児との相互作用も少ない傾向がみられたのである。

母親の抑うつと子どもの不利な結果との結びつきが，各年齢の子どもについて幅広く一貫してみられるとされている。すなわち，抑うつではない母親の子どもたちに比べて，抑うつの母親の子どもは，新生児期には，高いコルチゾールとノルエピネフリンの水準と貧弱な定位づけ，異常な反射，適切でない興奮，

退避,過敏さを表わす。乳児期には,母親とのやりとりでより多くの否定的感情とより少ない肯定的感情と低い活動性を示し,平均してより貧弱な精神運動的発達とより高水準に感情や愛着の困難を示す。入学以前には,社会的コンピテンスが低く,内的外的な行動的問題をより多くもち,青少年期には,仲間関係でより困難を示し,抑うつと不安がより強く,破壊的な行動上の問題と結びついている割合の高いことが指摘されている(Field, 2002)。

また,抑うつの母親の子どもが,抑うつなどの問題行動への弱点を発達させるメカニズムに関して,抑うつの母親による初期育児は,子どもの感情の表現と調整に結びついている精神生物的システムの発達に不十分であるために,このような否定的結果の危険性が増すのであるとされている(Ashman & Dawson, 2002)。

母親の抑うつに関する研究は,抑うつの母親と子どもとの問題を含む相互交渉が,乳幼児に悪影響を及ぼし,母親が少なくとも出産後6か月の間抑うつ状態であると乳幼児に発達的遅れがみられるとされており,出産前の母親の慢性的な抑うつが子どもに行動・生理・生化学的な悪影響を及ぼすという研究もなされている。たとえばフィールド(Field, 2002)は,慢性的抑うつの母親の子どもは,出生直後から,低い活動水準,社会的刺激への反応性の低さ,不確定な睡眠などという調整異常(dysregulation)パターンを示すとしている。

3 妊娠から産褥期にかけての気分の本質

女性が母親になる妊娠・出産・産褥期は,女性にとって大きな発達的危機の一つであるとされて,それにともなう否定的感情,特に産褥期の抑うつ感情については多数の研究がなされてきた。出産後抑うつ症や出産憂うつ症が注目されだしてからは,「産褥期は,特に初産婦にとってはストレスに満ちた移行期で,不安や抑うつ状態になりやすい」と予測した調査研究がなされて,「産褥期の女性は精神的に不安定である」という考えや研究報告が多数を占めている。

しかしながら,村井(2002)は,ノリスとグリーン(Nowlis & Green, 1965)の短縮版気分チェックリスト(MACL)を翻訳改訂した質問紙を用いて妊娠期や産褥期の気分を調べて,妊産婦の気分は必ずしも一概に否定的であ

るとはいえないことを見いだした。すなわち，妊婦群は妊娠していない対照群の女性に比べて疲労感は強いものの，悲しさは弱く，のんきさと愛情の強いことがわかった。そして産褥期には，対照群に比べて不安は高いものの，集中感と愛情も同じく高いことが示されたのである。

また，産褥期の女性の泣き（crying）についての調査を行って，日本では欧米の文献におけるよりも泣きが非常に少ないことを突き止めた。さらに，MACLの8気分因子を形成する形容詞を参考にして作成した31項目の質問紙を用いて，妊娠初期・中期・後期群，産褥2日・5日群，出産後1か月群，そして対照群の7群の気分について調査した結果を数量化Ⅲ類で分析したところ，第一特性として快－不快，第二特性として覚醒水準の低下が抽出された。そして，覚醒水準については，妊娠初期群と後期群にやや低下がみられるだけであるが，快－不快の次元に関しては，妊娠初期群と対照群が他の5群に比べて明らかに不快の方向に布置が偏っていることを確かめたのである。

なぜこれらの結果は，妊娠・産褥期の女性の気分が全体として否定的であるとはいえず，むしろ対照群の妊娠していない女性よりも快適でさえあることを示したのであろうか。

まず考えられるのは，協力者の女性たちが研究者の意図を察して回答した可能性であるが，回答はすべて無記名であり，最初は村井も「気分は否定的であろう」と予測して調査を開始したのである。

しかしながら，村井の結果は，回答者である女性のもつ「妊娠・出産と母性」に対する思いこみに由来する無意識的な回答の偏りを反映している可能性があるのかもしれない。

出産後抑うつ症を予測し，測定し，治療するのがむずかしい状況にあるのは，現状がいぜんとして，精神の病は社会的恥辱であり，母性に対する文化的イメージがそれと混ぜ合わされて，女性が母性と結びついた精神的苦痛に悩むことは不自然であるとして，社会がそれを容赦なく非難するからであるという指摘がなされている（Littlewood & McHugh, 1997）。

イギリスにおいてさえ「母性は，女性にとって生得的で自然なもの」とする見方が強いという状況にあるとしたら，村井らが調査を実施した1970年代の日本的母性観をもつ一般的な女性は，「母親になったら幸せで愛情に満ちてい

るべきで，否定的気分であるわけがない」と意識的・無意識的に思いこんで，それが回答に反映した可能性を否定できないように思われるのである。当時は，今日のようにマタニティブルーなどがまだ一般には知られていなかったのである。このことは，出産という同じ生理的変化をともなう体験をしているのに，欧米の産褥期の女性に比べて日本では，「泣き」の起こる頻度が非常に少ないという結果にも当てはまると思われる。

　また，これらの結果は，気分そのものの性質が生理的要因だけではなく，拡散的で種々さまざまな出来事や状況によっても引き起こされ，原因が必ずしもはっきりしないということとも関係していると思われる (Morris, 1989)。

　気分の報告者は，まず内省的に現在の状態に注目して，次に最もそれらしくみえる前件と関連づけてラベリングをする。したがって，シャクターとシンガー (Schachter & Singer, 1962) の感情の2要因説は，情動よりもむしろ気分の説明によく当てはまるのである。すなわち，産褥期の女性たちは，大きな生理的・心理社会的変化に直面して，ある種の気分の状態にあると考えられる。しかし，チェックリストを渡されて自己報告を求められると，女性たちはそのときの自分の気分に注意を向けて回答するが，その際それをどのように知覚するかには，さまざまな内的外的状況の認知が影響していると考えられる。したがってそこには，子どもに対する予期や期待と産褥期への思いこみの影響が十分考えられるである。

　エイブリル (Averill, 1983) は，主として怒り・攻撃の感情を取り上げて，感情は個人の状況に対する評価で，一時的な社会的役割であるとして，感情が社会的基準や期待によって構成されていることを主張している。すなわち，女性が男性よりも日常的に怒りの感情を経験することが少ないとされているのは，「女性はあまり怒りを表わすのが状況に対して適切ではない」という期待にそって反応しているからであると解釈されている。人は文化によって決められた役割を採用することによって感情を経験しているのである。したがって，産褥期の女性の泣きが欧米に比べて非常に少ないことや産褥期の気分が一様に否定的とはいえないという村井の結果についても，社会的文化的違いによる女性役割期待の差が影響しているという解釈ができる。

　さらに，回答者（協力者）に加えて研究者自身の思いこみということもこの

際に指摘しておきたい。村井は,「妊娠から産褥期にかけての女性の気分の変化を調べてみたい」ということからノリスの MACL を用いて調査をして,妊産婦は,全面的に否定的な気分であるとはいえず,むしろ肯定的で快適な面もあることを見いだしたのである。しかし,母親の感情に関する調査研究の多くでは,質問紙としてたとえば,ベックの抑うつ尺度(Beck et al., 1979)や各種の不安尺度などを用いており,母親のもつかもしれない肯定的感情を最初から無視する傾向がみられる。

つまり,サイコロジストは,否定的感情にだけ注目しがちであり,妊娠から産褥期にかけての感情の研究も,その時期の女性によくみられる全体としての感情状態や変化についてではなく,母親の不安や抑うつなどに焦点づけて,母親なら当然あるべき母性愛が欠けた女性の問題についてだけ追求しようとしているように思われる。

その点に関して,母親の感情状態は否定的な面に限らず,子どもを得た喜びから肯定的感情もあるとして,多面的感情状態尺度を用いて妊娠5〜6か月から出産後までの母親感情の推移を縦断的に測定して,妊娠中や育児中の女性の肯定的気分得点が女子学生対照群よりも高いことを見いだしている調査(田辺,2003)は注目に値する。

第21章

愛着と分離不安

　新年度の幼稚園の登園風景は，とてもにぎやかである。新入園児は，母親に手を引かれて幼稚園に来るまで笑顔だが，一人幼稚園に残されることがわかると，大きな叫び声をあげて抵抗する。また，母親も，泣き叫ぶわが子を置いて立ち去ることができず，また子どものところに戻って来る。当事者である母と子にとっては大きなストレスを被る場面だが，両者の間に，しっかりとした心の絆があることを目に見える形で示してくれる場面でもある。

　本章では，子どもが身近な大人との間に形成するこのような心の絆，すなわち愛着と，この愛着がその後の子どもの発達に及ぼす影響について概説する。

1　愛着とは

　乳幼児期における最も重要な発達の課題は，安定した愛着（attachment）を形成することである。愛着は，ある人と特定の人との間に形成される強い情緒的な絆であり，しかも永続的に両者を結びつけるものと定義される（Bowlby, 1969）。養育者と愛着で結ばれた乳幼児は，安心して環境と関わることができ，その結果，彼らの発達に必要なさまざまな経験を享受することができる。

　愛着に関する包括的理論を展開したボウルビィ（Bowlby, J.）によれば，愛着は，およそ以下のような段階を経て形成される。

　①**愛着以前の時期（誕生から3か月ごろまで）**：乳児は新生児期から人に対して特異的な反応を示す（たとえば，凝視反射や微笑反射など）。これら

の行動は，養育者の注意や情動を喚起し，両者の関わりを維持し強化する役割をもつ。この時期は，誰にあやされても機嫌がよく，誰にでも興味を示す。

②**愛着形成過程の時期（3か月ごろから6か月ごろまで）**：生後3か月ごろになると人を識別するようになり，日常生活でよく関わってくれる人に対して，より積極的にはたらきかける。しかし，見知らぬ人に世話をされても，著しく混乱することはない。

③**識別された愛着の時期（6・7か月ごろから2歳ごろまで）**：7か月ごろから，乳児は特定の人（養育者）に対して愛着を形成し始める。また，養育者に対して，接近の維持を求めるようになる。養育者がそばから離れようとすると，分離不安と呼ばれる抑うつ症状を示す。さらに，このころから，人見知りが始まり，見知らぬ人が近づくと不安な表情をしたり，泣いたりする。一方で，養育者を手がかりに，愛着の対象を広げていく時期でもある。愛着の対象が明確になっていく理由は，養育者と他の人を確実に識別できるようになったこと，対象が自分の視界から消えても存在し続けるといった永続性の概念が発達したことによる。

④**目標修正的協調性の時期（2・3歳以降）**：幼児は，愛着の対象の感情や動機も洞察できるようになり，必ずしも身体的接近がなくても柔軟に行動ができるようになる。たとえば，母親が買い物に行っても，すぐに戻ってくることを理解しているので，ほかの家族と留守番ができる。

このように愛着が形成されると，乳幼児は，たとえば見知らぬ人の接近や痛みをともなう治療などの不安が喚起される状況において，愛着対象への接近と接触を求める愛着行動を示す。この愛着行動は，1・2歳ごろに最も強く現われ，3・4歳以降しだいに減少する。また，愛着行動は養育者などによってその不安が鎮静化されることで終息する。

したがって，愛着は乳幼児の生存にとって欠くことのできない機能をもち，その機能が継続してはたらくことで，乳幼児は情緒の安定をはかることができる。愛着が，心の安全基地といわれるゆえんである。

2 愛着の質の測定

　ボウルビィによって導かれた愛着の概念を測定可能なものとし，その後の愛着研究の起点となったのが，エインズワースらによる研究である（Ainsworth et al., 1978）。

　エインズワースらが開発した愛着の質を測定する方法は，見慣れぬ場面（strange situation）と呼ばれるものである。その実験室場面を図21−1に，その実験手続きを表21−1に示す。この実験で，被験者となるのは1歳前後の子どもとその養育者（多くは母親）であるが，母親との分離および再会時の子どもの行動に基づき，愛着の質を次の3つに分類した。

① **Aタイプ（不安定−回避）**：母親の存在に，ほとんど無関心である。母親が部屋を出て行ったことでの混乱はほとんどなく，戻ってきても母親を回避しようとする。

② **Bタイプ（安定−愛着）**：母親がいる間は，見知らぬ実験者がいるかどうかにかかわらず楽しく遊んでいる。しかし，母親がいなくなると活動は低下し，ぐずったり泣いたりする。母親が戻ると，母親を求め，気持ちを落ち着かせる。そして，遊びを再開する。

③ **Cタイプ（不安定−アンビバレント）**：母親が部屋を出て行くと，強い不安を示す。母親が戻ってくると，母親を求める一方で，怒りを表わしたり，抵抗したりする。

　Bタイプが，安定した愛着を形成しているのに対して，AとCのタイプの愛着は不安定である。
　エインズワースらは，これらの愛着の質の違いを，母親の感受性（sensitivity）によって説明した。すなわち，子どもが発信するシグナルを子どもの視点から解釈し，受容的，応答的に対応する感受性の高い母親の子どもは，安定した愛着を形成すると考えた。他方，自分のそのときの気分や都合によって子どもに対応する感受性の低い母親の子どもは，不安定な愛着を形成すると考えたのである。また，Aタイプの子どもは，自分のシグナルがたびたび無視されるこ

図 21−1　見慣れぬ場面の実験風景
（Ainsworth et al., 1978; McIlveen & Gross, 1998）

表 21−1　見慣れぬ場面の8つのエピソード（Ainsworth et al., 1978）

エピソード	登場人物	時間	状況の概要
1	母・子ども・実験者	30秒	実験者が母子を実験室に導き，退出する。
2	母・子ども	3分	子どもが探索行動をしている間，母親ははたらきかけない。必要ならば，2分経過後，遊びがうながされる。
3	ストレンジャー（初対面の女性）・母・子ども	3分	ストレンジャーが入室する。最初の1分は黙っている。2分目，母親と会話する。3分目，子どもにはたらきかける。3分経過後，母親はそっと退室する。
4	ストレンジャー・子ども	3分あるいはそれ以下*	1回目の分離エピソード。ストレンジャーは，子どもに合わせて行動する。
5	母・子ども	3分あるいはそれ以上**	1回目の母との再会エピソード。母親は，子どもを歓迎し，安心させて，再び遊べるように励ます。そして，母親は，バイバイと言いながら退出する。
6	子ども	3分あるいはそれ以下	2回目の分離エピソード
7	ストレンジャー・子ども	3分あるいはそれ以下	ストレンジャーが入室し，子どもに合わせて行動する。
8	母・子ども	3分	2回目の母との再会エピソード。母親は，子どもを歓迎し，抱き上げる。ストレンジャーはそっと退出する。

＊子どもがひどく泣く場合は短くする。
＊＊子どもが遊び始めるまでに時間がかかる場合は，延長する。

表21－2　文化による愛着の質の違い
(Ainsworth et al.,1978; Grossman et al.,1981; Takahashi.,1986)

	Aタイプ	Bタイプ	Cタイプ
エインズワースら（アメリカ）	21.7%	66.0%	12.3%
グロスマンら（ドイツ）	49.0%	32.7%	12.2%
高橋（日本）	0.0%	68.3%	31.7%

とから，母親自体を回避するようになる。またCタイプの子どもは，母親が気まぐれにしか自分のシグナルに応じてくれないため，常に親と接触していないと不安であり，分離後容易に不安から回復できないと説明した。

エインズワースらに続く研究は，愛着の質が単に母親の感受性の要因だけでなく，子どもの気質などの個体的要因（Larsen et al., 1987）や表21-2に示すような育児に関わる社会文化的要因によっても異なることを明らかにしている（Grossman et al., 1981; Takahashi, 1986）。

3　愛着不全がもたらす情緒的問題

ボウルビィの愛着理論において，最も重要な仮説は，乳幼児期に形成された愛着が，自己と他者の関係のひな形として内在化し，その後の心理社会的適応に影響を与え続けるとする仮説である。

この仮説を検証するため，数多くの研究が行われているが，それらの研究は，およそ次の2つの方法を用いている。一つは，発達初期の愛着形成に関わるエピソードが，その後の心理社会的適応に与えた影響を分析するもの，もう一つは，青年期や成人期における愛着の質と，それぞれの時期の心理社会的適応との関係を分析するものである。

たとえば，前者の研究の一つにティザードとホッジス（Tizard & Hodges, 1978; Hodges & Tizard, 1989）によるものがある。彼女らは，2歳まで施設で育ち，その後養子となった子どもたちについて縦断的研究を行った。その結果，8歳の時の里親の報告は，彼らは学校ではけんかが絶えず，仲間はずれとなることが多く，扱いがむずかしいというものであった。また，16歳の時の報告もほぼ同様であった。彼女らは，これらの結果から，発達初期の施設の入所体

験が，対人関係，情緒的問題の原因となっている可能性を示唆している。その他，いくつかの研究が，発達初期の親との別離の経験が成人期の不安や抑うつ症状と関連する場合があることを示している（Faravelli et al., 1985; Brown & Harris, 1993; Foster et al., 2003）。

また，後者の研究の一つに，ブラウンとライトによるものがある（Brown & Wright, 2003）。彼女らは，14歳～20歳の被験者を対象にASAI（The Adolescent Separation Anxiety Interview）によって愛着の質の測定を行った。ASAIは，親との別離の状況を表わす写真を見せ，自分だったらどう感じるかを尋ねるテストである（たとえば，「母親がむずかしい手術を受けるため入院する」「父親が口論の末，家を出る」など）。その結果，これらの被験者のうち，情緒的問題をもつ者の多くが不安定な愛着に分類され，それらの問題をもたない者の多くは，安定した愛着に分類された。また，アンビバレントな愛着をもつ群は，他の群と比較して有意に情緒的な問題を有することが明らかとなった。その他の研究もほぼ同様の知見を得ており，青年期や成人期においてアンビバレントな愛着に分類される被験者は対人関係において不安が高く情緒的問題を有すること，また回避型の愛着に分類される被験者は仲間から敵対的と評価されたり，反社会的な問題を有することが多いことが知られている（Fonagy et al., 1996; Rosenstein & Horowitz, 1996; Cooper et al., 1998）。

青年期以降の愛着が，乳幼児期に形成された愛着の延長線上にあるかどうかは議論の余地があるものの（森，1999），以上の知見は先述のボウルビィの仮説を支持するものといえよう。また，これらの知見は，乳幼児期に限らず，発達の過程を通して安定した愛着を経験できることが，人の安寧にいかに重要であるかを教えている。

4　愛着理論の功罪と今日的意義

以上のように，ボウルビィに代表される愛着理論が，今日の心理学とその近接領域の学問に与えた影響は大きい。また，その理論は，子どもが親元から離れて過ごす施設や病院のあり方などについても多くの気づきをもたらし，これらの子どもたちの安寧にも大きく寄与したといえる。

しかし，ボウルビィの愛着理論については，その当初から，いくつかの疑問が出されていた。その中でも多くの批判が集まったのが，次の2つの仮説である。

一つは，乳児と養育者との間の愛着の形成を容易にする敏感期（sensitive period）があるとする仮説，もう一つは，乳児はまず特定の一人の人物に愛着を抱くようになる，すなわち，その人物とは母親であり，他の人物との愛着とは質的に異なるとする仮説である。

これらの仮説は，ロレンツ（Lorenz, K.）らの比較行動学において形成された概念である敏感期や刻印づけ（imprinting）の考え方を適用したものである。すなわち，ある種の鳥類が孵化直後に見た動くものに追従するという習性は，孵化後一定の時間にしか解発されず，人間にもそれが当てはまり，発達の初期の段階以外には愛着を形成することは困難であると考えたのである。また，母親についても同様であり，分娩に続くホルモン水準と新生児から生じる刺激は重要であり，これらの条件がそろう時期は，母親にとっての敏感期といえ，この時期に誘発される「母性的行動」は必然的にそれに代わる人物とは質的に異なると考えたのである。

しかし，後の研究は，愛着を形成するうえでの母子の敏感期の存在を確認していない。また，父子関係を扱った研究の多くは，乳幼児が父親に示す愛着は，母親に示す愛着と質的にも量的にも基本的には変わらないことを明らかにしている（Field, 1978）。

日本では，いまだに「子どもが3歳になるまでは母親が育児すべき」とする3歳児神話を信じる人が少なくない。その背景には，ボウルビィの愛着の理論が，無批判に日本に紹介された経緯があったと推察される。人間はボウルビィが考えた以上に適応力があり，1歳を過ぎても愛着を形成することは可能であり，また乳幼児の愛着の対象となるのは，母親以外の人物であっても支障がない。したがって，少なくともこれらの仮説については修正を行ったうえで，ボウルビィの愛着理論を理解すべきであろう。

しかしながら，虐待や離婚の著しい増加など，子どもたちの家庭環境が悪化している今日，人の人生において安定した愛着を形成することの重要性を説いたボウルビィの愛着理論は，ますますその意義を増していると考えられる。

第22章

ふれあい恐怖

　日常生活の中で，われわれが何か特定のものに恐れを抱くことはよくある。そして，その恐れの対象が固定化され不合理なほど恐れを強く感じたり，「おかしい，理屈に合わない」と思いながら，どうしようもなく悩まされ続けることもある。そのような状態は，一時的な恐怖体験とは大きく異なるところから恐怖症といわれる。ここで論じる「ふれあい恐怖」は，複数の人が構成する社会的状況において，成人期前の若年者が他者との関係状況を恐れる場合であり，若者に比較的特有の対人恐怖である。この恐怖症は自己が強く意識される思春期や青年期に最も強まり，時には病的症状として扱われるほどにまで発展してしまうこともある。

　そこで本章ではまず，恐怖と思春期心性との関係について述べる。次いで，恐怖体験の理解には文化的背景をみておく必要があるところから，特に日本文化との関連に留意した。最後に，近年，社会的に大きな関心をよんでいる，若年者の不登校とひきこもりについて「ふれあい恐怖」の観点から解説する。

1　恐怖と思春期心性

　フロイト（Freud, S.）は，恐怖の背後に不安があるとする。そして，その不安をもつことが禁止されたときに，何か特定のものに象徴化され，それが恐怖の対象になるという。つまり恐怖の基本に不安があり，恐怖は不安の回避反応であるという（福屋，1994）。この不安の禁止プロセスと象徴化活動は思春

期に典型的にみられ，攻撃的，性的衝動の影響を受けて恐怖症状は強められる。

　また思春期に入ると，これまで外へ向かっていた心的エネルギーが内へ向かい始める。自分に対する関心が強まり，エリクソン（Erikson, E. H.）のいうアイデンティティの確立に精力を集中し，同時に自分が他人にどう見られているのかを気にするようになる。他者からマイナスの評価を受けることを極端に恐れ神経が高ぶる。そこで自分が外へ表出するものや外から受容するものに過敏になるにつれて他者との心的距離がいっそう気がかりになる。ここでの他者は家族や親友などのごく身近な人でも，通りすがりの見知らぬ人でもない。多くはほどほどの知り合いである。

　上記のような思春期心性は多くの人たちが経験するものの，たいていやがては悩みを克服していく。ところが悩みが習慣化し，重症化していく場合もみられる。これにはパーソナリティ因子が関係していると考えられている。そのような人には幼少期から高い評価を受け続け，その維持へのこだわりがあるといわれている。恐怖症の発症は，その崩壊への過度な恐怖感にともなう過敏さや，完全さを求める強迫的な性格を背景にしている場合が多い。

　この種の恐怖症である対人恐怖症や社会恐怖症は，神経症的な不登校やひきこもりのような行動異常を引き起こすことも少なくない。そこで「ふれあい恐怖」を思春期や青年期心性の発達の問題としてとらえる視点が必要になるが，さらに対人恐怖と社会恐怖についても言及しておきたい。

2　対人恐怖と社会恐怖

(1) どう考えられてきたか

　人間関係場面において，不安や恐怖を感じ，その場面を避けようとする行動傾向を一般に対人恐怖と呼んでいる。それに含まれる例は多岐にわたる。健康な人にみられる人見知りや気づかいをはじめ，病的な状態のものでは視線恐怖や自己臭恐怖から妄想にまで及ぶ。欧米文化圏ではこの種の恐怖症状はあまりみられないところから，わが国でしばしば論じられてきたのは日本文化との関係である。

　日本人の人間関係においては，言葉で自己主張をするのではなく，表情や身

ぶりから相手の本音を読んで合わせていく，いわゆる「察し」が強く求められてきた。そこでは，言葉での理解ができないために相手の本当の気持ちを見つけるのに失敗するのでは，という不安や恐怖心をもちやすくなる。その背後には，他人に好かれ，よく思われたいという配慮的な面と，他人よりも優れていたいという自己主張的な面との矛盾と対立がある（近藤，1970）といわれている。そういう性格の典型が森田神経質である。

一方，欧米文化の中では，人間関係において相手の本音をめぐっての対人不安や葛藤などはあまり関心の的にならなかったように思われる。確かに，アメリカ精神医学会（American Psychiatric Association）が1980年に出版したDSM-Ⅲ（精神障害の分類と診断の手引）には，不安障害の中の恐怖性障害の一分類名として社会恐怖の記載がある。しかし，この社会恐怖の程度は日本での例に照らせば軽微であり，せいぜい中等度にとどまると考えられているのである。このことからも，アメリカ社会では社会恐怖にあまり関心が向けられてこなかった事情をうかがい知ることができる。

(2) 軽症の症例の紹介

● **事例1** 男子　24歳　3人兄弟の末っ子　対人恐怖（社会恐怖）

大学3年のころから絶えず体の不調に悩まされるようになった。卒業後就職したが，理想や形式にとらわれて人間関係を避け，身体的不調感が強くなって退職せざるをえなくなり，受診した。バウムテストでは，最初に下書きを描いてから，図22-1のような「レモンとか，ユズとかの絵」を描いた。いくつかの節がある先の尖った幹や，大きい実が目についた。この絵から示唆されるのは，これまでに負った心の傷の大きさである。また，成果を求めて外にはたらきかけていくことの困難さを示した描画といえる。

この症例で自立していくまでの経過をみてみると，彼は家族との葛藤やカウンセリング場面での治療者との対立や葛藤を経験していくうちに，少しずつ自分や周囲の人を受け入れられるようになってきた。幸いにもその後，自分で見つけたアルバイトを経て就職することができた。彼は，こうあらねばならぬという理想と現実との葛藤に悩まされ，理想的自己が形成できないことを強く恥じていた。この例は森田神経質の特徴をよく表わしている。

第22章　ふれあい恐怖

図22-1　事例1のバウムテスト描画

(3) 重症の症例の紹介

　一方，対人恐怖症と呼べるものに，視覚や嗅覚の内容の認知に異常をきたして人前に出られない症状を呈する一群がある。視覚の場合では，視線恐怖，つまり自分の視線がきつい，おかしいから周囲の人が避けるとの思い込みがある。また嗅覚の場合，自己臭恐怖，つまり自分が嫌な臭いを出しているのでほかの人が自分を避ける，遠ざけるとの思い込みがある。これらは，思春期，青年期のうちに治まる場合もあれば，人格障害や，時には統合失調症を発症させる場合もある。いわゆる重症対人恐怖症と呼ばれる症状である。

● **事例2**　男子　15歳　中学3年　醜貌(しゅうぼう)恐怖

　中学3年になって学校へ行くのを渋りだしたのが最初の症状である。がんばり屋であったが成績がいっこうに上がらず，受験のことが気になって登校が困難になったものと考え，養護教諭が面接をしていた。ところが夏休み明けのころから，自分の顔のことを，これでは友だちが嫌がる，女性にもてない，整形

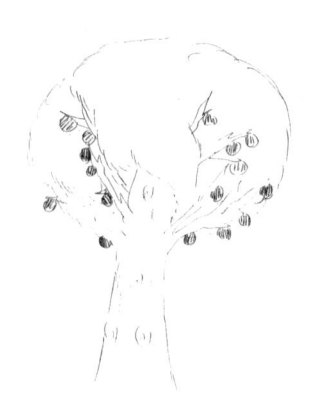

図22-2　事例2のバウムテスト描画

したいと執拗に訴えるようになり，母親に連れられて受診した。

　彼の描画を図22-2に示した。幹にはいくつもの節がみられ，実を縦線で塗っていて，かなり敏感であることがうかがえる。ロールシャッハテストからわかったのは，現実検討力が悪く，敏感さと鈍感さが同居していること，そして人間関係が不安定で抑圧や隔離の防衛もあまり機能しないことであった。本人の希望もあって入院したが，間もなくこれまで以上に顔へのこだわりが強くなり，まったく人前に出られなくなってしまった。この事例の症状はけっして軽くはないが，精神医学的に統合失調症の疑いは否定されている。

● 事例3　女子　22歳　会社員　自己臭恐怖
　最近自分の汗の臭いが気になってきた。電車に乗っているとき隣の人が鼻をさわったのは自分の出している臭いのせいと思うようになり，さらにその臭いのために他人が近づかないと思い込むようになって乗り物には乗れなくなった。そのうちに会社内で仕事中も臭いを出しているのではないかと不安になり始め，他人に近寄れなくなり，思い悩んで来院した。
　バウムテストの絵（図22-3）からは，枝葉が用紙からとび出しそうで枠に

図22-3　事例3のバウムテスト描画

収まりきれないようすがみられ，また幹には幼児時代の心の傷とも解釈される節がみられた。ロールシャッハテストの所見によると，衝動感に悩まされ，防衛としての否認もみられたが，現在は神経症水準にあると推察されており，この程度の症状をただちに重症対人恐怖症とはいいがたい。しかし，この症例の自己臭は妄想的段階にあるとも考えられよう。

3　不登校とひきこもり

(1) 不登校とふれあい恐怖

　何らかの情動的な理由によってある一定期間学校へ行かない不登校の児童の中には，「ふれあい恐怖」を主症状とする子どもたちがいる。最近は怠けや無気力で登校しない子どもたちが増えているが，以前は学校へ行きたくても行けない，教室へ入りたくても入れない不登校が多かった。この行きたくても行けない神経症的なタイプでは，対人的なふれあいへの不安や恐怖を主訴とすることが多い。
　この種の不登校は原因別に次のようなタイプに分けられる。一つは，母親の

保護状態の下にあるために新しい人間関係がつくれず，学校へ行くのを渋る分離不安タイプである。これは小学校低学年に多くみられる。他方，自他の関係が強く意識化されたときの感情の処理がうまくいかないために緊張し，教室に入れなくなるタイプがある。これは思春期に多くみられるところから思春期タイプと呼ばれる。不登校の症例を紹介する。

● **事例4** 13歳　中学2年　男子　思春期タイプ

　中学1年の夏休みが終わったころから学校を休むようになり，やがてまったく登校しなくなったために来院した。外出はほとんどなく，家では計画を立ててかなり勉強しているという。

　この症例では箱庭作品に特徴がみられる。時間を追ってみていくと，最初は柵に囲まれた作品を作った。4回目（図22-4 a）に戦いが現われ，次に死の

(a)

(b)

図22-4　事例4の箱庭

イメージ（図22-4 b）が，そしてやがて再生を象徴する箱庭が作られた。この過程で少しずつ登校するようになり，また面接場面でもよく話すようになっていった。

その子どもにとって，これまでの親に代表される大人から与えられた枠組みを捨て，新たに自分なりのものを作っていく作業（戦い）が思春期や青年期の課題となっている。この課題達成のプロセスがこの症例の一連の箱庭に象徴的に表現されている。

(2) ひきこもりとふれあい恐怖

ひきこもりは，近年とみに注目を集めているが，その概念は必ずしも明確ではない。何らかの情動的な理由から長期間他人や社会との交流を断ってしまうのが顕著な特徴であり，不登校と同じように状態像を示す概念でしかない。行動的にはひきこもりであるが，多かれ少なかれ恐怖症状をあわせもっており，現代の対人恐怖ともいわれている（中村，2000）。高校生のころまでのひきこもるタイプの不登校と，ひきこもりとの違いははっきりしない。

確かに不登校からひきこもりに発展していく事例も少なくないが，不登校を経験しない，つまり学校時代には何ら問題なく適応をしていた若者が，ひきこもりになる事例もある。これがひきこもり全体の半数を超えるという調査結果もある。

武藤（2001）は，ひきこもりを3つの視点からとらえている。①過去においてトラウマ（心的外傷）となって残るような心の傷を引きずってきていること。②その心の傷，トラウマを解消できない脆弱なパーソナリティの持ち主であること。そして，③家族をはじめ本人が所属する集団での情緒的支援態勢が非常に乏しいことである。これらの視点は多くの事例に当てはまるものと思われる。

次に，ひきこもりの症例を紹介する。

● 事例5　男子　26歳　2人兄妹の長男

小・中学と優等生で，問題なく過ごすが，一時いじめの対象になったことがある。有数の進学校から一浪して国立大学へ入学したが，登校しなくなるのは下宿暮らしが始まった5月ごろからであった。ブラブラする生活が3年近く続

いたが，家族は知らなかったらしい。その後退学となり，家へ戻ったが，時々本屋へ行く以外は部屋にこもり昼夜逆転の生活が続いた。家族のうち，父親と妹は本人をまったくといってよいほど無視している。

　この事例の場合，高校時代にすでに不登校があった。そこで前述の武藤の視点に照らせば，いじめがトラウマになっていることも予想される。しかし，問題はそれを解消するための心理的・社会的資源が乏しいことにあった。3年間の下宿でのブラブラ生活や父親や妹からの無視に示されるように，まわりの人たちの援助支援態勢に恵まれなかったともいえる症例である。

　以上，「ふれあい恐怖（対人恐怖）」について，おもに思春期や日本文化との関係をみてきた。そして「ふれあい恐怖」の行動的側面に特徴がみられる不登校やひきこもりについて事例をまじえて論じた。このような事例を通して，人と関わる力が育ちにくい現代社会の中で，適度に他者の感情と交流しながら生活していくことがいかにむずかしいかが示唆されている。

第23章

男性的恐怖：高所恐怖

　どんな種類の恐怖でも女性のほうが著しいと思われがちである。キャンブルら（Campbell et al., 2001）も，女性が妊娠，出産，初期の育児で決定的な役割を担っているために，進化圧は，どんな恐怖刺激にも女性のほうが敏感になる結果を生み出したと考えている。
　しかし，唯一，例外がある。高所恐怖である。これまで指摘されることはなかったが，高所恐怖はむしろ"男性的な"恐怖であることを明らかにしていこう。

1　特定の恐怖症

　恐怖は，回避行動や逃避行動を引き起こし，危険な脅威から身を守るためには不可欠な情動である。しかし，恐怖をもつには不合理な対象だったり，恐怖が不合理なほどに強すぎたりすれば，生活に支障を生じる。男性が女性に接触もできないほど強い恐怖をもっては困るし，カエルが恐くてカエルが出そうな道を通れないようでも困るのである。
　「特定の恐怖症（specific phobia）」は，①ある特定の対象や状況，出来事に対して，不合理な強い恐怖が喚起され，長期間にわたって持続する，②恐怖が，ふだん，対象や状況などの回避や逃避につながる，あるいは恐怖に耐えることで著しい苦痛を生じる，③その結果，生活に支障を生じるなどの症状を示す恐怖症である（DSM-Ⅳ-TR: American Psychiatric Association, 2000）。
　恐怖にはやっかいな点がある。ワトソンとレイナー（Watson & Rayner,

1920）は幼い男の子にシロネズミ恐怖の条件づけを行ったが，この例に端的に示されているように，①少ない回数で学習がすばやく成立する，②ほかの類似した属性をもつ刺激によっても同様な反応が起こる「汎化」が生じやすい，また，③いったん学習された恐怖の対象に対して逃避や回避が生じることで消去の機会が奪われ，恐怖が持続，固定されやすい，という特徴である。

恐怖のこうした特徴は，危険度の高い不安定な環境で生存するためには必要な安全機構である。しかし，比較的安定した環境の中で，恐怖をもたないほうが望ましい対象に恐怖をもつようになったり恐怖が過剰になったりすれば，適応的な行動さえも制限される結果になる。

特定の恐怖症の対象は，虫，動物，高所，対人的な状況，傷，雷のような自然現象など，多岐にわたっており，ウォルピとラング（Wolpe & Lang, 1969）の恐怖対象調査質問紙（The Fear Survey Schedule）には108もの対象が含まれている。高所恐怖症（acrophobia; fear of heights）も，特定の恐怖症の一つである。

2　恐怖の条件づけモデル

恐怖症の発生機構には，2つのルートが考えられる。

ワトソン（Watson, 1930）は，特定の対象や状況に対する恐怖は，その多くが条件づけと汎化とを通して拡大すると主張した。学習モデルである。特定の恐怖をもつ者が，しばしばそのきっかけとなった経験を報告することも，学習モデルを支持させる。たとえば，イヌ恐怖をもつ大学生のうち，95.3%（43名中41名）は，幼児・児童期に自分がイヌに噛まれた・吠えられた・追いかけられた・急にとびかかられたなどの直接経験（90.7%），あるいは肉親・友人などが噛まれるのを目撃したという代理経験（4.7%）があると述べている（仁平，未発表資料）。

しかし，学習モデルだけでは説明しにくい問題が残る。その一つは，たとえば後で紹介する研究のように，高所から墜落したネガティブな経験と高所恐怖の間に，学習モデルの予測と矛盾する関係がみられることである。もう一つは，特定の恐怖症には，著しい男女差がみられることである。

3 墜落・転落経験と高所恐怖の逆説的な関係

　オーストラリアのポウルトンら（Poulton et al., 1998）は，高所恐怖症について，単純な学習モデルと矛盾する結果を報告している。

　彼らは，転落や墜落の経験が高所恐怖症を引き起こすかどうかを明らかにするために，幼児期から青年期後期まで1,000名規模の縦断的研究を行った。恐怖の単純な学習モデルに従えば，ケガの治療が必要なほど痛い転落・墜落を経験すれば，高所への恐怖を学習するはずである。

　追跡は3歳から18歳まで行われた。親たちは，墜落や転落でケガをした経験が子どもたちにあったかどうか，継続的に尋ねられた。ケガは，階段，はしご，バルコニー，屋根，遊具，崖，木などからの転落・墜落によるものであった。

　18歳の時点で，アメリカ精神医学会のDSM-Ⅲ-Rの診断基準に従って，高所恐怖の有無が確認された。その結果，幼児・児童期を通じて転落・墜落によるケガの経験がなかった者では，18歳時点で高所恐怖を示した者の割合は12.9%だった。これに対して，幼児・児童期にケガの治療が必要な程度の転落・墜落を経験した者では，18歳時点で高所恐怖を示した割合は，1.2%と，かえって割合が低かった。

　高所から転落・墜落した者のほうが高所恐怖になる確率が低いという，この結果は，単純な学習モデルの予測とは，まったく逆である。

4 恐怖の進化心理学的モデル

（1）進化心理学の基本仮定

　恐怖について，単純な条件づけモデルと対置される，もう一つの考え方は，進化心理学による説明である。

　進化心理学は，次のような基本仮定に立脚している（Crawford, 1998; Kenrick et al., 1998; 長谷川・長谷川，2000など）。

　われわれの現在の心的な機構は，遠い過去の祖先が適応をせまられた環境である「進化上の適応環境（Environment of evolutionary adaptedness：EEA）」に適合したものである。進化心理学者たちは，人間のEEAは更新世に登場し

た祖先の環境，狩猟採集時代の環境に相当するものだと考えた（長谷川・長谷川，2000）。そうやって進化した人間の心の機構は1万年以上前の時代に適応的なものであって，その後の急速な（進化という長いスパンの変化からすれば急速である）環境変化，多様化には自然選択による適応が追いつけないため，人間の心的機構は，そのまま現代の環境に適応的なものだとは限らないというのである。

EEAという概念を最初に提案したボウルビィ（Bowlby, 1969）は，以下のように述べている。

>……人間が現在生きている文明化した環境，あるいはほぼ文明化した環境についていえば，そのどれもが，人間の安定した行動システムの進化が起こった環境，そしてそれらのシステムが本質的適応をした環境とは，まったく異なってしまっているといえる。

それゆえに，現代の環境では脅威ではないと思われる対象も，EEAからすれば，恐怖対象になることがある。

進化心理学のもう一つの重要な仮定は，われわれの心の機構は汎用的機構ではなく，比較的独立なモジュール群から成り立っており，自然選択の結果，それらのモジュールはEEAでくり返し直面する特定の適応問題を解決するようにつくられているという考えである（Tooby & Cosmides, 1992）。恐怖の学習機構も，すべての恐怖を等しく学習しやすいようにデザインされているのではなく，EEAで適応をせまられた対象に対応しやすいようにモジュール化されていると考えられる。

そう考えてくると，先のポウルトンらの結果については，次のような推論が成り立つ。

高所恐怖は，心の進化の過程で形成された「進化上，適切な恐怖」である。その高所恐怖は危険の回避機構としてすでに幼児期から作動しているメカニズムで，高所が恐い子どもは，転落・墜落の可能性がある高所には，もともと登らない。それゆえに，幼児・児童期に転落・墜落経験のない子のほうが，後期青年期になっても高所恐怖を示しやすいという逆説的な関係がみられることになる。これに対して，高所恐怖という危険行動抑制機構のない（あるいはその

はたらきの弱い）子どもは高い所に登ることが多く，その結果，転落・墜落をしてケガをする率が高くなる。ところが，高所恐怖のモジュールは経験によって変更されにくいために，こうした子どもたちは後期青年期になっても高所恐怖を示さない。

(2) 恐怖の性差

　恐怖について進化心理学的視点を考慮しなければならない，もう一つの根拠は恐怖の性差である。条件づけモデル自体は，どちらの性が恐怖刺激への反応の閾値が低いかを予測はしないし，どのような刺激が恐怖の学習を成立させやすいかを予測することもない。

　それに対して進化的理論は，さまざまに性差を考えることになる。

　先に述べたように，キャンブルら（Campbell et al., 2001）は，自分が生存して子どもを残すためには，女性のほうが一般に恐怖刺激に敏感であると考えている。

　また，フレデリクソンら（Fredrikson et al., 1996）の研究では，住民台帳から抽出した18歳〜70歳の男女1,000人を対象に，恐怖症の調査を行った。調査の回答から，DSM-Ⅳに基づいて，①恐怖によって正常な生活に支障が生じている，②恐怖は合理的な程度を超えている，③恐怖を自分でもコントロールできない，という3基準を満たすケースが恐怖症であると定義された。その結果，ヘビやクモなどの動物恐怖も，自然現象や状況の恐怖も，ほとんどすべてが女性で有症率が有意に高かった。

　しかし，フレデリクソンらも指摘していないが，たいていの恐怖症は女性が男性よりもはるかに発症率が高いのに，男性の高所恐怖有症率はほぼ女性に匹敵する高い割合であった。また，男性についてみると，さまざまな恐怖症の中では，高所恐怖は6.3％と他の恐怖よりもとび抜けて有症率が高かった（他は高いものでも2.4％）。

　こうした事実を，どう説明したらよいのだろう。

5 The Fear Survey Schedule による調査

われわれは，恐怖刺激の包括的な質問紙である「The Fear Survey Schedule」（Wolpe, 1990 の付表）を翻訳して，大学生を対象に，恐怖にどのような性差がみられるかを検討した（仁平ら，2002）。

恐怖評定について因子分析を行った結果，固有値 1 以上の 22 因子が抽出された。因子得点の性差をみると，高所恐怖という一つの例外を除けば，すべて女性の恐怖が高かった。たとえば，第一恐怖因子「虫・小動物」（クモ，毛虫，ネズミ，ヘビなど）は，女性の因子得点が有意に高い。フレデリクソンら（Fredrickson et al., 1996）の調査結果でも，ヘビ恐怖，クモ恐怖は女性の有症率は男性の 3 倍以上から 4 倍以上である（表 23-1）。

暴力や攻撃，集団からの孤立に対する恐怖も，女性のほうが強い。

ところが，「高所恐怖」だけは，男性の平均因子得点は女性よりも有意に高かった。その意味で，高所恐怖は男性では例外的な恐怖であるといえる。

6 なぜ高所恐怖は男性のほうが著しいか

高所恐怖の場合，なぜ男性に著しいのかを説明することはむずかしい。進化心理学の基本仮定のように，われわれの心の機構は狩猟採集時代の環境に適応するように進化し，そこからは大きく変化していないという考え方が，まず一つである。さらに推論を重ねれば，その狩猟採集時代の環境は，ある程度以上の高度差がある危険な場所を男性が回避するような安全機構を要求したという仮定も成り立つだろう。狩猟採取が主の生活では，高い崖や木などの高所に恐怖をもたない男性ほど，生命の危険にさらされるからである。

同様に，虫や小動物に対して女性が現在理解しがたい恐怖を示すのは，EEA の生活環境では，それらが自分自身にとって危険だからというよりは，女性には重要な乳幼児や貯蔵した食物にとって脅威であったという説明が可能になるかもしれない。

しかし別な意味でも，高所恐怖は不思議な恐怖である。高所恐怖が強いはずの男性の一部に，逆に，恐怖が欠落している者が出現する可能性があるからで

第23章　男性的恐怖：高所恐怖

表23-1　The Fear Survey Schedule の恐怖因子と性差（仁平ら，2002）

因子	主な項目
① **虫・小動物**	クモ，毛虫やミミズ，飛んでいる虫，うじゃうじゃいる虫，コウモリ，毒のないヘビ，ネズミ
② **他個体からの圧力・排斥・非難（その可能性）**	ミスをしてしまうこと，愚かだと思われること，非難されること，失敗，反対されること，決断を迫られること，会話がとぎれること，拒絶されること，無視されること
③ 長い旅・拘束	バスでの長旅，自動車での長旅，電車での長旅
④ 高所	高いビルから下を見下ろすこと，高い場所，高い所から落ちること
⑤ 血液・傷	人の血，動物の血，傷口，手術を見ること
⑥ 雷・稲光	雷の音，稲光
⑦ **注射・手術（医療による身体侵襲）**	注射されること，歯医者，他の人が注射されているのを見ること
⑧ 混雑・混沌	人込み，どんよりした天気
⑨ 自動車・事故のおそれ	道を横断すること，自動車
⑩ **闘争・攻撃**	戦いの場面，火事，武器，人がいじめられているのを見ること，乱暴そうな人，ナイフなど鋭利なものを見ること，怒っている人
⑪ 孤独化・ストレンジャー化	1人ぽっちでいること，ペーパーテストを受けること，知らない場所
⑫ 空間	何もない広い空間，閉ざされた空間
⑬ 死	死んだ人，墓地
⑭ 対人緊張場面	異性と二人きりになること，大勢の人の前で話すこと，他の人たちが先にいる部屋に入ること
⑮ **いじめられること**	いじめられること
⑯ 飛ぶもの	鳥，コウモリ
⑰ 閉鎖的乗り物空間	エレベーターの中にいること，飛行機
⑱ 大音量	大声，サイレン
⑲ 異性（ヌード）	男性のヌード，女性のヌード
⑳ 犬・猫	イヌ，ネコ
㉑ 異質な存在	架空の生き物，他の人に触られること，奇妙な形をしたもの

ゴシック体の因子は，④「高所」を除き，すべて女性の因子得点が有意に高い。

ある。E・J・ギブソン（Gibson, E. J.）は，あるシンポジウムの質疑応答の中で，視覚的断崖実験で，視覚的に高低差のある視覚的断崖を回避しない幼児が例外的に存在し，彼らはすべて男児だったと述べている（仁平ら，2002）。また，男児の発症率が高い自閉症児の一部には，高所に登ることを好み，高所を回避しない子どもがいることがしばしば報告される。

高所恐怖は，恐怖の中でも特異的である。

第24章

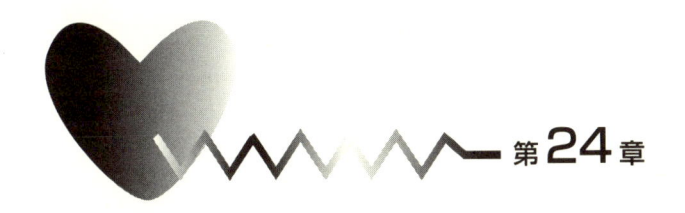

いじめと思いやり

　いじめと思いやりは，人間集団のどこにでも存在する営みであり，相反するというより，表裏の現象である。人の心理に関わる者はさまざまな立場からこの問題に向き合うことを要請される。本章では，「いじめという現象」を前にしてカウンセラーの心の中に起こる気持ちを背景に，どのように事例に向き合うかの基本を，文学作品を例にあげながら述べていきたい。

　　「僕たち，」私は十二,三歳の少年の様に甘える。「どうして独力で生活できないのだろうね。(中略)」
　　「誰も，やらせてくれないよ。みんな意地わるいほど，私たちを大切にしてくれるからね。」
　　　　　　　　　　　　　　　　　　　　　　　　　　　（太宰治『秋風記』より）

1　人間存在の抱える両義性

　弱い者を苦しめるいじめと，思いやりは相反する言葉であるが，現実の人間関係や感情の世界では，不可思議に混じり合い，あいまいであり，心の中に体験として生き続ける。そもそも，いじめや思いやりの交錯する親密な家族関係や人間関係こそが一般的である。
　今日，社会現象として子どものいじめのみならず，高齢者虐待，児童虐待，配偶者虐待が問題とされている。拒食，自傷などは自らをいじめる行為といってよい。過去に受けたいじめのために社会参加できないという事例も多い。人

と人との対立は人間社会の宿命であり，強い者への反抗，同等の力関係でのけんか，弱い者いじめなどと表現されている。

　人間は，最初から他者の中に投げ出されており，他者とつながれることによってしか己の生をまっとうできないにもかかわらず，自分の思い通りに生きようとする矛盾した存在である。この矛盾，両義性を抱えた主体と主体との関係では，そこにどれほど矛盾，対立が生まれても何ら不思議はない。現実世界は，人と人，大人と子ども，子どもと子どもが取っ組み合っている世界である。人の生活は，そのような矛盾，対立，葛藤の中で展開し，その中でさまざまな感情とその発露を体験する。

2　児童期にみられるいじめと思いやり

　自叙伝や自伝的小説には，作者のひたむきな自己形成の姿があり，そこには，隠蔽，虚偽があるにしても，だからこそ，真実の物語が表現されている。小説『次郎物語』と『そこに僕はいた』を例に，いじめと思いやりの心理を学んでみよう。

　下村湖人著『次郎物語』は，生後まもなく里子に出され，7歳の時に「教育の責任」を感じた生母にひきとられる子どもの成長の記録である。子どもの世界と大人の世界が対立し，取っ組み合い，時に和解していく過程が描かれている。

　就学前，次郎が乳母の娘を泣かし，乳母の夫に責められるエピソードから回想は始まる。好きな子をいじめるという矛盾がうかがえる。好きな子を思うばかりに（思いやり）その感情を打ち消すような理不尽な乱暴が示されている。他人の中で育てられた次郎は，愛情に対して極端に敏感で，母親であって母親でない生母の，説教ばかりの教育は効果があがらなかった。こうした生活の中で，残忍性が現われる。

> 　次郎は，毎日庭に出ては，意味もなく木の芽をもみつぶした。花壇の草花にしゃあしゃあと小便をひっかけた。とんぼを着物にかみつかせては，その首を引っこ抜いた。蛙を見つけては，のがさず踏みつぶした。蛇が蛙をのむのを，舌なめずって最後まで見まもり，のんでしまったところをすぐその場でたたき殺した。隣の猫をとらえて，たらいをかぶせ，その上に煉瓦を三つ四つ積みあげて，一晩中忘れていた。

第 24 章　いじめと思いやり

　この残忍性は，物語の後半の優しさ，思いやりに到達する原点である。
　次郎は 6 年生の時，父親の破産を通して世間を知る。同情や思いやりを寄せる人々の中で孤独を感じ，今までのように無造作に生きることができなくなる。

　　彼はもう一個の自然児ではなかった。複雑な人生に生きていく技術を，意識的に働かそうとする人間への一転機が，この時はっきり彼の心にきざしていた。（中略）彼はいつも人々の讃辞に耳をそばだてた。（中略）彼は，彼自身の本能や，自然の欲求に生きる代わりに，周囲の賛辞に生きるよう努めた。

　教育やしつけは文化の伝達であり，子どもと大人間の葛藤は不可避である。教育やしつけの場は，鋳型にはめ込もうとする大人と，はめられまいとする子どもとのせめぎ合いの場である。せめぎあいの場には，力関係が必然的にともなう。もちろん大人も子どもも両義性を抱えているから，大人もはめたくない，一方ではまって欲しいなど複雑に揺らぎながら，全体として鋳型にはめようとする。同様に，子どもにも，大人を先取りする部分や大人に反抗する部分があり複雑な思いの中ではめられまいとする。そこに，思いやりといじめのダイナミクスが現われる。
　優しさの「優」とは，劣の逆，つまり余力のある状態をいう。優しさ，思いやりの前提には，力関係がある。力があるからこそ，弱いものをかばい，自分の思い通りを殺して相手を立ててやることができる。正義や理想をいちずに求める教育は，逆に歯止めのない暴力を招くこともあるのだろう。

　辻仁成著『そこに僕はいた』は，転校生だった作者の少年時代の回想である。そこでは「人を思う」結果が，時にいじめとして表現される。ほとんどのエピソードが，けんかやいじめ，ライバルなど対立の出来事である。最初の篇にまず，小学 4 年生のころ，初恋の大好きな当の相手を徹底的に傷つけるいじめが描かれる。

　　もやもやとした恋心が心の野原に芽を出していたのだが，（中略）。彼女に好かれたいのに，彼女の前に出ると逆のことをいってしまうのだ。（中略）好きだといわなくてはならないところで，僕は，「お前みたいな女が一番嫌いなんだ」とか，「ブスだよなー，お前は」などといってしまうのである。そう暴言を吐き

ながら，僕は心の底で，「ああ，なんとひどいことをいっているんだろう。ごめんなさい（中略）」と咳いていたりするのだから始末におえない。

また作者自身もいじめの対象となり，そこでは「傷つく前に傷つける」という防衛的態度が描かれている。その防衛自体が両義的である。

　　僕には大勢の喧嘩仲間がいた。（中略）
　　一度など，校庭の真ん中で袋叩きにあったこともあった。喧嘩で叩きのめされても，しかし僕は絶対学校を休まなかった。休むということはつまり屈することだったからだ。もしあのとき逃げだしていたら，その瞬間僕はいじめを受け入れたことになるのだった。（中略）
　　あの頃は僕は殴りつけられる前に殴りつけることばかり考えていたようだ。（中略）
　　何時だったか学校の外で，その中でもリーダーシップをとっていた男とばったりあったことがあった。彼は珍しくたった一人だった。僕は真っ直ぐ彼の方を目指して歩いていた。すると彼はUターンしてしまったのである。すたすたと立ち去るそいつの後ろ姿を見て，僕はあのとき，勝ち負けなんか下らないということにはじめて気づいたのだった。

圧巻は次の思いやりにつながるいじめの描写である。

　　小学校の中学年の頃，僕はがき大将で毎日近所のちびっこたちを引き連れて遊び回っていた。縄張り意識が強くて，（中略）……
　　はじめてあの新聞配達の少年を見たのは，その基地を建設しおわった直後の頃のことである。（中略）
　　僕はその姿に何か心を動かされていたのだが，沢山の子分たちの前で彼を褒めるわけにもいかず，つい心にもない行動をとってしまうのである。そう，僕は彼目掛けて石を投げつけたのだ。
　　新聞少年は（中略）……石を避けようともせずじっと僕らのほうを睨みつけるのだった。（中略）
　　僕と新聞少年はそのとき初めて対峙して睨みあった。（中略）
　　それからもときどき僕らは彼を見っけては威嚇攻撃をした。（中略）
　　僕が彼に石をなげたのは，多分彼の存在が気になっていたからなのだろう。

　　その頃は喧嘩ばっかりしていた（中略）。
　　ともだちともだちといってつるんでいるだけが友達ではない。いつも一緒に

いた奴らよりも忘れられない友達が後になっていっぱい現われたりするものである。(中略)
　友達という言葉には本当は僕らが想像しているよりももっと大きな意味がかくされているのだ。

　ここでは、いじめと思いやりの二分では表現できない、少年の屈託ない微妙な心の軌跡がうかがえる。
　なお、いじめられる側の心理については、雨宮処凛の「ともだち刑」(雑誌『群像』, 2004, 9)という小説に語られている。中学生の部活で憧れをもつ先輩や仲間から、その分だけ徹底的にいじめられる。憧憬が当惑を経て、悲しみから憎しみへ、自己破壊へと変容する様相が描かれている。

3　青年期のいじめにみられる両義性

　シュプランガー(Spranger, E.)は、『青年の心理』(土井訳, 1973)の中で17歳から24歳にいたる間の青年にみられる奇異な、しかも特徴的な一つの現象として、彼らの最も親しい者に対して抱く倫理的残酷性をあげている。

　　彼らは他人の内界を今初めて実は発見したのである。彼らは自分の最も愛する人々を苦しめて、これも彼らに類型的であるところの自己虐待の本能を満足させる。かかる現象にはきわめて多くの精神的要素が合流している。第一にそれは児童の動物虐待に現われる身体的苦痛に対する不思議な快感と類似するところがある。すなわち青年になると、人間の心を苦しめて楽しもうとするのである。同時にそれは、いかにそれが反応するか、重荷の試みに果たして耐え得るか否かと、他人の心を実験しているのである。しかしながら結局それは自己自身の倫理的実験である。『いかなる限界まで自分は進み得る能力があるか』という問題が付随して暗々裏に待ち伏せしているのである。(中略)　人が力強く勇敢になるためには、危険の不思議な刺激を満喫することが必要である。(中略)
　　そうしてこれは青年の心の倫理的経験に属する。(中略)　すべての青年がそれを現実に体験するのではない。多くの者はただ想像の誘惑として、あるいはまったく自己の弱き心の可能に対する危惧として体験する。

　シュプランガーは、ニーチェ(Nietzsche, F. W.)の中にも、このような種類の性癖をみる。自己を苦しめる欲望、自己を否定し、自己を破壊する欲望が、

結局一つの建設力となるという。

　青年後期以降には，この居心地の悪い両価的な感情が回想でなく表現される。丸山薫の 25 歳ごろの詩を例にあげよう。

　　　静かな午(ひる)さがりの縁さきに
　　　父は肥(ふと)って風船玉のやうに籐椅子にのっかり
　　　母は半ば老ひて　その傍に毛糸を編む
　　　いま春のぎやうぎやうしも来て啼かない
　　　この富裕に病んだ懶(ものう)い風景を
　　　誰がさっきから泣かしているのだ
　　　（中略）
　　　オトウサンナンカキリコロセ
　　　オカアサンナンカキリコロセ
　　　ミンナキリコロセ

　　　　　　　　　　　　　　　　　　（丸山薫「病める庭園」より）

　詩人は老いた両親への思いやりに絡みつく残酷なまでの切なさをみごとにうたいあげている。

4　家族に対する両義的感情

　青年がさらに年を重ねて親に変貌したとしても，こうしたいじめと思いやる心の両義性の感情は変わらない。理知的紳士とされる親であっても，自らの秩序や縄張りを揺さぶられる時，以下のような感情に基づく理不尽な行動が出現する。

　　　私は自分の心の乱れからおまえたちの母上をしばしば泣かせたり寂しがらせたりした。またおまえたちを没義道(もぎどう)に取りあつかった。おまえたちが少し執念(しゅうね)く泣いたりいがんだりする声を聞くと，私はなにか残虐(ざんぎゃく)なことをしないではいられなかった。原稿紙にでも向かっていたときに，おまえたちの母上が，小さな家事上の相談を持って来たり，おまえたちが泣きさわいだりすると，私は思わず机をたたいて立ちあがったりした。そして後でたまらないさびしさにおそわれるのを知りぬいていながら，はげしい言葉をつかったり，厳しい折檻(せっかん)をおまえたちに加えたりした。

　　　　　　　　　　　　　　　　　　（有島武郎「小さき者へ」より）

作者の有島は「優しさ」の文学者であり，このような告白そのものが思いやる心であることは納得できるであろう。この八つ当たりは，祈りの詩人，八木重吉においても同様である。

　　もも子よ／おまえがぐずってしかたがないとき／わたしはおまえにげんこつをくれる／だが　桃子／お父さんの命が要るときがあったら／いつでもおまえにあげる

(八木重吉『八木重吉詩集』より)

「愛する自分」と「愛する家族」との葛藤はこのように表現される。陽性の感情の思いやり優しさが家族に満ちているべきとの思いがいかにむなしいかは，以下の詩を提示するのが手っ取り早い。

　　半身付随の父が／四度目の妻に甘えてくらす／このやりきれない家／職のない弟と知能のおくれた義弟が私と共に住む家。（中略）
　　この家／私をいらだたせ／私の顔をそむけさせる／この，愛というもののいやらしさ，／鼻をつまみながら／古い日本の家々にある／悪臭ふんぷんとした便所に行くのがいやになる／それで困る。

(石垣りん『石垣りん詩集』より)

老人介護においても，2つの両価的感情の上に成り立つ。親への無償の愛，善意だけではすまされない問題が含まれていることがわかる。

　　がんこな父に／茶さじ一杯分の／意地悪を言う／ごめんね
　　でも／介護の疲れはこれが効く

(47歳男性「こころの歌」読売新聞, 2004, 4, 21 より)

5　いじめと思いやりの一体性について

文学作品を通して，いじめと思いやりの一体性と逆説を概観した。いじめの態度は必ずしも，排除，分離を求めるものではなく，交流，共存，一体化を求める感情の現われであることがうかがえる。

キケロ（Cicerō, M. T.）は，友情について，「ある人にとっては優しそうな友人より，辛辣（しんらつ）な敵のほうが役に立つ。敵はしばしば真実を語るが，友人はけっして語らぬから」と述べている。生まれて以来，優しくされることが当たり前だった者にとっては，かえって，それを振り払おうとするそぶりさえみせるという報告（宮川，1996）がある。拒食症の子どものいる家庭にほぼ共通する特徴として「思いやり」があげられることは臨床家の間では周知の事実である。家族はお互いのことによく気がつき，調和を重んじ，家族としての一体感をもっている。逆にみれば，対立が起きても，葛藤を回避しようとする動きが自然に出る家族である。子どもが思春期を迎え大人にさしかかる段階になると，この家族の一体感はストレスを受けることになる。

こうした観点からみると，いじめをはじめとして今日の若者にみられるピアス，タトゥの流行，拒食，リストカット，抜毛その他の自傷行為は，痛みを回避しようとする「思いやり」文化，無痛文化（森岡，2004）への反発であり，痛みを求める行為ともいえるのであろう。

太宰治は，「人はあてにならない，という発見は，青年が大人に移行する第一課である。大人とは裏切られた青年の姿である」（太宰治『津軽』）と述べている。人は，裏切られた痛みの体験を通して，不信を発見し，自分の中に相手への否定的感情を認めたとき，謙虚にもなり，相手の心も読め，用心し，簡単には怒らず，とがめず，結果として辛うじて思いやりに到達できる。

6 まとめ

「いじめ」問題の論議は，一人ひとりを大事にという意識の高まりによるのであろう。重要なのは「大事に」の中身である。近年，心の教育の観点から，思いやり教育の必要性がいわれており，今後の重要な課題となるだろう。しかし，いじめも思いやりも，子ども社会に限ったことではなく，大人も含めた人の本性に根ざした心性である。

さまざまな虐待の存在，自己破壊行動，燃え尽き症候群の際の憎しみの出現など，臨床心理の場では，「いじめ」は頻々と遭遇する現象である。思いやりが当たり前の世の中では思いやりは浮上せず，いじめと向き合ったとき，はじ

めて思いやりが姿をみせる。自分の中に相手へのいじめの気持ちを認めるとき，辛うじて思いやりに到達できる。

　子どもの示すさまざまな問題行動が，大人たちに何を問いかけ，訴えているか，その意味を考え，子どもの成長をうながす視点で支えていくことが大切であろう。

引用・参考文献

第1章

Argyle, M. & Henderson, M. 1985 *The anatomy of relationships: And the rules and skills needed to manage them successfully.* New York: Penguin Books. 吉森　護（編訳）1992　人間関係のルールとスキル　北大路書房

Barrett, L. F., Robin, L., Pietromanaco, P. R., & Eyssell, K. M. 1998 Are women the "more emotional" sex? Evidence from emotional experiences in social context. *Cognition and Emotion*, **12**, 555-578.

Berger, H. A., Shaffer, L. S., Freeman-Witthoft, B., & Freud, H. A. 1998 Friends and lovers. *Journal of Social Personal Relationships*, **15**, 623-636.

Brissette, I. & Clark, C. M. S. 1999 *Heightened stress as a determinant of perceptions of social support: The moderating role of communal orientation.* Unpublished manuscript.

Buss, A. H. 1986 *Social behavior and personality.* Hillsdale, NJ: Lawrence Erlbaum. 大渕憲一（監訳）1991　対人行動とパーソナリティ　北大路書房

Clark, M. S. & Mills, J. 1993 The difference between communal and exchange relationships: What it is and is not? *Personality and Social Psychology Bulletin*, **19**, 684-691.

Clark, M. S., Quellette, R., Powell, M., & Milberg, S. 1987 Recipient's mood, relationship type, and helping. *Journal of Experimental Social Psychology*, **27**, 324-336.

Icks, W. & Duck, S. 2000 *The social psychology of personal relationships.* New York: Willey. 大坊郁夫・和田　実（監訳）2004　パーソナルな関係の社会心理学　北大路書房

Ohbuchi, K., Tamura, T., Quigley, B. M., Tedeschi, J. T., Madi, N., Bond, M. H., & Mummendey, A. Anger, blame, and dimensions of perceived norm violation: Culture, gender, and relationships. *Journal of Applied Social Psychology*, in press.

第2章

Bower, G. H. 1981 Mood and memory. *American Psychologist*, **36**, 129-148.

Bower, G. H. 1991 Mood congruity of social judgments. In J. P. Forgas (Ed.), *Emotion and social judgments.* New York: Pergamon Press. Pp. 31-53.

Bower, G. H., Gilligan, S. G., & Monterio, K. P. 1981 Selectivity of learning caused by affective states. *Journal of Experimental Psychology: General*, **110**, 451-473.

Carlson, M., Charlin, V., & Miller, N. 1988 Positive mood and helping behavior: A test of six hypotheses. *Journal of Personality and Social Psychology*, **66**, 211-229.

Clark, M. S., & Isen, A. M. 1982 Toward understanding the relationship between feeling states and social behavior. In A. Hastof & A. Isen (Eds.), *Cognitive social psychology.* New York: Elsevier North-Holland. Pp.73-108.

Dryden, W., & Rentoul, R. 1991 *Adult clinical problems: A cognitive-behavioral approach.* London: Routledge. 丹野義彦（監訳）1996　認知臨床心理学入門：認知行動アプローチの実践的理解のために　東京大学出版会

Forgas, J. P. 1995 Mood and judgment: The affect infusion model (AIM). *Psychological Bulletin*, **117**, 39-66.

Forgas, J. P. 1998 On feeling good and getting your way: Mood effects on negotiator cognition. *Journal of Personality and Social Psychology*, **74**, 565-577.

Forgas, J. P., & Bower, G. H. 1987 Mood effects on person-perception judgments. *Journal of Personality and Social Psychology*, **53**, 53-60.

Frank, R. H. 1988 *Passions within reason: The strategic role of emotions.* New York: W. W. Norton. 山岸俊男（監訳）1995　オデッセウスの鎖：適応プログラムとしての感情　サイエンス社

Isen, A. M., Shalker, T., Clark, M., & Karp, L. 1978 Affect, Accessibility of material in memory and behavior: A cognitive loop? *Journal of Personality and Social Psychology*, **36**, 1-12.

Schwarz, N. 1990 Feeling as information: Informational and motivational functions of affective states. In E. T. Higgins & R. Sorrentino（Eds.）, *Handbook of motivation and cognition, Vol.2. Foundations of social behavior.* New York: Guilford Press. Pp. 527-561.

Schwarz, N. & Clore, G. L. 1983 Mood, misattribution, and judgments of well-being: Informative and directive functions of affective states. *Journal of Personality and Social Psychology*, **45**, 513-523.

戸田正直　1992　感情：人を動かしているプログラム　東京大学出版会

第3章

相川　充　1988　心理的負債に対する被援助利益の重みと援助コストの重みの比較　心理学研究, **58**, 366-372.

Aikawa, A. 1990 Determinants of the magnitude of indebtedness in Japan: A comparison of relative weight of the recipient's benefits and the donor's costs. *The Journal of Psychology*, **124**, 523-534.

相川　充・吉森　護　1995　心理的負債感尺度の作成の試み　社会心理学研究, **11**, 63-72.

De Cooke, P. A. 1992 Children's understanding of indebtedness as a feature of reciprocal help exchanges between peers. *Developmental Psychology*, **28**, 948-954.

Gleason, M. E. J., Iida, M., Bolger, N., & Shrout, P. E. 2003 Daily supportive equity in close relationships. *Personality and Social Psychology Bulletin*, **29**, 1036-1045.

Gouldner, A. W. 1960 The norm of reciprocity: A preliminary statement. *American Sociological Review*, **25**, 161-178.

Greenberg, M. S. 1980 A theory of indebtedness. In K. Gergen, M. S. Greenberg, & R. H. Willis（Eds.）, *Social exchange: Advances in theory and research.* New York: Plenum Press. Pp. 3-26.

Greenberg, M. S. & Westcott, D. R. 1983 Indebtedness as a mediator of reactions to aid. In J. D. Fisher, A. Nadler, & B. M. DePaulo (Eds.), *New directions in helping, Vol.1: Recipient reaction to aid.* Academic Press. Pp. 85-112.

経済企画庁　2000　国民生活白書 平成12年版　ボランティアが深める好縁　大蔵省印刷局

松浦　均　1996　ボランティア活動の社会心理学的考察　長田雅喜（編）　対人関係の社会心理学　福村出版　Pp. 163-175.

Roberto, K. A. & Scott, J. P. 1986 Equity considerations in the friendships of older adults. *Journal of Gerontology*, **41**, 241-247.

Rook, K. S. 1987 Reciprocity of social exchange and social satisfaction among older women. *Journal of Personality and Social Psychology*, **52**, 145-154.

総務省統計局　2003　平成13年社会生活基本調査報告

鈴木郁生　2002　心理的負債感と援助規範意識が向社会的行動に及ぼす影響：短期大学生を対象

にした研究　光星学院八戸短期大学研究紀要, **25**, 101-110.
周　玉慧・深田博己　1996　ソーシャル・サポートの互恵性が青年の心身の健康に及ぼす影響　心理学研究, **67**, 33-41.
高木　修・田中　優　1995　阪神大震災における避難者と救助活動：避難生活における問題とそれへの対処方法　関西大学社会学部紀要, **27**, 33-57.
玉木和歌子　2000　ボランティア活動の動機と成果　高木　修（監）・西川正之（編）　援助とサポートの社会心理学　北大路書房　Pp. 82-93.

第 4 章

Deutsch, M. 1975 Equity, equality, and need: What determines which value will be used as the basis of distributive justice? *Journal of Social Issues*, **31**, 137-149.
Festinger, L. 1958 *The psychology of interpersonal relations*. New York: Wiley. 大橋正夫（訳）1978　対人関係の心理学　誠信書房
Forsythe, R., Horowitz, J. L., Savin, N. E., & Sefton, M. 1994 Fairness in simple bargaining experiments. *Games and Economic Behavior*, **6**, 347-369.
福野光輝・大渕憲一　2001　最終提案交渉における受け手の拒否動機の分析：同一性保護の観点から　社会心理学研究, **16**, 184-192.
Guth, W., Schmittberger, R., & Schwarze, B. 1982 An experimental analysis of ultimatum bargaining. *Journal of Economic Behavior and Organization*, **3**, 367-388.
Lind, E. A. & Tyler, T. R. 1988 *The social psychology of procedural justice*. New York: Plenum. 菅原郁夫・大渕憲一（訳）1993　フェアネスと手続きの社会心理学：裁判，政治，組織への応用　ブレーン出版
Rosenberg, M. J. & Hovland, C. I. 1960 Cognitive, affective, and behavioral components of attitudes. In M. J. Rosenberg, C. I. Hovland, W. J. McGuire, R. P. Abelson, & J. W. Brehm (Eds.), *Attitude organization and change*. Yale University Press. Pp. 1-14.
Schacter, S. 1964 The interaction of cognitive and physiological determinants of emotional state. In L. Berkowitz (Ed.), *Advances in experimental social psychology, Vol.1*. New York: Academic Press. Pp. 49-80.
Thibaut, J. & Walker, L. 1975 *Procedural justice: A psychological analysis*. Hillsdale, NJ: Laurence Erlbaum.
Tyler, T. R., Boeckman, R. J., Smith, F. J., & Huo, Y. J. 1997 *Social justice in a diverse society*. Boulder, CO: Westview Press. 大渕憲一・菅原郁夫（監訳）2000　多元社会における正義と公正　ブレーン出版

第 5 章

北山　忍・唐澤真弓　1995　自己：文化心理学的視座　実験社会心理学研究, **35**, 133-163.
Kitayama, S., Markus, H. R., & Kurokawa, M. 2000 Culture, emotion, and well-being: Good feelings in Japan and the United States. *Cognition and Emotion*, **14**, 93-124.
北山　忍・宮本百合　2000　文化心理学と洋の東西の巨視的比較：現代的意義と実証的知見　心理学評論, **43**, 57-81.
Markus, H. R. & Kitayama, S. 1991 Culture and the self: Implications for cognition, emotion, and motivation. *Psychological Review*, **98**, 224-253.
箕浦康子　1991　子供の異文化体験（新装版）　思索社

大橋英寿　1998　沖縄シャーマニズムの社会心理学的研究　弘文堂
Russell, J. A.　1991　Culture and the categorization of emotions. *Psychological Bulletin*, **110**, 426-450.
作道信介　2004　トゥルカナにおける他者の「怒り」：対処としての占い　田中二郎・佐藤　俊・菅原和孝・太田　至（編）　遊動民：アフリカの原野に生きる　昭和堂　Pp.492-514.
辻本昌弘　1998　文化間移動によるエスニック・アイデンティティの変容過程：南米日系移住地から日本への移民労働者の事例研究　社会心理学研究, **14**, 1-11.

第6章

Bloom, F. E., Nelson, C. A., & Lazerson, A.　*Brain, mind, and behavior.*　中村克樹・久保田競（監訳）　2004　新・脳の探検 上・下　講談社ブルーバックス
Cannon, W.B.　1929　*Bodily changes in pain, hunger, fear and rage.*　New York: D. Appleton and company.
Clark, K. B., Krahl, S. E., Smith, D. C., & Jensen, R. A.　1995　Post-training unilateral vagal stimulation enhances retention performance in the rat. *Neurobiology of Learning and memory*, **63**, 213-216.
Clark, K. B., Naritoku, D. K., Smith, D. C., Browning, R. A., & Jensen, R. A.　1999　Enhanced recognition memory following vagus nerve stimulation in human subjects. *Nature Neuroscience*, **2**, 94-98.
DiGiusto, E.L., & King, M.G.　1972　Chemical sympathectomy and avoidance learning in the rat. *Journal of Comparative and Physiological Psychology*, **81**, 491-500.
Dworkin, B.R.　1991　The baroreceptor reinforcement instrumental learning (BR-IL) model of essential hypertension: Biological data, quantitative mechanisms, and computer modeling. In A. P. Shapiro & A. L. Baum (Eds.), *Behavioral aspects of cardiovascular disease.* Erlbaum Associates, Hillsdale. Pp.213-245.
Ghione, S., Rosa, C., Mezzasalma, L., & Panattoni, E.　1988　Arterial hypertension is associated with hypalgesia in humans. *Hypertension*, **12**, 491-497.
Hassert, D. L., Miyashita, T., & Williams, C. L.　2004　The effects of peripheral vagal nerve stimulation at a memory-modulating intensity on norepinephrine output in the basolateral amygdala. *Behavioral Neuroscience*, **118**, 79-88.
Hohmann, G.W.　1966　Some effects of spinal cord lesions on experienced emotional feelings. *Psychophysiology*, **3**, 143-156.
James, W.　1884　What is an emotion? *Mind*, **9**, 188-205.
James, W.　1890　*The principles of psychology*, Vols. 1-2. New York: Henry Holt and Company.
James, W.　1892　*Psychology, briefer course.*　今田　寛（訳）　1992　心理学 上・下　岩波文庫
Kardos, A., Rau, H., Greenlee, M. W., Droste, C., Brody, S., & Roskamm, H.　1994　Reduced pain during baroreceptor stimulation in patients with symptomatic and silent myocardial ischaemia. *Cardiovascular Research*, **28**, 515-518.
Kidson, M.A.　1973　Personality and hypertension. *Journal of Psychosomatic Research*, **17**, 35-41.
Lange, C. G.　1967　The emotions (I. A. Haupt, Trans.). In K. Dunlap (Ed.), *The emotions.*　New York: Hafner Publishing Company. Pp. 33-90. (Original work published 1885)
LeDoux, J.　1996　*Emotional brain.*　松本　元・川村光毅（他訳）　2003　エモーショナル・ブレイン　東京大学出版会
Levine, S. & Soliday, S.　1962　An effect of adrenal demedullation on the acquisition of a conditioned avoidance response. *Journal of Comparative and Physiological Psychology*, **55**, 214-216.
Mann, A.H.　1977　Psychiatric morbidity and hostility in hypertension. *Psychological Medicine*, **7**,

653-659.
McGaugh, J. L. & Roozendaal, B. 2002 Role of adrenal stress hormones in forming lasting memories in the brain. *Current Opinion in Neurobiology*, **12**, 205-210.
Randich, A., Ren, K., & Gebhart, G.F. 1990 Electrical stimulation of cervical vagal afferents. II. Central relays for behavioral antinociception and arterial blood pressure decreases. *Journal of Neurophysiology*, **64**, 1115-1124.
Rau, H., Pauli, P., Brody, S., Elbert, T., & Birbaumer, N. 1993 Baroreceptor stimulation alters cortical activity. *Psychophysiology*, **30**, 322-325.
坂田省吾　1996　時間弁別課題遂行中のラットの血圧連続測定　広島大学総合科学部紀要Ⅳ理系編 **22**, 105-113.
佐藤俊彦　1998　ラットの情動的行動に及ぼす循環器系活動の効果　東北大学大学院文学研究科博士学位論文　東北大学 文博第 **57** 号　未公刊
佐藤俊彦　2002　心臓血管系と心理・行動的機能：血圧関連の末梢フィードバックの問題を中心に　光星学院八戸短期大学 研究紀要, **25**, 51-100.
佐藤俊彦・畑山俊輝　1994　ナロキソン投与による高血圧自然発症ラット（SHR）の痛反応性と血圧水準の変化　バイオフィードバック研究, **21**, 7-13.
Schachter, S. & Singer, J.E. 1962 Cognitive, social, and physiological determinants of emotional state. *Psychological Review*, **69**, 379-399.
Weil-Malherbe, H., Axelrod, J., & Tomchick, R. 1959 Blood-brain barrier for adrenaline. *Science*, **129**, 1226-1227.
Zamir, N., Simantov, R., & Segal, M. 1980 Pain sensitivity and opioid activity in genetically and experimentally hypertensive rats. *Brain Research*, **184**, 299-310.

第 7 章

Baehr, E., Rosenfeld, J. P., Baehr,R., & Earnest, C. 1999 Clinical use of an alpha asymmetry neurofeedback protocol in the treatment of mood disorders. In Evans, J. R. & Abarbanel,A.(Eds.), *Introduction to quantitative EEG and neurofeedback*. Academic Press, Pp.181-201.
Basmajian, J. V. 1963 Control and training of individual motor units. *Science*, **141**, 440-441. 富田　隆（訳）1979　個々の運動単位のコントロールと訓練　G・E・シュワルツ・平井　久・渡辺尊巳（編訳）バイオフィードバック（下）　誠信書房　Pp.206-211.
Buck, R. 1988 *Human motivation and emotion*. John Wiley & Sons. 山口　浩（訳）2002　生理的反応の統制（第4章）畑山俊輝（監訳）感情の社会生理心理学　金子書房　Pp.191-252.
Budzynski, T., Stoyva, J., & Adler, C. 1970 Feedback-induced muscle relaxation:application to tension headaches. *Journal of Behavior Therapy and Experimental Psychiatry*, **1**, 205-211. 佐藤加津子（訳）1979　フィードバックによる筋リラクセイション：緊張性頭痛への適用　G・E・シュワルツ・平井　久・渡辺尊巳（編訳）バイオフィードバック（下）　誠信書房　Pp.215-224.
Cantor, D. S. 1999 An overview of quantitative EEG and its applications to neurofeedback. In Evans, J. R. & Abarbanel, A. (Eds.) *Introduction to quantitative EEG and neurofeedback*. Academic Press, Pp.3-27.
Davidson, R. J. 1995 Cerebral asymmetry,emotion, and affective style. In R. J. Davidson & K. Hugdahl (Eds.), *Brain asymmetry*. Cambridge,MA: MIT Press, Pp.361-387.
Gevirtz, R. N. & Lehrer, P. 2003 Resonant frequency heart rate biofeedback. In M. S. Schwartz & F. Andrasik (Eds.), *Biofeedback: a practitioner's guide, 3rd ed.* New York: Guilford Press,

Pp.245-250.
Kamiya, J. 1968 Conscious control of brain waves. *Psychology Today*, **1**, 57-60.
Kasamatsu, A. & Hirai, T. 1966 An electroencephalographic study on the Zen meditation(ZAZEN). *Folia Psychiatrica et Neurologica Japonica*, **20**,315-336.
Kimble, G. A. 1961 *Hilgard and Marquis' Conditioning and Learning*, 2nd ed. New York: Appleton-Century Crofts, p.100.
La Vaque, T. J. 2003 Neurofeedback, neurotherapy, and quantitative EEG. In D. Moss, A. McGrady, T. C. Davis, & I. Wickramasekera (Eds.), *Handbook of mind-body medicine for primary care*. Sage Publications. Pp.123-135.
Lubar, J. F. 2003 Neurofeedback for the management of attention deficit disorders. In M.S. Schwartz & F. Andrasik (Eds.), *Biofeedback: a practitioner's guide*, 3rd ed. New York: Guilford Press, Pp.409-437.
Miller, N. E. 1969 Learning of visceral and glandular responses. *Science*, **163**, 434-445. 山中祥男（訳）1975　内臓・腺反応の学習　G・E・シュワルツ・平井　久　渡辺尊巳（編訳）バイオフィードバック（上）　誠信書房　Pp.17-45.
Miller, N. E. 1978 Biofeedback and visceral learning. *Annual Review of Psychology*, **29**, 373-404.
Monastra, V. J. 2003 Clinical applications of electroencephalographic biofeedback. In M.S. Schwartz & F. Andrasik (Eds.) *Biofeedback: a practitioner's guide*, 3rd ed. New York: Guilford Press, Pp.438-463.
Moss, D., McGrady, A., Davis, T. C., & Wickramasekera, I.(Eds.) 2003 *Handbook of mind-body medicine for primary care*. Sage Publications.
Nowlis, D. P. & Kamiya, J. 1970 The control of electroencephalographic alpha rhythms through auditory feedback and the associated mental activity. *Psychophysiology,* **6**, 476-484. 大嶋美登子（訳）1979　聴覚フィードバックによる脳波アルファ律動のコントロールとそれに伴う精神活動　G・E・シュワルツ・平井　久・渡辺尊巳（編訳）バイオフィードバック（下）　誠信書房　Pp.152-160.
Plotkin, W. B. 1978 Long-term eyes-closed alpha-enhancement training: effects on alpha amplitudes and on experiential state. *Psychophysiology,* **15**,40-52.
Schwartz, M. S. & Andrasik, F. 2003 *Biofeedback: a practitioner's guid*, 3rd ed. New York: Guilford Press.
Thatcher, R. W. 1999 EEG database-guided neurotherapy. In J. R. Evans & A. Abarbanel (Eds.) *Introduction to quantitative EEG and neurofeedback*. Academic Press, Pp.29-64.
Wheeler, R. E., Davidson, R. J., & Tomarken, A. J. 1993 Frontal brain asymmetry and emotional reactivity: a biological substrate of affective style. *Psychophysiology*, **30**, 82-89.
山口　浩・大澤朋子　2000　感情刺激映像が左右前頭部の賦活に及ぼす影響について　生理心理学と精神生理学, **18**(2), p.155.

第8章

Carstensen, L., Pasupathi, A., Myar, U., & Nesselrode, J. R. 2000 Emotional experience in everyday life across the adult life span. *Journal of Personality & Social Psychology*, **79**, 644-655.
Dreisbach, G. & Goschke, T. 2004 How positive affect modulates cognitive control: Reduced perseveration at the cost of increased distractibility. *Journal of Experimental Psychology: Learning, Memory, and Cognition*, **30**, 343-353.
Ellsworth, P. C. & Smith, C. A. 1988 Shades of Joy: Patterns of appraisal differentiating pleasant

emotions. *Cognition & Emotion*, **2**, 301-331.

Estrada, C., Isen, A. M., & Young, M. J. 1997 Positive affect facilitates integration of information and decreases anchoring in reasoning among physicians. *Organizational Behavior & Human decision processes*, **72**, 117-135.

Fredrickson, B. L. 2001 The role of positive emotions in positive psychology: The broaden-and-build theory of positive emotions. *American Psychologist*, **56**, 218-226.

Fredrickson, B. L. & Joiner, T. 2002 Positive emotions trigger upward spirals toward emotional well-being. *Psychological Science*, **13**, 172-175.

Fredrickson, B. L. & Levenson, R. W. 1998 Positive emotions speed recovery from the cardiovascular sequelae of negative emotions. *Cognition & Emotion*, **12**, 191-220.

Isen, A. M., Daubman, K. A., & Nowicki, G. P. 1987 Positive affect facilitates creative problem solving. *Journal of Personality & Social Psychology*, **52**, 1122-1131.

Isen, A. M., Johnson, M. M., Mertz, E., & Robinson, G. F. 1985 The influence of positive affect on the unusualness of word associations. *Journal of Personality & Social Psychology*, **48**, 1413-1426.

Joireman, J., Anderson, J., & Strathman, A. 2003 The aggression paradox: understanding links among aggression, sensation seeking, and the consideration of future consequences. *Journal of Personality & Social Psychology*, **84**, 1287-1302.

Loas, G. 1996 Vulnerability to depression: A model centered on anhedonia. *Journal of Affective disorder*, **41**, 39-53.

Lowton, M. P., Kleban, M. H., Rajagopal, D., & Dean, J. 1992 Dimensions of affective experience in three age groups. *Psychology & Aging*, **7**, 171-184.

Lubin, B., Zukerman, M., Breytspraak, L. M., Bull, N. C., Gumbhir, A. K., & Rink, C. M. 1988 Affects, demographic variables, and health. *Journal of Clinical Psychology*, **44**, 131-141.

宮崎章夫 2004 余暇活動における刺激欲求性とポジティブ感情：大学サークル集団の風土に注目して 茨城大学人文学部紀要『人文学科論集』, 41, 25-38.

宮崎章夫・畑山俊輝 1998 青年期健常者の気分とうつ傾向との関連 東北大学学生相談所紀要, **25**, 9-13

宮崎章夫・畑山俊輝 2000 快場面のイメージによる悲しみの解消：主観的, 生理的反応の解析 心理学研究, **71**, 351-357

Seligman, M. E. & Csikszentmihalyi, M. 2000 Positive psychology: An introduction. *American Psychologist*, **55**, 5-14.

Seligman, M. E., Parks, A. C., & Steen, T. 2004 A balanced psychology and a full life. *Philosophical transactions of the Royal Society of London B*, **359**, 1379-1381.

Smith, R. E., Ptacek, J. T., & Smoll, F. L. 1992 Sensation seeking, stress, and adolescent injures: A test of stress-buffering, risk-taking, and coping skills hypotheses. *Journal of Personality & Social Psychology*, **62**, 1016-1024.

Teasdale, J. D. 1988 Cognitive vulnerability to persistent depression. *Cognition & Emotion*, **2**, 247-274.

戸田正直 1992 感情：人を動かしている適応プログラム 東京大学出版会

Watson, D. & Tellegen, A. 1985 Toward a consensual structure of mood. *Psychological Bulletin*, **98**, 219-235.

Zuckerman, M. 1979 *Sensation seeking: Beyond the optimal level of arousal*. Hillsdale, NJ: Lawrence Erlbaum.

Zuckerman, M. & Kuhlman, D. M. 2000 Personality and risk-taking: Common biosocial factors. *Journal of Personality*, **68**, 999-1029.

第9章

Barrera, M.E. & Maurer, D. 1981 The perception of facial expressions by the three-month-old. *Child Development*, **52**, 203-206.

Clark, L.L. 1967 The expression of emotion by the blind. *New Outlook*, **61**, 194-201.

de Gelder, B., Vroomen, J., & Bertelson, P. 1998 Cross-modal bias of voice tone on facial expression: upper versus lower halves of a face. *Proceedings of the International Conference on Auditory-Visual Speech Processing AVSP '98*, Pp.93-97.

Dimberg, U. 1982 Facial reactions to facial expressions. *Psychophysiology*, **19**, 643-647.

Ekman, P. & Friesen, W.V. 1975 *Unmasking the face*. 工藤 力（訳編）1987 表情分析入門 誠信書房

Ekman, P., Hager, J. C., & Friesen, W.V. 1981 The symmetry of emotional and deliberate facial actions. *Psychophysiology*, **18**, 101-106.

Eibl-Eibesfeldt, I. 1973 The expressive behaviour of the deaf-and-blind-born. In M. von Cranach & I. Vine (Eds.), *Social communication and movement*, Academic Press. Pp.163-194.

Eibl-Eibesfeldt, I. 1974 Deaf and blind girl (Germany)-Expressive behavior. *Homo*, **24**, 39-47.

Field, T.M., Woodson, R., Greenberg, R., & Cohen, D. 1982 Discrimination and aimitation of facial expressions by neonates. *Science*, **218**, 179-181.

Fox, E., Lester, V., Russo, R., Bowles, R.-J., Pichler, A., & Dutton, K. 2000 Facial expressions of emotion: Are angry faces detected more efficiently? *Cognition & Emotion*, **14**, 61-92.

Freedman, D. G. & Keller, B. 1963 Inheritance of behavior in infants. *Science*, **140**, 196-198.

Honkavaara, S. 1961 The psychology of expression. *British Journal of Psychology* (Monograph Supplement, 32).

Kamachi, M., Bruce, V., Mukai, S., Gyoba, J., Yoshikawa, S., & Akamatsu, S. 2001 Dynamic properties influence the perception of facial expressions. *Perception*, **30**, 875-887.

桐田隆博 1993 表情を理解する 吉川左紀子・益谷 真・中村 真（編）顔と心 顔の心理学入門 サイエンス社 Pp.197-221.

香原志勢 1995 顔と表情の人間学 平凡社

LaBarbera, V. D., Izard, C. E., Vietze, P., & Parisi, S. A. 1976 Four- and six-month-old infants' visual responses to joy, anger, and neutral expressions. *Child Development*, **47**, 535-538.

Ludemann, P. M. & Nelson, C. A. 1988 Caegorical representation of facial expressions by 7-month-old infants. *Developmental Psychology*, **24**, 492-501.

Phillips, R. D., Wagner, S. H., Fells, C. A., & Lynch, M. 1990 Do infants recognize emotion in facial expression? Categorical and "metaphorical" evidence. *Infant Behavior and Development*, **13**, 71-81.

Puce, A., Allison, T., Asgari, M., Gore, J. C., & McCarthy, G. 1996 Differential sensitivity of human visual cortex to faces, letterstrings, and textures. A functional magnetic resonance imaging study. *Journal of Neuroscience*, **16**, 5205-5212.

Russell, J.A. 1980 A circumplex model of affect. *Journal of Personality and Social Psychology*, **39**, 1161-1178.

Russell, J.A. & Fernandez-Dols, J.M. (Eds.) 1997 *The psychology of facial expression*. New York: Cambridge University Press.

Schwartz, G.E., Fair, P.L., Greenberg, P., Freedman, M.R., & Klerman, J.L. 1974 Facial electromyography in the assessment of emotion. *Psychophysiology*, **11**, 237.

Thompson, J. 1941 Development of facial expression of emotion in blind and seeing children. *Archives of Psychology*, **37**, 5-49.

Wong, D.L. & Baker, C.M. 1988 Pain in children: Comparison of assessment scales. *Pediatric*

Nursing, **14**, 9-17.

Yoshikawa, S. 1991 The effect of facial expression on learning unfamiliar faces. Paper presented at *the International Conference on Memory*, Lancaster, U.K.

第10章

Black, D.W. 1984 Laughter. *Journal of the American Medical Association*, **252**, 2995-2998.

Chapman, A. J. 1973a Funniness of jokes, canned laughter and recall performance. *Sociometry*, **36**, 569-578.

Chapman, A. J. 1973b Social facilitation of laughter in children. *Journal of Experimental Social Psychology*, **9**, 528-541.

Foot, H. C. 1997 Humour and laughter. In O.D.W. Hargie (Ed.), *The handbook of communication skills*. London: Routledge. Pp.259-285.

Glenn, P. J. 2003 Laughter in interaction. *Studies in International Socioliuguistics, 18*. Cambridge: Cambridge University Press.

Jefferson,G. 1979 A technique for inviting laughter and its subsequent acceptance declination. In G.Psathas (Ed.), *Everyday language: Studies in Ethnomethodology*. New York: Irvington. Pp.79-96.

桐田隆博 2004 発話時に生じる笑い"laugh-speak"に関する心理学的研究 平成12～14年度科学研究費補助金基盤研究(C)(2) 研究成果報告書

桐田隆博 2005 人が笑いながら話すとき：認知心理学的アプローチ 基礎心理学研究，**23**，(印刷中)

桐田隆博・遠藤光男 1999 会話における笑いの機能："laugh-speak"に着目して 電子情報通信学会技術研究報告，**99**(451), 1-6.

Morreall, J. 1983 *Taking laughter seriously*. New York: State University of New York Press. 森下伸也（訳）1995 ユーモア社会をもとめて 新曜社

O'Donnell-Trujillo, N. & Adams, K. 1983 Hehe in conversation: Some coordination accomplishments of laughter. *Western Journal of Speech Communication*, **47**, 175-191.

Poyatos, F. 1993 The many voices of laughter: A new audible-visual paralinguistic approach. *Semiotica*, **93**, 61-81.

Provine, R. R. 1992 Contagious laughter : Laughing is a sufficient stimulus for laughs and smiles. *Bulletin of the Psychonomic Society*, **30**, 1-4.

Provine, R. R. 1996 Laughter. *American Scientist*, **84**, 38-45.

谷 泰 1987 会話の中の笑い 谷 泰（編）社会的相互行為の研究 京都大学人文研究所 Pp.49-146.

谷 泰 1994 笑いの自己言及機能：会話において生起する事例を手がかりに 谷 泰（編）言及世界と関与：会話分析を中心とした社会的インターラクションの研究 文部省科学研究成果報告 京都大学人文科学研究所 Pp.37-93.

Zajonc, R. B. 1965 Social facilitation. *Science*, **149**, 269-274.

第11章

Acosta, A., Vila, J., & Palma, A. 1988 Emotional imagery and cognitive representation of emotion: an attempt to validate Lang's bio-informatioal model. In M. Denis, J. Engelkamp, & J.T.E. Richardson(Eds.), *Cognitive and Neuropsychological Approaches to Mental Imagery*. Dordrecht: Martinus Nijhoff.

Ahsen, A. 1984 ISM: the triple code model for imagery and psychophysiology. *Journal of Mental Imagery*, **9**, 15-42.
Bauer, R. M. & Craighead, W. E. 1979 Psychophysiological responses to the imagination of fearful and neutral situations: The effects of imagery instruction. *Behavior Therapy*, **10**, 389-403.
Bower, G. H., Gilligan, S. G., & Monteiro, K. P. 1981 Selectivity of learning caused by affective states. *Journal of Experimental Psychology: General*, **110**, 451-473.
Craig, K. D. 1968 Physiological arousal as a function of imagined, vicarious and direct stress experiences. *Journal of Abnormal Psychology*, **72**, 513-520.
Euse, F. & Haney, J. N. 1975 Clarity, controllability, and emotional intensity of image: Correlations with introversion, neuroticism, and subjective anxiety. *Perceptual and Motor Skills*, **40**, 443-447.
Foa, E.B. & Kozak, M. J. 1986 Emotional processing of fear: Exposure to corrective information. *Psychological Bulletin*, **99**, 20-35.
Grossberg, J. M. & Wilson, H. K. 1968 Physiological changes accompanying the visualization of fearful and neural situation. *Journal of Personality and Social Psychology*, **10**, 124-133.
Hishitani, S. 1995 Toward a deeper understanding of vividness: Some points inspired from McKelvie's article. *Journal of Mental Imagery*, **19**, 139-143.
菱谷晋介 2000 イメージ研究とモデル構成：現象的体験のモデル化の試み 日本イメージ心理学会第1回大会発表論文集, 22-23.
Kunzendorf, R. G. 1985-86 Repression as the monitoring and censoring of images: An empirical study. *Imagination, Cognition and Personality*, **5**, 31-39.
Lang, P. J. 1979 A bio-informational theory of emotional imagery. *Psychophysiology*, **76**, 220-234.
Lang, P. J. 1985 The cognitive phychophysiology of emotion: Fear and anxiety. In H. Tuma, & J. Master (Eds.), *Anxiety and Anxiety Disorders*. Hillsdale, NJ: Lawrence Erlbaum Associates. Pp.131-170.
Martin, M. & Williams, R. 1990 Imagery and emotion: Crinical and experimental approaches. In P. J. Hampson, D. F. Marks, & J. T. E. Richardson (Eds.), *Imagery: Current developments*. New York and London: Routledge.
Miller, G. A., Levin, D. N., Kozak, M. J., Cooke, E. W., McLean, A., & Lang, P. J. 1987 Individual differences in imagery and the psychophysiology of emotion. *Cognition and Emotion*, **1**, 367-390.
宮崎拓弥・菱谷晋介 1999 情動イメージの構造変換におよぼす個人差要因の検討：イメージ能力と感情表出傾向の場合について 日本心理学会第63回大会発表論文集, 531.
Richardson, A. 1969 *Mental Imagery*. London: Routledge and Kegan Paul. 鬼澤 貞・滝浦静雄（訳） 1973 心像 紀伊國屋書店
Sheikh, A. A. & Kunzendorf, R. G. 1984 Imagery, physiology, and psychosomatic illness. In A. A. Sheikh (Ed.) *International Review of Mental Imagery*, vol.1. Pp.95-138.
Varna, S. R. 1993 The psychophysiology of disgust: Differentiating negative emotional contexts with facial EMG. *Psychophysiology*, **30**, 279-286.
William, M. 2000 *Imagintelligence: Beyond emotional intelligence*. Hermitage, TN: Imagination Institute.
Witvliet, C. & Varna, S. R. 1995 Psychophysiological responses as indices of affective dimensions. *Psychophysiology*, **32**, 436-443.

第12章

青木 高・太田壽城（監） 1996 フィットネスシリーズ2 健康・スポーツの心理学 建帛社

茨城大学健康スポーツ教育研究会（編）　1999　健康スポーツの科学　大修館書店
島井哲志（編）　1997　現代心理学シリーズ15　健康心理学　培風館
末利　博・鷹野健次・柏原健三（編）　1988　応用心理学講座8　スポーツの心理学　福村出版
竹中晃二（編）　1998　健康スポーツの心理学　大修館書店
松田岩男・杉原　隆（編）　1987　新版 運動心理学入門　大修館書店
Harris, D.V.　1987　Comparative effectiveness of running therapy and psychotherapy. In W. P. Morgan & S. E. Goldston (Eds.) *Exercise and mental health: hemisphere Publishing Corporation*, Pp.123-130.
North, C.T., McCullagh, P., & Tran, W.　1990　Effect of exercise on depression. *Exercise and Sport Science Reviews*, **19**, 379-415.
Oxedine, J.G.　1970　Emotional arousal and motor performance. *Quest*, **13**, 23-32.
Weinberg, R.S. & Hunt, V.V.　1976　The interrelationships between anxiety, motor performance, and electromyography. *Journal of Motor Behavior*, **8**, 219-244.

第13章

Dikman, Z. V. & Allen, J. J.　2000　Error monitoring during reward and avoidance learning in high- and low-socialized individuals. *Psychophysiology*, **37**, 43-54.
Heath, M., Hodges, N. J., Chua, R., & Elliott, D.　1998　On-line control of rapid aiming movements: Unexpected target perturbations and movement kinematics. *Canadian Journal of Experimental Psychology*, **52**, 163-173.
Higuchi, T., Imanaka, K., & Hatayama, T.　2002　Freezing degree of freedom under stress: Kinematic evidence of constrained movement strategies. *Human Movement Science*, **21**, 831-846.
Higuchi, T., Imanaka, K., & Hatayama, T. (in press). Adaptive movement strategies of the central nervous system under psychological stress. In F. Columbus (Ed.), *Psychology of Coping*. Hauppauge, NY: Nova Science.
MacLeod, C. & Mathews, A.　1988　Anxiety and the allocation of attention to threat. *Quarterly Journal of Experimental Psychology A*, **40**, 653-670.
Öhman, A. & Soares, J. J.　1994　"Unconscious anxiety": phobic responses to masked stimuli. *Journal of Abnormal Psychology*, **103**, 231-240.
Ramnani, N. & Miall, R. C.　2003　Instructed delay activity in the human prefrontal cortex is modulated by monetary reward expectation. *Cerebral Cortex*, **13**, 318-327.
Ruggiero, G.M., Levi, D., Ciuna, A., & Sassaroli, S.　2003　Stress situation reveals an association between perfectionism and drive for thinness. *International Journal of Eating Disorder*, **34**, 220-226.
Sharma, D. & McKenna, F. P.　2001　The role of time pressure on the emotional stroop task. *British Journal of Psychology*, **92**, 471-481.
Sidaway, B., Sekiya, H., & Fairweather, M.　1995　Movement variability as a function of accuracy demand in programmed serial aiming responses. *Journal of Motor Behavior*, **27**, 67-76.
Williams, J. M., Mathews, A., & MacLeod, C.　1996　The emotional Stroop task and psychopathology. *Psychological Bulletin*, **120**, 3-24.
山崎勝男　1998　皮膚電気活動　宮田　洋（監修）新生理心理学1：生理心理学の基礎　北大路書房　Pp.210-221.

第14章

Deal T.E. & Kehhedy, A. A. 1982 *Corporate cultures: The rites and rituals of corporate life*. London, Penguin Books.
原子力安全・保安院　2002　原子力発電所における自主点検記録の不正等の問題についての中間報告
橋本邦衛　1984　安全人間工学　中央労働災害防止協会
Herzberg, F. 1966 *Work and the Nature of Man*. World Publishing Co.
INSAG: International Nuclear Safety Advisory Group　1986　*International nuclear safety advisory group safety series No.75-INSAG-1*. International Atomic Energy Agency.
小松原明哲　2003　ヒューマンエラー　丸善
黒田　勲　1988　ヒューマン・ファクターを探る：災害ゼロへの道を求めて　中央労働災害防止協会
丸山欣哉　1980　人の事故親和特性　自動車技術 **34**(3), Pp.199-205.
丸山欣哉　2004　運転と感情　平成16年度上期特定適性診断員研修資料（自動車事故対策機構）
大橋智樹　2005　安全をマネジメントするための二つのアプローチ　産業・組織心理学研究（印刷中）
岡部康成・今野裕之・岡本浩一　2003　安全確保のための心理特性の潜在的測定の有用性　社会技術研究論文集 1, 1, Pp.288-298.
Rothlisberger, F. J. 1941 *Management and morale*. 野田一夫・川村欣也（訳）1954　経営と勤労意欲　ダイヤモンド社
Shein, E. H. 1985 *Organizational culture and leadership*. Jossey-Bass, San-Francisco.
Tayler, F. W. 1911 *The Principle of Scientific Management*. 上野陽一（訳）1957　科学的管理法　技報堂
東京電力株式会社　2002　当社原子力発電所の点検・補修作業に係る GE 社指摘事項に関する調査報告書
行待武生　2004　ヒューマンエラー防止のヒューマンファクターズ　テクノシステム

第15章

阿部恒之　1998　化粧するこころ　尾澤達也（編）エイジングの化粧学（シリーズ高齢社会とエイジング3）早稲田大学出版部　Pp.199-213.
阿部恒之　2001a　心理学における化粧の扉　心理学ワールド, **15**, 17-20.
阿部恒之　2001b　スキンケアへの期待の変遷と心理学的効果：容貌の演出・肌の健康・リラクセーション　高木　修（監）大坊郁夫（編）化粧行動の社会心理学（シリーズ21世紀の社会心理学9）北大路書房　Pp.148-157.
阿部恒之　2002　ストレスと化粧の社会生理心理学　フレグランスジャーナル社
Abe, T. 2004 Psychological Aspects of Skincare in Japan: A Review. *Tohoku Psychologica Folia*, **63**, 53-60.
Fenigstein, A., Scheier, M. F., & Buss, A. H. 1975 Public and private self-consciousness: assessment and theory. *Journal of Consulting and Cliniccal Psychology*, **43**(4), 522-527.
浜　治世・浅井　泉　1993　メーキャップの臨床心理学への適用　資生堂ビューティーサイエンス研究所（編）化粧心理学・化粧と心のサイエンス　フレグランスジャーナル社　Pp.346-358.
伊波和恵　1999　高齢者と「化粧療法」研究に関する考察および展望　フレグランスジャーナル, **27**(9), 52-58.
岩男寿美子・菅原健介・松井　豊　1985　化粧の心理的効用Ⅳ：化粧行動と化粧意識　日本社会

心理学会第26回大会発表論文集, 102-103.
Kan, C. & Kimura, S. 1994 Psychoneuroimmunological benefits of cosmetics. 18th International I.F.S.C.C. *Congress: Preprint-Platform Presentation*, **3**, 769-785.
Kanzaki, J., Ohshiro,K., & Abe, T. 1998 Effect of make-up training on patients with facial nerve paralysis. *ENT Journal*, **77**(4), 270-274(passim).
Lazarus, R. S., Kanner, A., & Folkman, S., 1980 Emotions: a cognitive-phenominological analysis. In R.Plutchik & H.Kellerman (Eds.), *Emotion: Theory, Research, and Experience, vol. 1: Theories of Emotion.* New York: Academic Press. Pp.189-217.
松井 豊・岩男寿美子・菅原健介 1985 化粧の心理的効用Ⅴ：生きがい・充実感との関係から 日本社会心理学会第26回大会発表論文集, 104-105.
野澤桂子 2004 治療の場における美容：ソシオエステティックの心理的効用 こころの科学, **117**, 63-67.
織田弥生・阿部恒之 2002 化粧行為の生理心理的効果 心理学評論, **45**(1), 61-73.
押見輝男 2002 公的自己意識が作り笑いに及ぼす効果 心理学研究, **73**(3), 251-257.
菅原健介 1984 自意識尺度（self-consciousness scale）日本語版作成の試み 心理学研究, **55**(3), 184-188.
菅原健介 1986 賞賛されたい欲求と拒否されたくない欲求：公的自意識の強い人に見られる2つの欲求について 心理学研究, **57**(3), 134-140.
菅原健介・岩男寿美子・松井 豊 1985 化粧の心理的効用Ⅵ：自己呈示としての化粧行動 日本社会心理学会第26回大会発表論文集, **106**, 1-5.
柘植晴予・岡田富雄・久世淳子 2000 メイクアップ及びエステティックマッサージ行為が及ぼす生理心理的影響：内分泌に与える影響 日本健康心理学会第13回大会発表論文集, 192-193.
宇山侊男・鈴木ゆかり・互 恵子 1990 メーキャップの心理的有用性 日本香粧品科学会第15回学術大会講演要旨, 30-33.
余語真夫・浜 治世・津田兼六・鈴木ゆかり・互 恵子 1990 女性の精神的健康に与える化粧の効用 健康心理学研究, **3**, 28-32.

第16章

Baeyens, F., Wrzesniewski, A., Houwer, J. D., & Eelen, P. 1996 Toilet rooms, body massages, and smells: Two field studies on human evaluative odor conditioning. *Current Psychology: Research & Reviews*, **15**, 77-96.
Classen, C., Howes, D., & Synnott, A. 1994 *Aroma: The cultural history of smell.* London: Routledge. 時田正博（訳） 1997 アローマ：においの文化史 筑摩書房
大坊郁夫 1997 化粧の対人的効果 *Creabeaux*, **11**, 12-18.
Engen, T. 1982 *The perception of odors.* New York: Academic. 吉田正昭（訳） 1990 においの心理学 西村書店
畑山俊輝・樋口貴広 2004 香りの文脈効果の感情心理学的検討 *Aroma Research*, **5**, 2-9.
樋口貴広・庄司 健・畑山俊輝 2002 香りを記述する感覚形容語の心理学的検討 感情心理学研究, **8**(2), 45-59.
Higuchi, T., Shoji, K., & Hatayama, T. 2002 Smelling lavender and jasmine with advance knowledge about their psychological effects: An examination of the placebo effect. *Tohoku Psychologica Folia*, **61**, 1-10.
環境省「かおり風景100選選定委員会」事務局 2002 訪ねてみたい日本・かおり風景100選 NHK出版

菊池俊英　1972　匂いの世界　みすず書房
倉橋　隆　2000　香りの情報を生体信号へ：センサー細胞におけるエネルギー変換の分子機構　細胞工学, **19**, 120-127.
Lawless, H. T., Glatter, S., & Hohn, C. 1991 Context-dependent changes in the perception of odor quality. *Chemical Senses*, **16**, 349-360.
Martin, G. N. 2003 *Essential biological psychology*, London: Arnold.
宮崎良文　2003　森林浴はなぜ体にいいか　文芸春秋
元木澤文昭　1998　においの科学　理工学社
坂井信之・小早川達・高橋　晃（他）　2003　におい提示時の脳活性化とその個人差　におい・かおり環境学会誌, **34** (3), 114-121.

第17章

千々岩英彰　1983　色彩学　福村出版
Deborah T. Sharpe 1974 *The psychology of color and design*. 千々岩英彰・齋藤美穂（訳）　1987　色彩の力　福村出版
福田邦夫　1991　色のはなし編集委員会（編）　色のはなしⅡ　技報堂出版
Hutchings, J. 2003 Colour in folklore and tradition-The principles. *Color Research and Application*, **29**(1), 57-66.
池田浩子・近江源太郎　1999　対人認知に及ぼす服装色の効果（1）日本色彩学会誌, **23**, 42-43.
池田光男　1984　色彩工学の基礎　朝倉書店
石割伸一・須藤克之・田川高司　2001　カラー画像の1/f揺らぎ特性解析法　日本色彩学会誌, **25**, 54-55.
岩井　寛　1994　色と形の深層心理　NHKブックス
岩下豊彦　1983　SD法によるイメージの測定
松岡　武　1983　色彩とパーソナリティ　金子書房
武者利光　1980　ゆらぎの世界：自然界の1/fゆらぎの不思議　講談社
武者利光　1994　ゆらぎの発想：1/fゆらぎの謎にせまる　NHK出版
武者利光・高倉公明・池辺　潤　1985　ゆらぎの医学　秀潤社
沼田里枝・中川早苗　2000　衣服の色彩が着用者の感情に及ぼす効果について　日本色彩学会誌, **24**, 110-111.
大岡　信（編）　1992　日本の色　朝日新聞社
潘　杰　1999　「快」，「不快」の感情表現に認められる色彩的特長　日本色彩学会誌, 23(4), 232-239.
尚学図書・言語研究所　1987　色の手帖：色見本と文献例とでつづる色名ガイド　小学館

第18章

Davis, M. H. 1994 *Empathy: A social psychological approach*. Westview Press. 菊池章夫（訳）　1999　共感の社会心理学　川島書店
Davis, M. H. & Franzi, S. L. 1991 Stability and change in adolescent self-consciousness and empathy. *Journal of Research in Personality*, **25**, 70-87.
Farber, B. A., Berano, K. C., & Capobianco, J. A. 2004 Clients' Perceptions of the process and consequences of self-disclosure in psychotherapy. *Journal of counseling psychology*, **51**(3), 340-346.

Fitzpatrick, M., Peterneli, L., Stalikas, A., & Iwakabe, S. 1999 Client emotional involvement and occurrence of in-session therapeutic phenomena. *Canadian Journal of Counseling*, **33**(3), 179-194.
Gladstein, G. A. 1987 *Empathy and counseling: Explorations in Theory and Research*. New York: Springer-Verlag.
Greenberg, L. S. & Safran, J. D. 1987 *Emotion in psychotherapy: Affect, cognition and the process of change*. New York: Guilford Press.
Greenberg, L. S. & Safran, J. D. 1989 Emotion in psychotherapy. *American psychologist*, **44**(1), 19-29.
袰岩秀章　2001　面接を展開していく技法　平木典子・袰岩秀章（編）　カウンセリングの技法　北樹出版　Pp.39-73.
岩壁　茂　2003　解説　Vandenbos, G.R., Frank-McNeil, J., Norcross, J. C., & Freedheim, D.K. 2001 *The anatomy of psychotherapy: Viewer's guide to the APA psychotherapy videotape series*. American Psychological Association. 岩壁　茂（訳）　2003　心理療法の構造：アメリカ心理学会による12の理論の解説書　誠信書房
Iwakabe, S., Rogan, K., & Stalikas, A. 2000 The relationship between client emotional expressions, therapist interventions, and the working alliance: an exploration of eight emotional expression events. *Journal of psychotherapy integration*, **10**(4), 375-401.
河合隼雄　1970　カウンセリングの実際問題　誠信書房
國分康孝　1996　カウンセリングの原理　誠信書房
Pennebaker, J.W. 1997 *Opening up: The healing power of expressing emotion*. New York: Guilford Press. 余語真夫（監訳）　2000　オープニングアップ：秘密の告白と心身の健康　北大路書房
Rogers, C.R. 1957 The necessary and sufficient conditions of therapeutic personality change. *Journal of Consulting Psychology*, **21**, 95-103.　伊藤　博（訳）　1966　パーソナリティ変化の必要にして十分な条件　ロージャズ全集　第4巻　サイコセラピィの過程　岩崎学術出版社　Pp.117-140.
佐々木正宏　2002　カウンセリングとは　鈴木乙史・佐々木正宏・吉村順子（編）　女子大生がカウンセリングを求めるとき　ミネルヴァ書房　Pp.95-107.
澤田瑞也　1998　カウンセリングと共感　世界思想社

第19章

Bridges, K. M. B. 1932 Emotional development in early infancy. *Child Development*, **3**, 324-341.
Buck, R. 1988 *Human motivation and emotion*. John Wiley & Sons.　畑山俊輝（監訳）　2002　感情の社会生理心理学　金子書房
Gibson, E. J. & Walk, R. D. 1960 The "Visual cliff". *Scientific American*, **202**, 64-71.
Hatayama, M. 1976 The visual perception in the human infant on the visual cliff. *Tohoku Psychologica Folia*, **34**, 1-4.
宮本美沙子　1991　新・児童心理学講座7　情緒と動機づけの発達　金子書房
Sroufe, L. A. 1979 Socioemotional development. In J. Osofsky(Ed.), *Handbook of infant development*, 462-516.
高橋道子　1974　乳児の微笑反応についての縦断的研究：出生直後の自発的微笑との関連において　心理学研究, **45**(5), 256-267
Thomas, A., Chess, S., & Birch, H. G. 1970 The origin of personality. *Scientific American*, **223**, 102-109.　本明　寛（訳）　人格はどのように形成されるか　別冊サイエンス：心理学特集

不安の分析, 91-100.
Watson, J. B. 1924 *Behaviorism*. University of Chicago Press.

第 20 章

Ashman, S. B. & Dawson, G. 2002 Maternal depression, infant psychobiological development, and risk for depression. In S. H. Goodman & I. H. Gotlib(Eds.), *Children of Depressed Parents*. Washington, DC: American Psychological Association. Pp.37-58.

Averill, J. R. 1983 Studies on anger and aggression: Implications for theories of emotion. *American Psychologist*, **38**, 1145-1160.

Beck, A. T., Ruth, A. J., Shaw, B. F., & Emery, G. 1979 *Cognitive Therapy of Depression*. New York: Guilford Press. 林 潔 1994 ベック抑うつ性尺度 松井 豊・山本真理子・堀 洋道（編）心理尺度ファイル 垣内出版 Pp.529-534.

Beck, A., Daley, D., Hastings, R. P., & Stevenson, J. 2004 Mothers' expressed emotion towards children with and without intellectual disabilities. *Journal of Intellectual Disability Research*, **48**, 628-638.

Bowlby, J. 1951 *Maternal Care and Mental Health*. London:Hogarth. 黒田実郎（訳） 1967 乳幼児の精神衛生 岩崎学術出版社

Deutch, H. 1947 *The Psychology of Women*. Grune & Stratton. 懸田克躬・原 百代（訳）1964 母親の心理2 生命の誕生 日本教文社

Field, T. M. 2002 Prenatal effects of maternal depression. In S.H.Goodman & I. H. Gotlib (Eds.), *Children of Depressed Parents*. Washington, DC: American Psychological Association.Pp.59-88.

Field, T. M., Healy, B., Goldstein, S. & Guthertz, M. 1990 Behavior-state matching and synchrony in mother-infant interactions of non-depressed versus depressed dyads. *Developmental Psychology*, **26**, 7-14.

Fleming, A. S., Ruble, D. N., Flett, G. L., & Shaul, D. L. 1988 Postpartum adjustment in first-time mothers: Relations between mood, maternal attitudes, and mother-infant interactions. *Developmental Psychology*, **24**, 71-81.

花沢成一 1992 母性心理学 医学書院

Harlow, H. F. 1971 *Learning to Love*. California: Albion. 浜田寿美男（訳） 1978 愛のなりたち ミネルヴァ書房

Harlow, H. F. & Mears, C. 1979 *The Human Model : Primate Perspectives*. Washington, DC: Winston & Sons. 梶田正巳・酒井亮爾・中野靖彦（訳） 1985 ヒューマンモデル 黎明書房

Izard, C. E. 1991 *The Psychology of Emotions*. New York: Plenum Press. 荘厳舜哉（監訳） 1996 感情心理学 ナカニシヤ出版

Littlewood, J. & McHugh, N. 1997 *Maternal Distress and Postnatal Depression: The Myth of Madonna*. London: MacMillan.

Mayers, D. J. & Diener, E. 1996 The pursuit of happiness. *Scientific American*, May, 54-56.

Miller, H. L. & Siegel, P. S. 1972 *Loving: A Psychological Approach*. New York: John Wiley. 藤原武弘（訳編） 1980 ラブ 愛の心理学 福村出版

Morris, W. N. 1989 *Mood : The Frame of Mind*. New York: Springer-Verlag.

村井則子 2002 母親の心理学 東北大学出版会

Nicolson, P. 1998 *Post-Natal Depression*. New York: Routledge

Nowlis,V. & Green, R. F. 1965 Factor analytic studies of the mood adjective check lest. *Technical Report Number 11*, Office of Naval Research : Contract No. Nonr-668(12)

大日向雅美　1990　母性の研究（第3刷）　川島書店
Schachter, S. & Singer, J. E. 1962 Cognitive, social, and physiological determinants of emotional state. *Psychological Review,* **69**, 379-399.
田辺恵子　2003　妊娠から育児期間までの母親の感情状態変化に関する縦断的検討　看護・保健科学研究, **3**, 1-8.

第21章

Ainsworth, M. D. S., Blehar, M. C., Waters, E., & Wall, S. 1978 *Patterns of attachment: A psychological study of the strange situation.* Hillsdale, NJ: Erlbaum.
Bowlby, J. 1969 *Attachment and loss, vol.1: Attachment.* London: Hogarth.　黒田実郎（他訳）　1976 母子関係の理論Ⅰ：愛着行動　岩崎学術出版社
Brown, G. W. & Harris, T. O. 1993 Aetiology of anxiety and depressive disorders in an inner city population 1: early adversity. *Psychological Medicine,* **23**, 143-154.
Brown, L. S. & Wright, J. 2003 The relationship between attachment strategies and psychopathology in adolescence. *Psychology and Psychotherapy: Theory, Research and Practice,* **76**, 351-367.
Cooper, M. L., Shaver, P. R., & Collins, N. L. 1998 Attachment styles, emotion regulation and adjustment in adolescence. *Journal of Personality and Social Psychology,***74**,1380-1397.
Faravelli, C., Webb, T., Ambbonetti, A., Fonnesu, F., & Sessarego, A. 1985 Prevalence of traumatic early life events in 31 agoraphobic patients with panic attacks. *American Journal of Psychiatry,***142**, 1493-1494.
Field, T. 1978 Interaction behaviours of primary versus secondary caretaker father. *Developmental Psychology,* **14**, 183-184.
Fonagy, P., Leigh, T., Steele, H., Kennedy, R., Mattoon, G., Target, M., & Gerber, A. 1996 The relation of attachment states, psychiatric classification and response to psychotherapy. *Journal of Consulting and Clinical Psychology,* **64**, 22-31.
Foster, D., Davies, S., & Steele, H. 2003 The evacuation of British children during World War II: a preliminary investigation into the long-term psychological effects. *Aging Mental Health,* **7**, 398-408.
Grossman, K. E., Grossman, K., Huber, F., & Wartner, U. 1981 German children's behaviour towards their mothers at 12 months and their fathers at 18 months in Ainsworth's strange situation. *International Journal of Behavioural Development,* **4**, 157-181.
Hodges, J. & Tizard, B. 1989 Social and family relationships of ex-institutional adolescents. *Journal of Child Psychology and Psychiatry,* **30**, 77-97.
Lamb, M. E. 1976 Twelve-month-olds and their parents:Interactions in a laboratory playroom. *Developmental Psycholgy,* **12**, 237-244.
Larsen, R. J., Diener, E., & Cropanzano, R. S. 1987 Cognitive operations associated with individual differences in affect intensity. *Journal of Personality and Social Psychology,* **53**,767-774.
Mcllveen, R. & Gross, R. 1998 *Developmental psychology.* London: Hodder & Stoughton.
森　和代　1999　自分をとりまく人々とのかかわり　繁多　進（編）乳幼児発達心理学　福村出版　Pp.41-56.
Rosenstein, D. & Horowitz, H. A. 1996 Adolescent attachment and psychopathology. *Journal of Consulting and Clinical Psychology,* **64**, 244-253.
Takahashi, K. 1986 Examining the strange situation procedure with Japanese mothers and 12-month old infants. *Developmental Psychology,* **22**, 265-270.

Tizarad, B. & Hodges, J. 1978 The effect of early institutional rearing on the development of eight-year old children. *Journal of Child Psychology and Psychiatry*, **12**, 99-118.

第22章

American Psychiatric Association 1980 *Diagnostic and Statistic Manual of Mental Disorder*, 3rd ed. APA, Washingt DC. 高橋三郎（他訳）1982 DSM-Ⅲ 精神疾患の分類と診断の手引 医学書院

福屋武人 1994 こころの病 岡本栄一（他著）こころの世界 新曜社 Pp.213-254.

鎌田恭孝 1984 対人恐怖：その思春期混乱の意味するもの 精神科 MOOK, **6**, 73-85.

笠原 嘉（編）1972 正視恐怖・体臭恐怖：主として精神分裂病との境界例について 医学書院

笠原 嘉 1997 新・精神科医のノート みすず書房

近藤章久 1970 対人恐怖について：森田を起点にして 精神医学, **12**(3), 382-388.

武藤清栄 2001 ひきこもり概念の変遷とその心理 現代のエスプリ, **403**, 35-44.

永井 徹 1994 対人恐怖の心理：対人関係の悩みの分析 サイエンス社

中村 敬 2000 対人恐怖/社会恐怖の精神病理 臨床精神医学, **29**(9), 1093-1098.

第23章

American Psychiatric Association 2000 *Diagnostic and statistical manual of mental disorders*, 4th ed. Text revision; DSM-IV-TR. American Psychiatric Association.

Bowlby, J. 1969 *Attachment and loss: Vol. 1*. Attachment. New York: Basic Books.

Campbell, A., Muncer, S., & Bibel, D. 2001 Women and crime: An evolutionary approach. *Aggression & Violent Behavior*, **6**, 481-497.

Crawford, C. 1998 The theory of evolution in the study of human behavior: An introduction and overview. In C. Crawford & D. L. Krebs (Eds.), *Handbook of evolutional psychology: Ideas, issues, and applications*. Lawrence Erlbaum: London. Pp.3-41.

Fredrikson, M., Annas, P., Fisher, H., & Wik, G. 1996 Gender and age differences in the prevalence of specific fears and phobias. *Behavior Research and Therapy*, **34**, 33-39.

Gibson, E. 1973 Development of perception: Discrimination of depth compared with discrimination of graphic symbols. In J. C. Wright & J. Kagan(Eds.), *Basic cognitive processes in children(Phoenix edition)*. The University of Chicago Press. 5-24, 29-32(Group discussion).

Kenrick, D. T., Sadalla, E. K., & Keefe, R. C. 1998 Evolutionary cognitive psychology: The missing heart of modern cognitive science. In C. Crawford & D. L. Krebs (Eds.), *Handbook of evolutional psychology: Ideas, issues, and applications*. Lawrence Erlbaum: London. Pp.485-514.

仁平義明・二瀬由理・大類純子・小笠原郁代・荒木 剛・本多明生・佐藤 拓・田村 達・畠山直子・佐藤オリエ 2002 大学生の恐怖の性差：条件づけモデルと進化心理学的モデル 東北大学学生相談所紀要, **28**, 35-42.

Tooby, J. & Cosmides, L. 1992 Psychological foundations of culture. In J. H. Barkow, L. Cosmides, & J. Tooby (Eds.), *The adapted mind: Evolutionary psychology and the generation of culture*, New York: Oxford University Press. Pp. 19-136.

Watson, J. B. 1930 *Behaviorism (Revised Ed.)*. Norton & Company. 安田一郎（訳）1968 行動主義の心理学 河出書房

Watson, J. B. & Rayner, P. 1920 Conditioned emotional reactions. *Journal of Experimental Psychology*, **3**, 1-14.

長谷川寿一・長谷川真理子　2000　進化と人間行動　東京大学出版会
Poulton, R., Davies, S., Menzies, R. G., Langley, J.D., & Silvia, P. A. 1998 Evidence for a non-associative model of the acquisition of a fear of heights. *Behaviour Research and Therapy,* **36**, 537-544.
Wolpe, J. 1990 *The practice of behavior therapy* (4th ed.). Pergamon Press: New York.
Wolpe, J. & Lang, P. J. 1969 *Fear Survey Schedule*. San Diego,CA: Educational and Industrial Testing Service.

第24章

雨宮処凛　2004　ともだち刑　群像9号
有島武郎　2004　小さき者へ　生まれ出づる悩み　岩波文庫
太宰　治　1999　秋風記　新潮文庫
太宰　治　2001　津軽　新潮文庫
平泉悦郎・福田俊一　1994　家族療法　朝日文庫
石垣りん　2003　石垣りん詩集　ハルキ文庫
ジャン・メゾンヌーヴ（著）・山田悠紀男（訳）　1978　感情　白水社
キケロー　中務哲郎（訳）　2004　友情について　岩波文庫
鯨岡　峻　1998　両義性の発達心理学　ミネルヴァ書房
丸山　薫　2000　丸山薫詩集　思潮社
マックス・ヴェーバー（著）・脇　圭平（訳）　2003　職業としての政治　岩波文庫
宮川俊彦　1996　心が壊れる子どもたち　角川文庫
森岡正博　2004　無痛文明論　トランスビュー
なだいなだ　1996　いじめを考える　岩波ジュニア新書
斎藤　環　1998　いじめ　臨床精神医学講座18　中山書店
下村湖人　1987　次郎物語　新潮文庫
曾野綾子　1995　二十一世紀への手紙　私の実感的教育論　集英社文庫
シュプランガー（著）・土井竹治（訳）　1973　青年の心理　五月書房
辻　仁成　1995　そこに僕はいた　新潮文庫
八木重吉　2002　八木重吉詩集　白鳳社
依田　新　1975　青年心理学　培風館

人名索引

A

阿部恒之　116-120
Acosta, A.　82
Adams, K.　77
Ahsen, A.　86
相川　充　22
Ainsworth, M. D. S.　165, 167
有島武郎　192
Averill, J. R.　161

B

Baker, C. M.　70
Barrera, M. E.　66
Barrett, L. F.　2
Bauer, R. M.　82
Beck, A. T.　84
Berger, H. A.　9
Black, D. W.　72
Bower, G. H.　12, 13, 84
Bowlby, J.　156, 163, 168, 182
Bridges, K. M. B.　148
Brissette, I.　6
Brown, L. S.　168
Buck, R.　49, 153
Budzynski, T.　50

C

Campbell, A.　179, 183
Cannon, W. B.　40
Carstensen, L.　61
Chapman, A. J.　74, 75
千々岩英彰　134
Ciceró, M. T.　194
Clark, L. L.　64
Clark, M. S.　5-7
Classen, C.　124
Craig, K. D.　82

Craighead, W. E.　82
Csikszentmihalyi, M.　59, 62

D

Davis, M. H.　145
太宰　治　187, 194
de Gelder, B.　68
Deal, T. E.　113
Deutch, H.　155
Diener, E.　157
Dikman, Z. V.　102
Dimberg, U.　70
Dodson, J. D.　109
Dreisbach, G.　61
Dworkin, B. R.　44

E

Eibl-Eibesfeldt, I.　64
Ekman, P.　65, 67
Ellis, A.　144
Erikson, E. H.　171
Estrada, C.　57
Eysenck, H. J.　84

F

Fenigstein, A.　119
Fernandez-Dols, J. M.　67
Field, T. M.　64, 158, 159
Fitzpatrick, M.　144
Fleming, A. S.　158
Foot, H. C.　75
Forgas, J. P.　13, 15
Fox, E.　69
Fredrickson, B. L.　56, 58
Fredrikson, M.　183, 184
Freedman, D. G.　64
Freud, S.　155, 170

215

● 人名索引 ●

Friesen, W. V.　65
福田邦夫　133, 135
福野光輝　27

G

Gendlin, E. T.　144
Gibson, E. J.　152, 186
Gladstein, G. A.　146
Gleason, M. E.　24
Goschke, T.　61
Greenberg, L. S.　145
Greenberg, M. S.　19-22, 25
Grossberg, J. M.　82

H

花沢成一　155
Harlow, H. F.　156
長谷川眞理子　181
長谷川寿一　181
橋本邦衛　109
Hatayama, M.　151, 152
畑山俊輝　44, 56, 58, 128
Herzberg, F.　112
樋口貴広　105, 127-129
Hirai, T.　50
菱谷晋介　87, 88
Hodges, J.　167
Hohmann, G. W.　42
Honkavaara, S.　66

I

池田浩子　138
池田光男　136, 138
Isen, A. M.　11, 56, 57
石垣りん　193
石割伸一　138
岩井　寛　135
岩壁　茂　145
岩下豊彦　137
Izard, C. E.　155

J

James, W.　41
Jefferson, G.　76, 78
Joiner, T.　58
Joireman, J.　59

K

Kamachi, M.　69
Kamiya, J.　50
Kasamatsu, A.　50
河合隼雄　143
Kehhedy, A. A.　113
Keller, B.　64
Kimble, G. A.　48
桐田隆博　69
Kitayama, S.　33
香原志勢　64
國分康孝　143
小松原明哲　113
Kuhlman, D. M.　59
Kunzendorf, R. G.　82, 84
黒田　勲　110

L

LaBardera, V. D.　66
Lang, P. J.　83
Lange, C. G.　41
Lazarus, R. S.　119
Levenson, R. W.　58
Lind, E. A.　30
Littlewood, J.　160
Loas, G.　59
Lorenz, K.　169
Lowton, M. P.　61
Lubin, B.　61
Ludemann, P. M.　66

M

MacLeod, C.　104
Martin, M.　84, 85
丸山　薫　192
丸山欣哉　110, 111

松岡　武　136
松浦　均　23, 24
Maurer, D.　66
Mayers, D. J.　157
Miller, G. A.　83
Miller, N. E.　49
箕浦康子　34
宮崎章夫　56, 58, 60
宮崎拓弥　88
Morreall, J.　72
元木澤文昭　126
村井則子　159, 162
武者利光　138

N
中川早苗　138
Nelson, C. A.　66
Nicolson, P.　157
Nietzsche, F. W.　191
仁平義明　184
Nowlis, V.　159
沼田里衣　138

O
Öhman, A.　102
O'Donnell-Trujillo, N.　77
織田弥生　117
大橋英寿　35
大橋智樹　114
大日向雅美　156
近江源太郎　138
岡部康成　113
大岡　信　140
大澤朋子　53
Osgood, C. E.　137
押見輝男　120
Oxedine, J. G.　96

P
潘　杰　138
Pennebaker, J. W.　143
Perkin, W. H.　140

Phillips, R. D.　66
Piaget, J.　148
Poulton, R.　181, 182
Poyatos, F.　76
Provine, R. R.　77
Puce, A.　68

R
Ramnani, N.　105
Rayner, P.　179
Richardson, A.　81
Roberto, K. A.　25
Rogers, C. R.　144, 146
Rothlisberger, F. J.　112
Ruggiero, G. M.　107
Russell, J. A.　32, 67

S
Safran, J. D.　145
作道信介　35
佐藤俊彦　44, 45
Schachter, S.　161
Schwarts, G. E.　65
Schwarz, N.　13
Seligman, M. E.　59, 62
Sharma, D.　104
Sharpe, D. T.　134, 136
Sheikh, A. A.　82
Shein, E. H.　113
下村湖人　188
周　玉慧　24
Sidaway, B.　106
Singer, J. E.　161
Smith, R. E.　60
Spranger, E.　191
Sroufe, L. A.　148
鈴木郁生　22

T
高木　修　24
高橋道子　151
玉木和歌子　23

217

● 人名索引 ●

田辺恵子　162
谷　泰　73
Tayler, F. W.　112
Teasdale, J. D.　58
Tellegen, A.　56
Thibaut, J.　29
Thomas, A.　149
Thompson, J.　64
Tizarad, B.　167
戸田正直　57
Tooby, J.　182
辻　仁成　189
Tyler, T. R.　30

V
Varna, S. R.　82

W
Walk, R. D.　152

Watson, D.　56
Watson, J. B.　148, 179
William, M.　89
Williams, J. M.　104
Williams, R.　84, 85
Wilson, H. K.　82
Wolf, W.　134
Wolpe, J.　180
Wong, D. L.　70

Y
山口　浩　53
山崎勝男　107
Yoshikawa, S.　69
行待武生　108

Z
Zajonc, R. B.　75
Zuckerman, M.　59

事項索引

あ
愛　56
愛着　153, 163
温かい認知　81
圧受容器　39, 41, 43
圧受容器強化学習仮説　45
アドレナリン　40-42
α（アルファー）波　50
安全文化　113

い
怒り　9, 35, 55, 57
意識フェーズ　109
いじめ　187
痛み　44, 45
意図的な表情　65
異文化体験　34
イマジンテリジェンス　89
Ig-A（イムノグロブリンA）　118
イメージ　80, 81
イメージ現実感　87
イメージ体験　81
イメージ体験の包括モデル　86
イメージ統御性　83
イメージにおける気分一致効果　84
イメージの鮮明性　83
イメージ療法　86
色の象徴　134
印象形成　12

え
衛生要因　112
HPA系　117
ADHD　52
笑顔　69
SD法　137
fMRI　126

お
1/fゆらぎ　138
エラー関連電位：ERN　102
円環説　67
enjoyment　62
援助行動　19, 23
援助者のコスト　20, 21

お
沖縄　35
オペラント条件づけ　48
思いやり　187

か
概念色　136
海馬　42
解放理論　72
カウンセリング　142
顔に障害のある人の表情表出　71
顔文字　63
香り　123, 127
科学的管理法　112
学習性の無力感　151
覚醒効果　129
覚醒水準　96
カタルシス　144
カラー・シンボリズム・テスト　136
カラー・ピラミッドテスト　136
加齢　61
関係規範　7
関係制御　8
監視　57
感受期　34
感受性　165
感情　54, 116, 119
感情混入モデル　13, 15
感情情報機能説　13
感情体験　92, 95, 100

219

● 事項索引 ●

感情調　132
感情調節　55
感情ネットワーク理論　13
感情の教育　153
感情の二要因説　31
感情プログラム　57
感性感情　132
顔面表情　63

き
記憶情報　12
記憶色　136
記憶の気分一致効果　84
企業文化　113
疑似知覚的経験　81
気質　149
気分　54
気分一致効果　11, 84
希望　59
基本色　133
基本的表情カテゴリー　67
虐待　154
逆 U 字形の関係　96
Q-EEG　53
嗅覚系　126
嗅覚体験　124
求心性神経　40
求心性フィードバック　43, 45
キュラーレ　49
驚愕反応　38
共感　145, 146
恐怖　40, 57
恐怖の性差　183
興味　56
共有志向　6
共有的人間関係　5
筋弛緩　50
緊張感　101, 102
緊張関連語　104
筋電図　81
均等性　28

け
系統色　133
化粧　116-118
血圧　40, 43, 47, 52
結果の知識　49
ケニア　35
健康　92, 97, 116, 118, 119
現実感生成モデル　87

こ
交換的人間関係　5
交感−副腎髄質系　117
攻撃　57
高血圧　44, 45, 47
光源色　139
高所恐怖　183, 184
高所恐怖症　180
香水　129
合成色　133
幸福顔　69
衡平性　28
衡平理論　24
効力感　151
高齢者　61
刻印づけ　169
個人レベルでのコントロール　110
コスモロジー　36
骨格筋系　49
固有色　133
コルチゾール　117
コントロール　29

さ
サービスサイクル　114
最終提案交渉　26
彩度　136
作業形成因子　108
坐禅　50
The Fear Survey Schedule　180, 184
3 重コードモデル　87

220

し

自意識　120, 121
ジェームズ・ランゲ説　110
視覚的断崖　152, 186
色彩　132
色彩象徴　134
色相　136
色度図　139
色名　133
刺激欲求性　59
自己開示　3
自己臭恐怖　174
事故親和特性　110
視床下部　40
自尊感情　119
実質型方略　16
自発的な表情　65
シャーマン　35
社会的相互作用　29
社会的促進　74
社会的認知　11
社会的報酬　4
社会レベルでのコントロール　110, 111
醜貌恐怖　173
自由連想法　134
出産後抑うつ症　159, 160
馴化脱馴化法　66
情動　41, 45
自律神経系　40, 48
進化上の適応環境（EEA）　181, 182
進化心理学　181
心身不調　35
心臓血管系　38
身体不調　35
心拍　81
親密化　5
心理的負債　19-21
心理的負債感　24, 25

す

ストレス　40, 98, 116, 118, 119
ストレス対処　57, 58
ストレス対処スキル　60
ストレッサー　116
スピリチュアリティ　59
スポーツ　92, 98, 99

せ

制限連想法　134
生体情報処理モデル　86
世界保健機構　97
責任　4, 59
選好注視法　66
全体的布置　69
前頭前野　45
鮮明性　83

そ

相互協調的自己観　33
相互作用におけるランダムな笑い　76
相互独立的自己観　33
創造性　59
ソーシャル・サポート　24
組織文化　113

た

対人恐怖症　171
正しさ　26
楽しみ　56
短縮版気分チェックリスト（MACL）　159

ち

知恵　59
注意バイアス　104
長期記憶　42
調整機能　2
直接アクセス型方略　15
鎮静効果　128

て

適応　17
手続き　29

● 事項索引 ●

と

動機充足型方略　15
動機づけ−衛生理論　112
動機づけ要因　112
道具的条件づけ　49
動作方略　105-107
逃走　57
倒立効果　69
独裁者交渉　31
特定の恐怖症　179, 180

な

泣き　150, 160, 161

に

匂い　124, 127, 128
ニューロフィードバック　52
人間関係　2
忍耐　59
認知　55
認知的回避　83
認知的斉合性　30
認知的媒介　51

ね

ネガティブ感情　55

の

脳波　47, 50, 53
ノリスのMACL　162

は

バーンアウト　99
バイオフィードバック　47
パフォーマンス　96
汎化　180
阪神・淡路大震災　22, 24

ひ

ひきこもり　175
微笑　151
必要性　28

皮膚コンダクタンス反応：SCR　103
皮膚電気反応　81
ヒューマンエラー　108
ヒューマンファクターズ　108
ヒューリスティック型方略　15
表示規則　65
表情　63
表情筋　64
表情認知　66
表情認知の手がかり　68
表情の認知しやすさ　69
表情の表出と認知　63
表情表出の生得性　64
表情フィードバック仮説　70
平等性　5
表面色　137
敏感期　169
敏感肌　121

ふ

不安　55, 57, 95, 96
不一致理論　72, 73
フェイス・スケール　70
フォーカシング　144
物体色　137
部品の知覚　68
プライド　56
ふれあい恐怖　170
文化　32
文化的自己観　33
分配的公正　27
文脈　128

へ

β（ベータ）波　52
扁桃体　40, 42, 43, 45

ほ

ホーソン実験　112
ポジティブ・アフェクト　56
ポジティブ感情　55, 57
ポジティブ心理学　59

母性愛　155-157
没入性　83
ホメオスタシス　40, 52
ボランティア活動　22-25

ま
慢性疾患　54
満足　56
満足感　62

み
未来志向性　59
民族的アイデンティティ　34

む
紫　139

め
明度　136
面色　137

も
モラール　112
森田神経質　172

や
ヤーキス・ドットソンの法則　109

ゆ
優越理論　72, 73
勇気　59

有能感　62
ユタ　35

よ
ヨガ　50
抑圧　83
抑圧傾向　83, 84
抑うつ　55, 58
抑うつ感情　158
欲求情報　4

ら
来談者中心療法　144
ラフトラック（laugh track）　74

り
リスクテイキング行動　60
リハビリテーション　51
リラクセーション　97, 99, 117

れ
連想法　134

ろ
論理情動療法　144

わ
笑い　151
笑いながら話すこと　77
笑いの社会的機能　75

● 編集代表紹介 ●

畑山俊輝（はたやま・としてる）

1942年　宮城県に生まれる
1969年　東北大学大学院文学研究科博士課程中退
現　在　八戸大学人間健康学部教授（文学博士）
主著・訳書　『刺激のない世界』（共著）　新曜社　1986年
　　　　　　『痛みの話：生活から 治療から 研究から』（共著）　日本文化科学社　1991年
　　　　　　バック著『感情の社会生理心理学』（監訳）　金子書房　2002年など

● 編集委員紹介 （五十音順） ●

大渕憲一（おおぶち・けんいち）

1950年　秋田県生まれ
1977年　東北大学大学院文学研究科博士課程中退
現　在　東北大学大学院文学研究科教授（文学博士）
主著・論文　『攻撃と暴力』（丸善ライブラリー）　丸善　2000年
　　　　　　『満たされない自己愛』（筑摩新書）　筑摩書房　2003年
　　　　　　『日本人の公正観』　現代図書　2004年など

行場次朗（ぎょうば・じろう）

1954年　宮城県生まれ
1981年　東北大学大学院文学研究科博士課程単位取得退学
現　在　東北大学大学院文学研究科教授（文学博士）
主著・論文　『視覚と聴覚』（共著）　岩波書店　1994年
　　　　　　『知性と感性の心理』（編著）　福村出版　2000年
　　　　　　『イメージと認知』（共著）　岩波書店　2001年など

仁平義明（にへい・よしあき）

1946年　栃木県生まれ
1974年　東北大学大学院文学研究科博士課程単位取得退学
現　在　東北大学大学院文学研究科教授
主著・訳書　『行動の伝播と進化―鳥からチンパンジーそして人間の文化を考える』（編著）　至文堂　（現代のエスプリ 359）　1997年
　　　　　　『ほんとうのお父さんになるための15章：父と子の発達心理学』ブレーン出版　2002年
　　　　　　『子どもに障害をどう説明するか』（共著）　ブレーン出版　2005年
　　　　　　ブル＆ラムズィ著『人間にとって顔とは何か：容貌の心理学的影響』（監訳）　講談社　1995年
　　　　　　ダック著『フレンズ：スキル社会の人間関係学』（監訳）　福村出版　1995年など

畑山みさ子（はたやま・みさこ）

1943年　福島県生まれ
1970年　東北大学大学院文学研究科博士課程中退
現　在　宮城学院女子大学学芸学部教授
主著・訳書　オ・ゴーマン著『子どもの自閉症』（共訳）　北望社　1970年
　　　　　　ブルーナー著『子どもの成長と発達：その理論と教育』（共訳）　新曜社　1981年
　　　　　　『新教育心理学体系 4　学校カウンセリング』（共著）　中央法規　1993年
　　　　　　バック著『感情の社会生理心理学』（共訳）　金子書房　2002年など

● 執筆者一覧（執筆順）●

＊は編集委員

大渕憲一＊	東北大学	第1章
福野光輝	北海学園大学	第2章
鈴木郁生	八戸短期大学	第3章
今在慶一朗	北海道教育大学	第4章
辻本昌弘	東北大学	第5章
佐藤俊彦	東北文化学園大学	第6章
山口　浩	岩手大学	第7章
宮﨑章夫	茨城大学	第8章
真覚　健	宮城大学	第9章
桐田隆博	岩手県立大学	第10章
松岡和生	岩手大学	第11章
平田　忠	仙台大学	第12章
樋口貴広	日本学術振興会（University of Waterloo）	第13章
大橋智樹	宮城学院女子大学	第14章
阿部恒之	東北大学	第15章
畑山俊輝	編集代表・八戸大学	第16章
小松　紘	東北福祉大学	第17章
佐藤静香	東北大学	第18章
畑山みさ子＊	宮城学院女子大学	第19章
村井則子	東北福祉大学	第20章
足立智昭	宮城学院女子大学	第21章
山崎武彦	盛岡大学	第22章
仁平義明＊	東北大学	第23章
衛藤順子	東北大学（非常勤）	第24章

感情心理学パースペクティブズ
──感情の豊かな世界──

2005年2月28日　初版第1刷発行	定価はカバーに表示
2006年3月10日　初版第2刷発行	してあります

編集代表　　畑　山　俊　輝
発　行　所　　㈱北大路書房
　　　　〒 603-8303　京都市北区紫野十二坊町 12-8
　　　　　　　電　話　(075) 431-0361 ㈹
　　　　　　　Ｆ Ａ Ｘ　(075) 431-9393
　　　　　　　振　替　01050-4-2083

©2005　　制作 / T. M. H.　　　印刷・製本 / ㈱シナノ
　　　　検印省略　落丁・乱丁本はお取り替えいたします
　　　　ISBN4-7628-2421-6　　Printed in Japan